LA BIBLIA
ANTIGUO TESTAMENTO

100 ilustraciones de
GUSTAVO DORÉ

EDIMAT Libros
Ediciones y Distribuciones Mateos

© **EDIMAT LIBROS, S.A.**

ISBN 84-8403-669-3
D.L.: M-31054-2000
Comentarios de las ilustraciones: Francisco Caudet y Mª José Llorens
Diseño de cubierta: Juan Manuel Domínguez
Impreso en Gráficas COFAS, S.A.

Reservados todos los derechos. El contenido de esta obra está protegido por la Ley, que establece penas de prisión y/o multas, además de las correspondientes indemnizaciones por daños y perjuicios, para quienes reprodujeren, plagiaren, distribuyeren o comunicaren públicamente, en todo o en parte, una obra literaria, artística o científica, o su transformación, interpretación o ejecución artística fijada en cualquier tipo de soporte o comunicada a través de cualquier medio, sin la preceptiva autorización por escrito del propietario del copyright.

PRINTED IN SPAIN - IMPRESO EN ESPAÑA

COMENTARIOS SOBRE LAS ILUSTRACIONES

PROLOGO

Somos conscientes del hecho de que pretender una presentación de la Sagrada Biblia sería algo muy parecido a rizar el rizo de la pedantería. Por eso no vamos a ser más papistas que el Papa, frente al convencimiento de que en todas las latitudes del orbe son pocas, muy pocas, las personas que no han oído hablar de la Biblia y que –al margen de ideologías o creencias– no tienen una opinión, quizá *su opinión,* respecto al texto sagrado de los católicos.

Por las razones apuntadas y porque nuestro sentido común no nos permite insultar la inteligencia de los lectores, nos limitaremos a ofrecerles, en principio, unos breves y concisos comentarios acerca de...

EL ANTIGUO TESTAMENTO

Que es la colección, que conforme al decreto Tridentino, consta de 46 obras, escritas originariamente en lengua hebrea a excepción de algunos pasajes transcritos en arameo (dialecto en el que se dice predicaba Jesucristo).

Durante el siglo pasado las investigaciones arqueológicas permitieron apreciar la notable influencia cultural, de estilo y lengua, *sumerio-acadia* o *asirio-babilónica,* así como la *egipcia* y la *cananita* (fenicia); pero también han demostrado la superioridad literaria de Israel y el abismo existente entre el crudo politeísmo de las literaturas *cananita, babilónica* o *egipcia* y la pureza ética monoteísta israelí. La traducción al griego, llamada de los Setenta, fue seguida de otras en arameo (Tárgums), siriaco (Peshitta), latín (Vetus Latina, Vulgata), etc. El estudio de las versiones rebela que el texto hebreo experimentó muy pocos cambios después de su primera traducción griega (siglo III a. de J.C.) y prácticamente ninguno desde el siglo II de. de J.C.; los descubrimientos arqueológicos han demostrado que la tradición histórico-lite-raria de los libros del Antiguo Testamento es sustancialmente correcta, incluso en el detalle.

LIBROS CANONICOS

Los libros de la ley o *Pentateuco,* es decir: Génesis, Exodo, Levítico, Números y Deuteronomio (siglo VI a. de J.C.), giran en torno a la figura de Moisés como primer legislador y organizador de su pueblo y narran la creación del *hombre-origen* (Adán) y la historia de los patriarcas; la opresión en Egipto y el peregrinar por el desierto; la legislación religiosa y la conquista de la tierra prometida.

Los libros *históricos* constituyen la «Historia Sagrada» de Israel: establecimiento en la tierra prometida (Josué, escrito hacia 450), apostasías y retornos a la gracia (Jueces, 400), institución de la realeza y culminación teocrática (I y II Reyes o I y II Samuel, 486), decadencia, infidelidad y castigo (I, II o III y IV Reyes, 550). El núcleo formado por I y II Paralipómenos y I y II Esdras, escrito hacia el año 300, es una especie de resumen de los anteriores. El libro de Ruth (siglo VI) narra un idilio singularmente tierno de la que habría de ser la bisabuela de Davida; el de Esther, trata de la Providencia de Dios para con sus fieles servidores. Parecida es la tesis del Libro de Job (586), incluido entre los *sapienciales*.

En el grupo a que aludimos figuran asimismo los Salmos, atribuidos a David, que constituyen la colección de poemas religiosos más selecta de toda la literatura universal; de este lirismo participa el Cantar de los Cantares (siglo IV), cuyos poemas amorosos se han interpretado alegóricamente. Los Proverbios son una serie de sentencias morales, frente a la cual el Eclesiastés (o Eclesiástico) adopta una actitud bastante sarcástica, lo que le valió ser el último libro reconocido como canónico.

Antes de formarse las antologías de poemas *proféticos* y sermones en prosa transcurrieron años, y a veces siglos, lo que dificulta su atribución. Oseas, Amós, Isaías y Miqueas, pertenecen al siglo VIII a. de J.C., época de auge del movimiento profético; Jeremías, Ezequiel, Daniel, Abdías, Nahum, Habacuc y Sofonías, datan de los siglos VII y VI. El VI está concretamente representado por Joel, Ageo y Zacarías, pues Malaquías y Jonás, último éste de los escritores proféticos, son de época posterior, quizá del siglo V.

LIBROS DEUTEROCANONICOS

Cuando los judíos de Egipto realizaron la versión de los Setenta, incorporaron otros libros o parte de ellos, algunos de ellos traducciones de obras hebraicas recientes, aunque la mayoría procedían (o estaban escritos) en griego.

Los protestantes dan a estos textos el nombre de libros apócrifos, mientras los católicos tradicionales los consideran deuterocanónicos, es decir, componentes de un canon posterior, pero poseedores siempre y en todo momento de autoridad, y escritos a través de inspiración divina.

Son éstos los libros de Tobías, Judith, Sabiduría, Baruc y I y II de los Macabeos, así como algunas adiciones al libro de Esther y al de Daniel: oración de los tres mancebos e historias de Susana, Bel y el Dragón.

Fueron todos escritos entre los siglos II y I antes de J.C.

Tras esta escueta explicación acerca del Antiguo Testamento, pasaremos seguidamente a circunscribirnos al *leit motiv* de la presente obra.

Pretendemos presentarles un desfile gráfico de los primeros Libros Sagrados de la Biblia, sirviéndonos de las siempre extraordinarias imágenes de ese ilustrador excepcional llamado Gustavo Doré.

Algo parecido hemos hecho anteriormente con textos clásicos de Dante Alighieri *(La*

Divina Comedia) y de Miguel de Cervantes *(El ingenioso hidalgo Don Quijote de la Mancha),* que en su momento nos permitieron ciertas licencias literarias, conservando siempre, eso sí, el espíritu y mensaje de los autores, y eludiendo por profesionalidad y respeto cualquier agresión advenediza al contenido de la obra. Pero el caso que ahora nos ocupa se reviste de unos matices tan específicos y especiales, que no nos autorizan aquellas licencias de entonces porque consideramos, al menos desde nuestra vertiente del sentido de la justicia, que los textos bíblicos no admiten ensayos literarios, malabarismos dialécticos, alteraciones *sui géneris,* arabescos sintácticos, ni la menor agresión o injerencia a las estructuras básicas tradicionales.

Con la Biblia no caben, a nuestro entender, añadidos subjetivos –aunque uno a título personal pueda considerarlos objetivos–, ni comentarios propios que sin desearlo resulten contradictorios a la tradición y al estilo. No debemos silenciar el hecho de que la puesta en escena de interpretaciones discrepantes –acertadas o no, honestas o no, credibles o no, pero siempre sujetas a criterios particulares–, han producido a lo largo de la historia de la Iglesia profundas divergencias, cismas, escisiones, y auténticos cataclismos. Buena prueba de ello la tenemos en el hecho de que, al margen de las confesiones cristianas reconocidas y aceptadas (que nacieron en su día de interpretaciones más o menos subjetivas y que tras provocar el cisma acabaron por conducir a la escisión), como el protestantismo luterano, el anglicano, los evangelistas, cristianos adventistas del Séptimo Día, testigos de Jehová, etcétera, medran también inconcretos grupúsculos (en extremo radicales la mayoría de ellos) como pueden ser los de El Palmar de Troya o el movimiento integrista que en su día encabezó el desaparecido monseñor Lefevbre, que fue suspendido *a divinis* en 1976.

De todo ello se desprende el riesgo y la peligrosidad que entraña asumir la tarea de comentaristas sobre los textos bíblicos –error que nos proponemos *no cometer*–, convencidos como estamos de que los susodichos textos no admiten ni precisan de más comentarios que la propia transcripción íntegra de los mismos. Otras tareas de mayor enjundia quedan reservadas a los expertos teólogos y eruditos estudiosos del tema.

Pues bien; en consecuencia y consecuentes de nuestras limitaciones y atendiendo asimismo a las premisas que en conciencia consideramos inalterables, nuestra misión consistirá en realizar un escueto prólogo a cada una de las imágenes de Gustavo Doré que presentamos, con el añadido del pasaje bíblico –en transcripción literal– que corresponde a los diferentes grabados.

Con la certeza de que los lectores comprenderán y compartirán nuestros criterios y puntos de vista al respecto, suficientemente explicados y razonados con amplitud, solo resta a partir de ahora iniciar el desfile de la magia ilustrativa del maestro Doré con los apéndices bíblico-literarios correspondientes.

María José LLORENS CAMP
Francisco CAUDET YARZA

El primer grabado de Doré se refiere a la creación del mundo y de manera muy específica al momento en que el Padre Eterno hizo brotar la luz de las entrañas tenebrosas, del caos y las tinieblas que cubrían la faz del abismo.

El texto bíblico de esta ilustración se circunscribe al Libro del Génesis, capítulo primero, versículos 1 al 18, *que reproducimos íntegramente:*

GENESIS, 1, 1-18

1. Al principio creó Dios el cielo y la tierra.

2. La tierra era confusión y caos, y tinieblas cubrían la faz del abismo, mas el Espíritu de Dios se movía por encima de las aguas.

3. Y dijo Dios: «Haya luz»; y hubo luz.

4. Vio Dios que la luz era buena; y separó Dios la luz de las tinieblas.

5. Llamó Dios a la luz, *día,* y a las tinieblas las llamó *noche.* Y hubo tarde y hubo mañana: *hubo primer día.*

6. Después dijo Dios: «Haya un firmamento en medio de las aguas que separe unas aguas de otras».

7. E hizo Dios el firmamento, y separó las aguas que estaban bajo el firmamento de las aguas que estaban encima del firmamento. Y así fue.

8. Llamó Dios al firmamento, *cielo;* y hubo tarde y hubo mañana; *hubo segundo día.*

9. Y dijo Dios: «Júntese en un lugar las aguas que quedan bajo el cielo y aparezca lo seco». Y así fue.

10. Llamó Dios a lo seco, *tierra,* y a la reunión de las aguas, *mares.* Y vio Dios que estaba bien.

11. Después dijo Dios: «Brote la tierra hierba verde, plantas que den semilla, árboles frutales que produzcan fruto según su especie y cuya semilla esté en ellos sobre la tierra».

12. Brotó en la tierra hierba verde, plantas, y árboles que producían frutos. Y vio Dios que estaba bien.

13. Y hubo tarde y hubo mañana; *hubo tercer día.*

14. Luego dijo Dios: «Hayan lumbreras en el cielo, que separen el día de la noche y sirvan de señales y *(marquen)* la estaciones, días y años.

15. «Sirvan también de lumbreras en el firmamento del cielo para alumbrar la tierra». Y así fue.

16. Hizo, pues, Dios las dos grandes lumbreras: la mayor para presidir el día, y la lumbrera menor para presidir a la noche, y las estrellas.

17. Púsolas Dios en el firmamento del cielo para alumbrar la tierra.

18. Para regir el día y la noche y para separar la luz de las tinieblas. Y vio Dios que estaba bien.

Y Dios creó a la mujer.

Habían sido acabados el cielo y la tierra con todo el ornamento de ellos. Dios concluyó su obra el séptimo día y descansó. Y bendijo aquel séptimo día, santificándolo. Más tarde Yahvé Dios formó al hombre *(del)* polvo, insuflando en sus narices aliento de vida. Luego Dios creó el Edén *(Paraíso)* del que salía un río que regaba el jardín. Llevó Yahvé Dios al hombre (Adán) al jardín de Edén, dos de cuyos cuatro ríos, eran el Tigris y el Eufrates.

Esta nueva imagen de Doré nos ofrece el momento en que el Padre Eterno decide otorgar a Adán su compañera.

GENESIS, 2, 15-25

15. Tomó, pues, Yahvé Dios al hombre llevándolo al jardín de Edén, para que lo labrara y lo cuidase.

16. Y mandó Yahvé al hombre, diciendo: «De cualquier árbol del jardín puedes comer...

17. ... mas del árbol del conocimiento del bien y del mal, no comerás; porque el día que comieres de él, morirás sin remedio».

18. Entonces dijo Yahvé Dios: «No es bueno que el hombre esté solo; le haré una ayuda semejante a él».

19. Formados, pues, en la tierra todos los animales del campo y todas las aves del cielo, los hizo Yahvé Dios desfilar ante el hombre para ver cómo los llamaba, y para que el nombre de todos los seres vivientes fuese aquel que les pusiera el hombre.

20. Así, pues, el hombre puso nombre a todos los animales domésticos, y a las aves del cielo, y a todas las bestias del campo; mas para el hombre no encontró una ayuda semejante a él.

21. Entonces Yahvé Dios hizo caer un profundo sueño sobre el hombre, el cual se durmió; y le quitó una de las costillas y cerró con carne el lugar de la misma.

22. De la costilla que Yahvé Dios había tomado del cuerpo del hombre, formó una mujer y la condujo hasta el hombre.

23. Y dijo el hombre: «Esta vez sí es hueso de mis huesos y carne de mi carne; ésta será llamada varona, porque del varón ha sido tomada».

24. Por eso dejará el hombre a su padre y a su madre y se adherirá a su mujer, y vendrán a ser una sola carne.

25. Estaban ambos desnudos, Adán y su mujer, mas no se avergonzaban de ello.

Adán y Eva expulsados del jardín del Edén.

La serpiente, el más astuto de los animales del campo que Dios creara, dijo a la mujer: «¿Cómo es que Yahvé ha mandado que no comáis del árbol que está en el centro del jardín?» Eva respondió que Dios les dijo que comer de aquellos frutos les acarrearía la muerte. El sibilino ofidio repuso a tal comentario: «De ninguna manera moriréis; pues bien sabe Dios que el día en que comáis de esos frutos, se os abrirán los ojos y seréis como El, conocedores del bien y del mal».

Aquel acto posterior de desobediencia, incitado por la serpiente, tendría como consecuencia a Adán y Eva su expulsión del Paraíso. Ese acto trascendental es el que se refleja en el grabado de Doré.

GENESIS, 3, 9-23

9. Yahvé Dios llamó a Adán y le dijo: «¿Dónde estás?»

10. Adán respondió: «Oí tu paso por el jardín y tuve miedo, porque estoy desnudo; por eso me escondí».

11. Mas El dijo: «¿Quién te ha dicho que estás desnudo? ¿Has comido acaso del árbol del que te prohibí comer?»

12. Respondió Adán: «La mujer que me diste por compañera me dio del árbol, y comí».

13. Dijo luego Yahvé Dios a la mujer: «¿Qué es lo que has hecho?» Y contestó la mujer: «La serpiente me engañó y comí».

14. Entonces dijo Yahvé Dios a la serpiente: «Por haber hecho esto, serás maldita como ninguna otra bestia doméstica o salvaje. Sobre tu vientre caminarás, y polvo comerás todos los días de tu vida».

15. «Y pondré enemistad entre ti y la mujer, y entre tu linaje y su linaje; éste te aplastará la cabeza, y tú le aplastarás el calcañar».

16. Después dijo a la mujer: «Multiplicaré tus dolores y tus preñeces; con dolor parirás; te sentirás atraída por tu marido, pero él te dominará».

17. A Adán le dijo: «Por haber escuchado la voz de tu mujer y comido del árbol del que Yo te prohibí gustar, será maldita la tierra por tu causa; con doloroso trabajo te alimentarás de ella todos los días de tu vida...

18. ...te producirá espinas y abrojos, y comerás de las hierbas del campo».

19. «Con el sudor de tu rostro comerás el pan, hasta que vuelvas a la tierra; pues de ella fuiste tomado. Polvo eres y al polvo volverás».

20. Adán puso a su mujer Eva, por ser ella la madre de todos los vivientes.

21. E hizo Yahvé Dios para Adán y su mujer túnicas de pieles y los vistió.

22. Y dijo Yahvé Dios: «He aquí que el hombre ha venido a ser como uno de nosotros, conocedor del bien y del mal; ahora, pues, no vaya a extender su mano para que tome todavía del árbol de la vida, y comiendo *(de él)* viva para siempre».

23. Después Yahvé Dios lo expulsó del jardín de Edén, para que labrase la tierra de donde había sido tomado.

El sacrificio de Caín y Abel.

Después que Dios hubo expulsado a nuestros primeros padres del Paraíso Terrenal, lo rodeó de una guardia de querubines, empuñando fulgurantes espadas que agitaban, a fin de proteger para siempre el árbol de la vida (de la Ciencia del Bien y del Mal).

Adán y Eva, abocados por Yahvé Dios a una vida humana, de trabajo, penalidades, dolores y sufrimientos, aprendieron a ganarse el pan para su sustento con el sudor de sus frentes, soportando en sus conciencias el peso de la desobediencia al Padre Eterno, peso que habría de convertirse en el Pecado Original que todos los hombres contraemos en el momento de nacer.

Una de las facetas de su devenir humano fue la procreación y así, del acoplamiento de ambos cuerpos, hubo el fruto de dos varones: Caín y Abel.

En la presente ilustración vemos a los dos hijos de nuestros primeros padres en el momento de ofertar un sacrificio a Yahvé Dios.

GENESIS, 4, 1-7

1. Conoció Adán a Eva (tuvo relaciones carnales con ella), su mujer, la cual concibió y dio a luz (pariendo con dolores tal como Yahvé Dios había decidido) a Caín. Y dijo Adán: «He adquirido un primogénito varón con el favor de Yahvé».

2. Dio a luz Eva por segunda vez *(y tuvo)* a otro varón, a Abel, hermano de Caín. Fue Abel pastor de ovejas y Caín fue labrador.

3. Pasado algún tiempo, presentó Caín a Yahvé una ofrenda de los frutos de la tierra.

4. Y también Abel ofreció a su Dios de los primogénitos de su rebaño, y de la grasa de los mismos.

5. Yahvé miró a Abel y su ofrenda; pero no miró a Caín y su ofrenda, por lo cual se irritó Caín en gran manera, y decayó su semblante.

6. Entonces Yahvé Dios le dijo a Caín: «¿Por qué te muestras irritado, y por qué razón ha decaído tu semblante y la expresión de él?»

7. Y añadió Yahvé Dios, siempre dirigiéndose a Caín: «¿No es cierto que si obras bien, podrás alzarlo? Mas si no obras bien, está acechando a la puerta el pecado que desea dominarte; pero tú, debes de dominarle a él?

Estamos frente al primer crimen del que toma conciencia la Historia.

Es un claro exponente de la flaqueza y debilidad humanas, de la propia miseria del hombre, la razón que motivó al mayor de los hijos de Adán a matar al segundo. Si se juzga por el contenido de los textos que acompañan la ilustración que antecede, puede obtenerse el erróneo concepto de que Dios discriminó entrambos y eso hizo gestar en Caín un sentimiento de envidia-odio hacia su hermano. Pero la realidad no es ésa ni mucho menos, pues queda claro que Yahvé, en su infinita sabiduría, era conocedor de la naturaleza del primogénito de Adán y de las malignas tentaciones que lo acechaban. El rencor, la animadversión, y el odio hacia Abel, nacían del instinto perverso que Caín albergaba en su alma. Instinto que desembocaría en el crimen.

Ese abominable acto es el que se refleja en el presente dibujo de Gustavo Doré.

Caín comete fraticidio: da muerte a su hermano Abel.

GENESIS, 4, 8-16

8. Dijo después Caín a su hermano Abel: «Vamos al campo». Y cuando estuvieron en el campo, se levantó Caín contra su hermano Abel, y lo mató.

9. Preguntó Yahvé a Caín: «¿Dónde está tu hermano?» Contestó: «No lo sé. ¿Soy acaso el que guarda a mi hermano?».

10. Y dijo *(Yahvé)*: «¿Qué has hecho? La voz de la sangre de tu hermano está clamando a Mí desde la tierra...

11. ...Por eso andarás maldito, lejos de esta tierra que abrió su boca para recibir de tu mano la sangre de tu hermano...

12. ...Cuando labres la tierra, ella no te dará más fruto; fugitivo y errante vivirás sobre la tierra».

13. Entonces dijo Caín a Yahvé: «Mi culpa es demasiado grande para soportarla...

14. ...He aquí que hoy me echas de esta tierra y he de esconderme de Tu presencia; andaré fugitivo y errante por la tierra, y cualquiera que me encuentre me matará».

15. Respondióle Yahvé: «Pues por eso, cualquiera que matare a Caín, lo pagará siete veces». Y puso Yahvé una señal a Caín para que no lo matara quien lo hallase.

16. Salió entonces Caín de la presencia de Yahvé y habitó en el país de Nod, al oriente de Edén.

El diluvio.

Cuando los hombres comenzaron a multiplicarse sobre la faz de la tierra dando el ser a hijas, y los hijos de Dios vieron que aquéllas eran hermosas y apetecibles, los deseos e impulsos de la carne obnibularon los cerebros de los hombres haciéndoles olvidar las reglas divinas y el pecado de los primeros Padres. Tomaron de entre todas aquéllas a las que más deseaban y las poseyeron en pleno volcán de lujuria y fornicación.

Yahvé Dios no podía permanecer impasible frente a los desmanes lúbricos de sus criaturas creadas y decidió castigar sus licenciosos desafueros, su concupiscencia incontrolada, sus pasiones soeces, su veneración por la carne en detrimento del culto al espíritu...

En este nuevo grabado de Doré vemos la dantesca apocalipsis del Diluvio Universal.

GENESIS, 6, 5-8 y 7, 11-18.

5. Viendo pues Yahvé que era grande la maldad de los hombres sobre la tierra, y que todos los pensamientos de su corazón se dirigían únicamente al mal, todos los días...

6. ...arrepintióse Yahvé de haber hecho al hombre en la tierra, y se dolió en su corazón.

7. Y dijo Yahvé: «Exterminaré de sobre la faz de la tierra al hombre que he creado, desde el hombre hasta las bestias, hasta los reptiles, hasta las aves del cielo, porque me arrepiento de haberlo hecho».

8. Mas Noé halló gracia a los ojos de Yahvé.

11. El año seiscientos de la vida de Noé, el mes segundo, el día diez y siete del mes, en ese día prorrumpieron todas las fuentes del grande abismo, y se abrieron las cataratas del cielo.

12. Y estuvo lloviendo sobre la tierra cuarenta días y cuarenta noches.

13. En aquel mismo día entró Noé en el arca, con Sem, Cam y Jafet, hijos de Noé, y con ellos la mujer de Noé, y las tres mujeres de sus hijos.

14. Ellos, con todos los animales, según su especie, y todas las bestias domésticas según su especie, y todos los reptiles que se arrastran sobre la tierra según su especie, y todas las aves según su especie, todo pájaro, todo volátil.

15. Se llegaron a Noé, al arca, de dos en dos, de toda carne que hay aliento de vida.

16. Y los que habían venido, machos y hembras de toda carne, entraron como Dios había mandado. Y tras él cerró Yahvé la puerta.

17. El diluvio duró cuarenta días sobre la tierra. Y crecieron las aguas y levantaron el arca, la cual se alzó sobre la tierra.

18. Y se aumentaron las aguas y crecieron muchísimo sobre la tierra, mientras el arca flotaba sobre las aguas.

Esta nueva ilustración nos muestra otra imagen del Diluvio Universal.

Nos encontramos todavía en pleno desarrollo de la ira divina. El Padre Eterno, en su infinita misericordia y justicia, consideró que no cabía otra posibilidad que el castigo ejemplar a los pecadores, *su destrucción...* Porque Dios no podía permitir en modo alguno que el mal, la promiscuidad, la corrupción y los atentados y transgresiones del hombre a las leyes por El establecidas, pusieran en peligro el magnífico misterio de la Creación.

Y porque es deber de todo padre castigar la maldad de sus hijos, la codicia, la lujuria, la concupiscencia, el latrocinio y toda lacra que emponzoñe el corazón de aquéllos, aplicó su divina mano a corregir el desenfreno de los hombres para escarmiento de futuras generaciones.

Tras el Diluvio, la tierra ofreció una imagen desértica y desolada, pero quienes la bondad de Yahvé había salvado del terrible castigo de las aguas, se encargarían de reiniciar la obra sin olvidarse, ahora, que en el Cielo, atento y vigilante, Dios seguía sus pasos, dispuesto a castigar de nuevo si las malas inclinaciones humanas volvían a demandarlo.

GENESIS, 7, 19-24

19. Tan desmesuradamente crecieron las aguas sobre la tierra, que quedaron cubiertos todos los montes más altos que había bajo el cielo entero.

20. Quince codos se alzaron sobre ellos las aguas y fueron así cubiertos los montes.

21. Entonces murió toda la carne que se movía sobre la tierra; aves y ganados y fieras y todo reptil que se arrastraba sobre la tierra, y todos los hombres.

22. Todos los seres que en sus narices tenían soplo de vida, de cuantos hay en la tierra firme, perecieron.

23. Así fue exterminado todo ser viviente que existía sobre la faz terrestre, desde el hombre hasta la bestia, hasta los reptiles y hasta las aves del cielo. Fueron exterminados de la tierra, y quedaron solamente Noé y los que estaban con él en el arca.

24. Por espacio de ciento cincuenta días se alzaron las aguas sobre la tierra.

Tras la tempestad –el castigo humano caído desde lo divino–, *la calma.*

Noé esperó pacientemente a que transcurrieran los cuarenta días y cuarenta noches que su Señor, Yahvé Dios, le había anunciado que lloraría el terrible llanto sobre la tierra.

Transcurrido dicho período de tiempo hizo tímidas tentativas para averiguar si la normalidad se había establecido ya en la superficie, soltando a través de una ventana practicada en el arca, especies de animales voladores.

Fue por fin la paloma quien, en su segundo intento, regresó al atardecer, trayendo en su pico una rama de olivo. Señal inequívoca ésta de que el nivel de las aguas había descendido definitivamente.

De ahí que, por los siglos de los siglos, la paloma con una rama de olivo prendida en su pico, se convirtiera en símbolo de la paz, incluso para ateos y agnósticos, que no han vacilado en el transcurso de la Historia a la hora de aceptar tal representatividad.

El grabado de Doré nos muestra la paloma en el momento de abandonar el arca.

GENESIS, 8, 1-13

1. Acordóse Dios de Noé y de todas las fieras y de todas las bestias que con él estaban en el arca; e hizo Dios pasar un viento sobre la tierra, y bajaron las aguas.

2. Entonces se cerraron las fuentes del abismo, y se detuvo la lluvia del cielo.

3. Poco a poco retrocedieron las aguas de sobre la tierra.

4. Reposó el arca sobre los montes de Ararat, en el mes séptimo, el día diecisiete del mes.

5. Las aguas siguieron decreciendo, paulatinamente, hasta el mes décimo, y el día primero del décimo mes aparecieron las cumbres de los montes.

6. Pasados cuarenta días, abrió Noé la ventana que había hecho en el arca...

7. ... y soltó un cuervo, el cual yendo y viniendo, hasta que se secaron las aguas sobre la tierra.

8. Después puso Noé en libertad una paloma blanca, para ver si se habían retirado ya las aguas de la superficie terrestre.

9. Mas la paloma, como no hallase donde reposar sus patas, tornó hacia el arca, porque aún había agua sobre la tierra.

10. Esperó otros siete días y soltó de nuevo la paloma.

11. Volvió aquélla al atardecer, y he aquí que traía en su pico hoja verde de olivo, por donde conoció Noé que las aguas se habían retirado de la tierra.

12. Esperó otros siete días para soltar por tercera vez la paloma, y ésta no regresó a él.

13. El año seiscientos uno, el día primero del primer mes, ya no había agua sobre la tierra, y abriendo Noé la cubierta del arca miró y vio que estaba seca la superficie del suelo.

Noé bendijo a Dios por su generosidad y bondad infinita porque, en consciencia, no se creía merecedor de aquel rasgo magnánimo del Altísimo al conservar y preservar su vida y la de los suyos.

Erigió, pues, un altar a Yahvé, en el que sacrificó animales puros, ofreciendo holocaustos a su Señor. Y Dios, al aspirar el agradable olor, dijo en su corazón: *No volveré a maldecir la tierra por causa del hombre, porque los deseos del corazón humano son pérfidos desde su niñez, ni volveré a exterminar a todos los seres vivientes como he hecho esta vez.*

Y Dios cumplió la promesa hecha a sí mismo, pese a que los hombres, posteriormente, le darían sobrados motivos de enviar centenares de Diluvios con los que castigar su innata perfidia.

Noé puso manos a la tarea de reconstruir lo que el Diluvio había arrastrado, pero el jugo de la viña le jugó una mala pasada. Esta circunstancia trajo consigo una disensión en la familia, culminando con...

Lo que vemos en este nuevo dibujo de Doré: Noé maldice a Cam.

GENESIS, 9, 18-29.

18. Los hijos de Noé, que salieron del arca, eran Sem, Cam y Jafet. Cam era el padre de Canaán.

19. Estos tres eran los hijos de Noé y por ellos sería repoblada la tierra.

20. Noé empezó a cultivarla y plantó una viña.

21. Mas, bebiendo del vino, se embriagó, cayendo desnudo en medio de su tienda.

22. Vio Cam, padre de Canaán, la desnudez de su padre Noé y fue a comunicarlo a sus hermanos.

23. Entonces Sem y Jafet tomaron entrambos el manto *(de Noé)* y lo cubrieron. Tenían vuelto el rostro, de modo que no contemplaron la desnudez de su padre.

24. Cuando despertó Noé de su vino y supo lo que había hecho con él su hijo menor...

25. ...Dijo: «Maldito sea Cam; esclavo de esclavos será para sus hermanos».

26. Y agregó: «Bendito sea Yahvé, el Dios de Sem; y sea Cam su esclavo...

27. ...Dilate Dios a Jafet, que habitará en las tiendas de Sem; y sea Cam su esclavo».

28. Vivió Noé, después del diluvio, trescientos cincuenta años.

29. Y fueron todos los días de Noé novecientos cincuenta años, y murió.

Los descendientes de Noé fueron repoblando la tierra, paraje desértico tras el caudaloso y exterminador Diluvio.

El linaje de Noé proliferó de la siguiente manera:

Jafet engendraría a Gómer, Magog, Madai, Javán, Tubal, Mósoc y Tirás.

Cam, por su parte, a Canaán, Cus, Misraim, Cus y Put.

Y por último, Sem, a Elam, Asur, Arfaxad, Lud y Aram.

Los nietos de Noé tuvieron hijos, y así sucesivamente.

De esta manera se cumplió la voluntad del Señor cuando, al salir del arca bendijo a Noé y a sus hijos, diciéndoles: *Creced y multiplicaos y llenad la tierra. Tengan miedo y tiemblen ante vosotros todos los animales de la tierra, y todas las aves del cielo, y todo lo que se arrastra sobre el suelo y todos los peces del mar. En vuestra mano están puestos. Todo lo que se mueve y tiene vida os servirá de alimento.*

Y así fue.

Y éstas eran las tribus de los hijos de Noé, según su origen y sus naciones; y de ellas se propagaron los pueblos sobre la tierra después del Diluvio.

Tenía por aquel entonces la tierra entera una misma lengua e idénticas palabras, pero... *En esta nueva lámina de Doré vemos la construcción de la Torre de Babel, hecho este que no agradó al Señor Yahvé, lo que hizo que Dios confundiera al hombre sumiéndolo en el confusionismo de las distintas jergas.*

GENESIS, 11, 1-9

1. Tenía la tierra entera una misma lengua y las mismas palabras.

2. Mas cuando *(los hombres)* emigrando desde el Oriente hallaron una llanura en la tierra de Sinear, donde se establecieron...

3. ...dijéronse unos a otros: «Vamos, fabriquemos ladrillos, y cozámoslos bien». Y sirvióles el ladrillo en lugar de piedra, y el betún les sirvió de argamasa.

4. Y dijeron pues: «Vamos, edifiquemos una ciudad y una torre, cuya cumbre llegue hasta el cielo; y hagámonos un monumento para que no nos dispersemos sobre la superficie de toda la tierra».

5. Pero Yahvé descendió a ver la ciudad y la torre que estaban construyendo los hijos de los hombres.

6. Y dijo Yahvé: «He aquí que son un solo pueblo y tienen todos una misma lengua. ¡Y esto es sólo el comienzo de sus obras! Ahora nada les impedirá realizar sus propósitos».

7. Y añadió el Señor Dios: «¡Ea, pues, descendamos y confundamos allí mismo sus lenguas, de modo que no entiendan unos lo que hablan otros!».

8. Así los dispersó Yahvé de allí por la superficie de la tierra, y cesaron de edificar la ciudad.

9. Por tanto se le dio el nombre de *Babel;* porque allí confundió Yahvé la lengua de toda la tierra; y de allí los dispersó Yahvé sobre la faz de todo el orbe.

Táreh, descendiente de Sem, engendró a Abraham cuando contaba setenta años de edad.

Abraham recibió inspiraciones divinas pues Yahvé Dios, le dijo: *Sal de tu tierra, y de tu parentela, y de la casa de tu padre, al país que Yo te mostraré. Pues de ti haré una nación grande y te bendeciré; haré grande tu nombre, y serás una bendición. Bendeciré a quienes te bendigan y maldeciré a quienes te maldigan; y en ti serán benditas todas las tribus de la tierra.*

Marchó pues Abraham, como se lo había mandado Yahvé, acompañado de su esposa Sara, y de Lot, su sobrino, llevándose asimismo toda la hacienda que poseían.

El grabado que ahora estudiamos, nos muestra a Abraham y los suyos, marchando sobre Canaán.

GENESIS, 13, 1-12

1. De Egipto subió Abraham al Négueb, él y su mujer y toda su hacienda, y Lot con él.

2. Era Abraham rico en rebaños, en plata y oro.

3. Y se volvió, caminando por etapas, desde el Négueb hasta Betel y Hai...

4. ...hasta el lugar del altar que alzara allí anteriormente; e invocó allí Abraham el nombre de Yahvé.

5. También Lot, que iba con Abraham, poseía rebaños, vacadas y tiendas.

6. Mas el país no les permitía vivir juntos, porque era mucha su hacienda, de modo que no podían habitar juntamente.

7. De ahí nacieron reyertas entre los pastores de las greyes de Abraham y los pastores de las greyes de Lot. Además, los cananeos y los fereceos habitaban en aquel tiempo en esa región.

8. Dijo, pues, Abraham a Lot: «No haya, te ruego, contienda entre mí y tú, ni entre mis pastores y tus pastores; pues somos hermanos».

9. Y añadió Abraham: «¿No está todo el país delante de ti? Sepárate, por favor, de mí. Si tú vas a la derecha, yo iré a la izquierda; y si tú vas a la izquierda, yo lo haré a la derecha».

10. Alzando entonces Lot sus ojos vio toda la vega del Jordán, toda ella de regadío, hasta los límites de Segor. Antes de que destruyese Yahvé a Sodoma y Gomorra era esta región como el jardín de Yahvé, como la tierra de Egipto.

11. Eligió, pues, Lot para sí toda la vega del Jordán, y se trasladó a Oriente; y así se separaron el uno del otro.

12. Abraham se estableció en la tierra de Canaán, y Lot habitó en las ciudades de la vega, donde plantó sus tierras hasta Sodoma. Mas los habitantes de Sodoma eran malos y grandes pecadores ante Yahvé Dios.

Mas tarde habló Yahvé Dios a Abraham sobre la circuncisión, en los siguientes términos:

«Tú, pues, guarda mi pacto, y tu descendencia después de ti en la serie de sus generaciones. Este es mi pacto que habéis de guardar entre Mí y vosotros y tu posteridad después de ti. Todo varón entre vosotros ha de ser circuncidado. Os circuncidaréis la carne de vuestro prepucio; y esto será en señal del pacto entre Mí y vosotros».

Aquel mismo día tomó Abraham a todos los varones de su casa, nacidos o comprados, y les circuncidó la carne del prepucio como Dios le había mandado.

Tiempo después, Abraham fue visitado por tres ángeles.

Esta visita angelical es la que refleja Doré en la lámina que ahora comentamos.

GENESIS, 18, 1-11

1. Apareciósele Yahvé *(a Abraham)* en el encinar de Mamré mientras estaba sentado a la entrada de la tienda, durante el calor del día.

2. Alzando los ojos miró *(Abraham),* y he aquí que vio que estaban parados frente a él, tres varones. Tan pronto como los vio, corrió a su encuentro.

3. Y postrándose en tierra, dijo: «Señor mío, si he hallado gracia a tus ojos, te ruego que no pases de largo junto a tu siervo...

4. ... Permitid que se traiga un poco de agua; y lavaos los pies, y descansaos debajo del árbol...

5. ... Traeré, entretanto, un bocado de pan, y fortaleceréis vuestros corazones; después pasaréis adelante; pues por eso habéis pasado delante de vuestro siervo».

6. Y contestaron: «Haz como has dicho». Fue, pues, Abraham, apresuradamente a la tienda, a Sara, y exclamó: «¡Pronto, tres medidas de flor de harina; amasa y haz tortas!»

7. Corrió Abraham también a la vacada, tomó un ternero tierno y gordo, y diolo a un mozo, el cual se apresuró a aderezarlo.

8. Después tomó requesón y leche y el ternero que había aderezado, y se lo puso delante; y mientras comían, él se quedó de pie junto a ellos, bajo el árbol.

9. Preguntáronle: «¿Dónde está Sara, tu mujer?» Y contestó Abraham: «Ahí, en la tienda».

10. Entonces dijo *(Dios):* «Volveré a ti sin falta, por este mismo tiempo, y he aquí que Sara, tu mujer, tendrá un hijo». Entretanto, Sara estaba escuchando a la entrada de la tienda, detrás de él.

11. Porque Abraham y Sara eran ancianos, de avanzada edad, y había cesado ya en ella la costumbre de las mujeres.

Sodoma y Gomorra, emporios del vicio y la corrupción.

Quizá sea este pasaje bíblico uno de los más conocidos y populares –si es que cabe explicar este último término–, por el hecho, incluso, de haber sido llevado a la pantalla, como también lo han sido otras importantes secuencias de las Sagradas Escrituras.

Lo cierto es que Yahvé Dios, con menos ira que en ocasión de enviar el Diluvio, hubo de contemplar con tristeza como los moradores de ambas ciudades se sumían en la inmundicia de los pecados carnales, la promiscuidad, el contubernio, la más exacerbada de las lujurias y todo aquello que condujese a los más ruines placeres del cuerpo. Pese a conceder oportunidades de redención, hubo finalmente de enviar un nuevo castigo, del que había de dejar al margen a Lot, y aquellos de los suyos que quisieran seguirle, eso sí, SIN VOLVER LA VISTA ATRAS.

La imagen de Doré nos muestra la huida de Lot de Sodoma.

GENESIS, 19, 17-26

17. Y mientras los sacaban fuera, dijo uno *(a Lot):* «Ponte a salvo, por tu vida. No mires atrás, ni te pares en ningún lugar de la Vega. Huye a la montaña no sea que perezcas».

18. Pero Lot les dijo: «No, por favor, Señor mío».

19. Añadiendo: «Veo que tu siervo ha hallado gracia a tus ojos, y le has mostrado tan grande misericordia salvándome la vida; mas no puedo escapar a la montaña, sin riesgo de que me alcance la destrucción y la muerte».

20. Y siguió diciendo: «He ahí cerca esa ciudad donde podría refugiarme. Es tan pequeña. Con tu permiso huiré a ella –¿no es ella tan pequeña?– y vivirá mi alma».

21. Contestóle: «Bien, te concedo también la gracia de no destruir esa ciudad de que me hablas...

22. ...Date prisa y refúgiate allá; pues nada podré hacer hasta que hayas entrado en ella». Por eso fue llamada aquella ciudad Segor.

23. Salía el sol sobre la tierra cuando Lot entraba en Segor.

24. Entonces Yahvé hizo llover sobre Sodoma y Gomorra azufre y fuego que venía de El, desde el cielo.

25. Y destruyó aquellas ciudades, y toda la Vega, con todos los habitantes de las ciudades, hasta las plantas del suelo.

26. Mas la mujer *(de Lot)* miró atrás y se convirtió en estatua de sal.

La promesa del Señor a Sara, esposa de Abraham, se convierte en toda una realidad.

Ciertamente que Sara había quedado muy sorprendida cuando los ángeles del Padre le anunciaron con la propia voz de Este, que engendraría un hijo. Su sorpresa era lógica, racional, porque ya hacía tiempo que la hembra había cesado en las reglas y períodos que la natura –obra de Dios– otorga a la mujer. Siendo así, era imposible que concibiera. Pero ella no contaba que para Yahvé Dios nada es imposible. Y Sara parió. Un hijo al que le impuso el nombre de Isaac.

Pero he aquí que Abraham había recibido otro hijo, éste del vientre de su esclava Agar. Los celos y la discordia llevaron al hombre a despedir a la egipcia.

Y el despido o rechazo de Abraham a Agar, es lo que nos muestra esta nueva lámina de Doré.

GENESIS, 21, 7-14

7. Y dijo Sara: «¿Quién hubiese dicho a Abraham que yo amamantaría un hijo suyo? Pues se lo he dado en la vejez».

8. Creció el niño y fue destetado; y al día siguiente en que fue destetado Isaac, dio Abraham un gran convite.

9. Mas cuando Sara vio que el hijo que Abraham había recibido de Agar, la esclava egipcia, se burlaba...

10. ...le dijo a Abraham: «Echa fuera a esa esclava y a su hijo; porque el hijo de esa esclava no ha de ser heredero como mi hijo Isaac.»

11. Esta palabra parecía muy dura a Abraham por cuanto se trataba de su hijo.

12. Pero Yahvé Dios le habló a Abraham: «No te aflijas por el niño y por tu esclava. En todo lo que dijere Sara, oye su voz; pues por Isaac será llenada tu descendencia...

13. ...Mas también del hijo de tu esclava haré una nación, por ser descendiente tuyo».

14. Levantóse, pues, Abraham, muy de mañana, tomó pan y un odre de agua, y se lo dio a Agar, poniéndolo sobre el hombro de ésta; *(le entregó)* también el niño, y la despidió. La cual se fue y anduvo errante por el desierto de Bersabee.

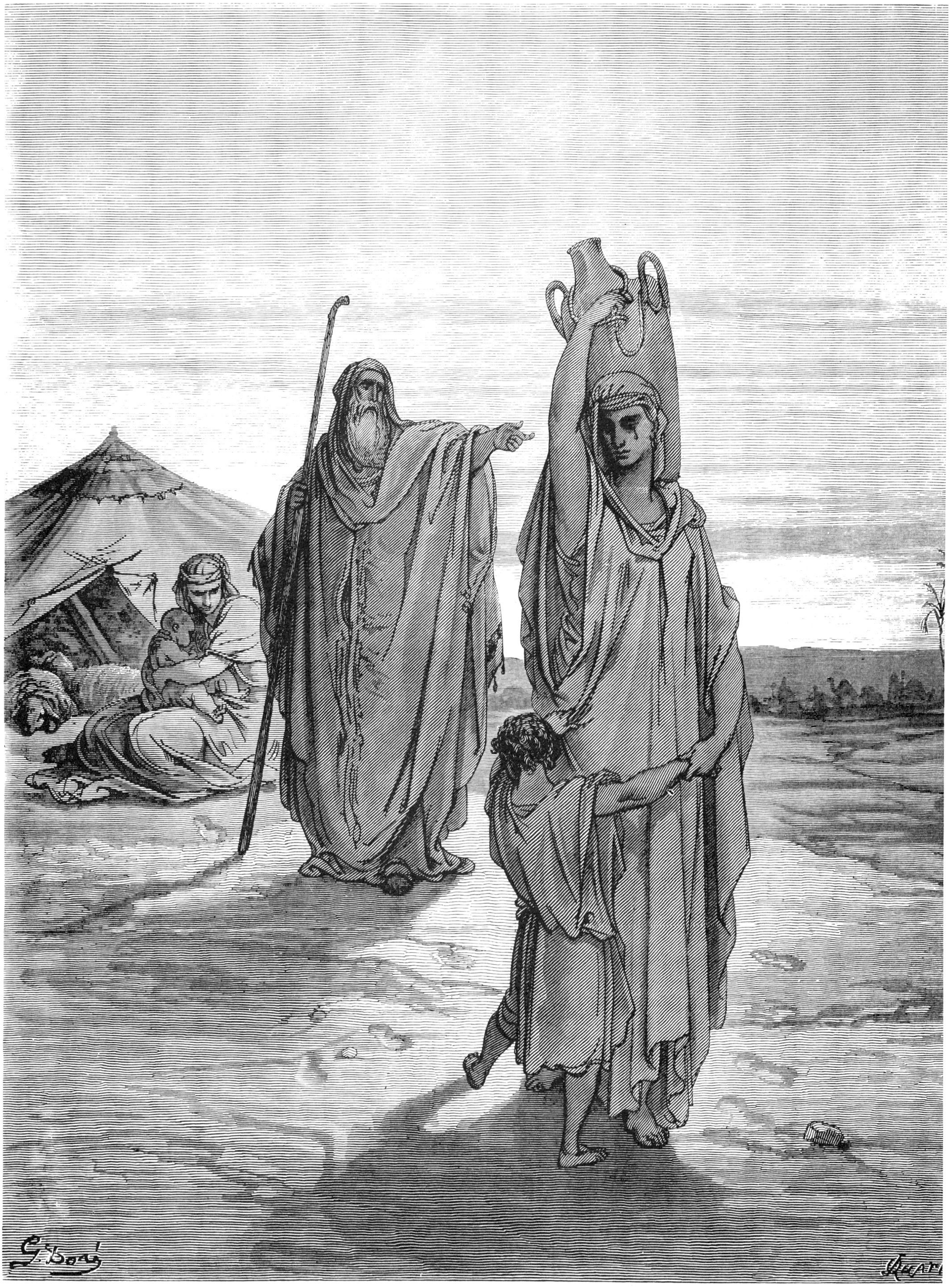

Agar e Ismael en el desierto.

Es bien cierto que Yahvé Dios le dijo a Abraham que escuchase a su esposa Sara y siguiese las indicaciones de ésta. Pero también es una realidad que el Padre Eterno, en su infinita bondad y misericordia, no podía dejar de su mano a dos víctimas inocentes como lo eran la esclava egipcia Agar y su hijo Ismael, que asimismo lo era de Abraham.

La pobre muchacha tras ser despedida por Abraham hubo de enfrentarse a una serie de penalidades, fatigas y sufrimientos, pero Dios no había de tardar en acudir en su socorro y ayuda.

Esta nueva ilustración refleja, precisamente, las dificultades y vicisitudes a que hizo frente la joven Agar, con Ismael, en su travesía por el desierto. Mas...

GENESIS, 21, 15-21

15. Cuando se acabó el agua del odre, echó ella al niño bajo uno de los arbustos...

16. ...y fue a sentarse frente a él, a la distancia de un tiro de arco; porque decía: «No quiero ver morir al niño». Sentada, pues, enfrente, alzó su voz, prorrumpiendo en lágrimas.

17. Mas Dios oyó la voz del niño; y el Angel de Diosllamó a Agar desde el cielo, y le dijo: «¿Qué te pasa, Agar? No temas, porque Dios ha escuchado la voz del niño en el lugar donde está...

18. ...Levántate, alza al niño, y tómalo de la mano, porque haré de él un gran pueblo».

19. Y le abrió Dios los ojos, y ella vio un pozo de agua; fue y llenó el odre de agua, y dio de beber al niño.

20. Y Dios asistió al niño *(Ismael)*, el cual creció y habitó en el desierto, y vino a ser tirador de arco.

21. Se estableció en el desierto de Farán, y su madre le dio una mujer de la tierra de Egipto.

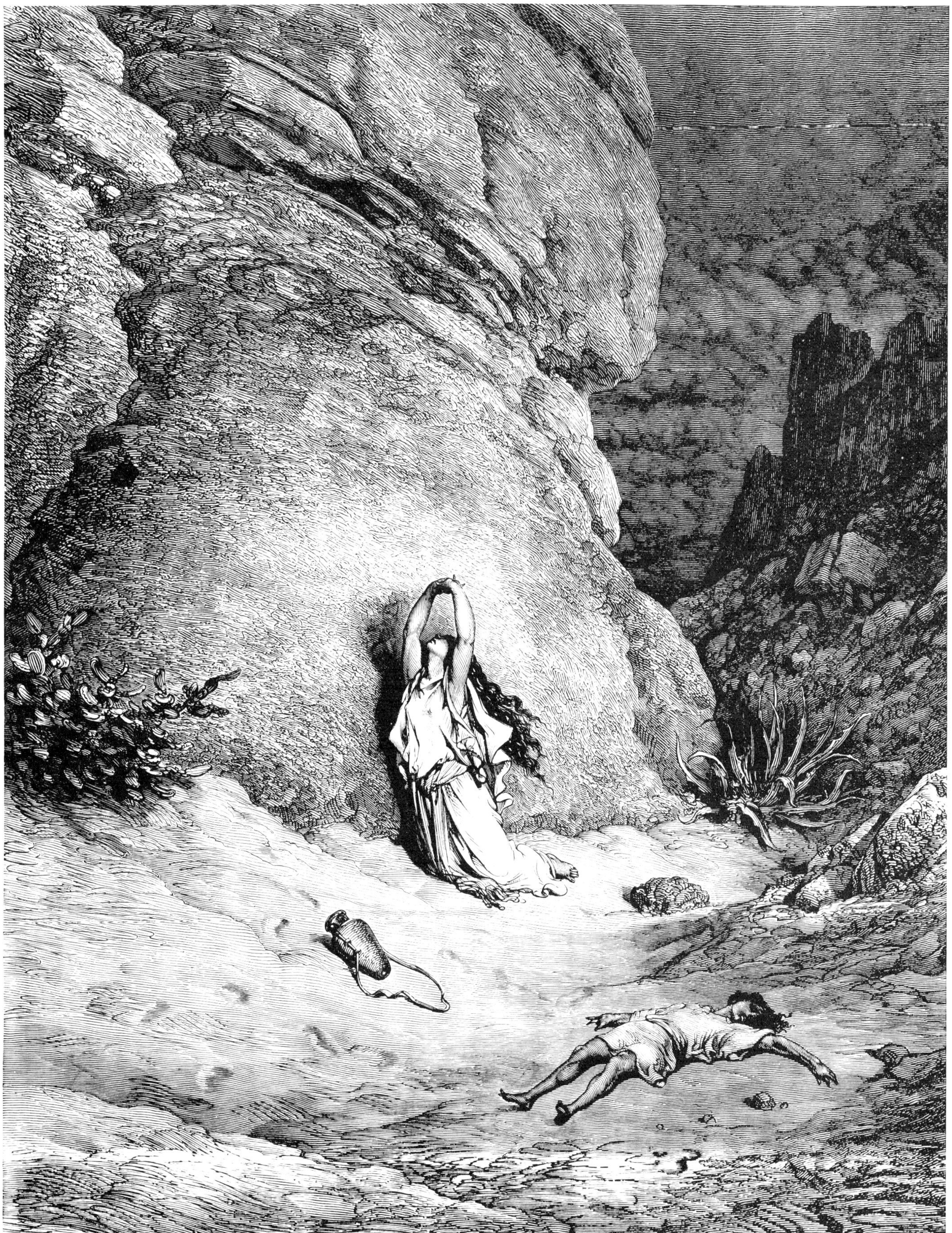
G. Doré

Por aquel entonces Abraham se encontraba con los suyos en el país de los filisteos, y Dios decidió someterle a una difícil prueba.

Es obvio que Yahvé no necesita probar a sus hijos para conocer la fidelidad de éstos, de aquí que la prueba a que sometió a Abraham estuviera encaminada a demostrarle a éste la grandiosidad de su fe, la cual cosa Dios ya conocía.

Le pidió que le sacrificase a su hijo Isaac.

En la lámina vemos al mismo Isaac llevándose al hombro la leña que habría de servir para inmolarle.

GENESIS, 22, 1-12

1. Después de esto probó Dios a Abraham y le dijo: «¡Abraham!» «Heme aquí», contestó aquél.

2. Díjole entonces Dios: «Toma a tu hijo único, a quien más amas, Isaac, y ve a la tierra de Moriah, y ofrécele allí en holocausto sobre uno de los montes que yo te mostraré».

3. Levantóse, pues, Abraham, muy de mañana, aparejó su asno y tomó consigo dos de sus criados y a Isaac, su hijo; y después de partir leña para el holocausto se puso en camino para ir al lugar que Dios le había indicado.

4. Cuando el tercer día Abraham alzó los ojos y vio el sitio desde lejos...

5. ... dijo a sus mozos: «Quedaos aquí con el asno; yo y el niño iremos hasta allá para adorar, y después volveremos a vosotros».

6. Tomó, pues, Abraham, la leña para el holocausto, cargóla sobre Isaac, su hijo, y tomó en su mano el fuego y el cuchillo; y caminaron los dos juntos.

7. Y se dirigió Isaac a Abraham, su padre, diciendo: «Padre mío»; el cual respondió: «Heme aquí, hijo mío». Y dijo *(Isaac):* «He aquí el fuego y la leña, mas, ¿dónde está el cordero para el holocausto?»

8. Contestó Abraham: «Dios se proveerá de cordero para el holocausto, hijo mío». Y siguieron caminando juntos.

9. Llegados al lugar que Dios había indicado erigió Abraham el altar, y dispuso la leña, después ató a Isaac su hijo, y púsole sobre el altar, encima de la leña.

10. Y alargando Abraham la mano tomó el cuchillo para degollar a su hijo.

11. Pero he aquí que entonces, el Angel de Yahvé le llamó desde el cielo, diciendo: «¡Abraham, Abraham!» El respondió: «Heme aquí».

12. Dijo entonces *(el Angel):* «No extiendas tu mano contra el niño, ni le hagas nada; pues ahora conozco que eres temeroso de Dios, ya que no has rehusado darme tu hijo, tu único hijo».

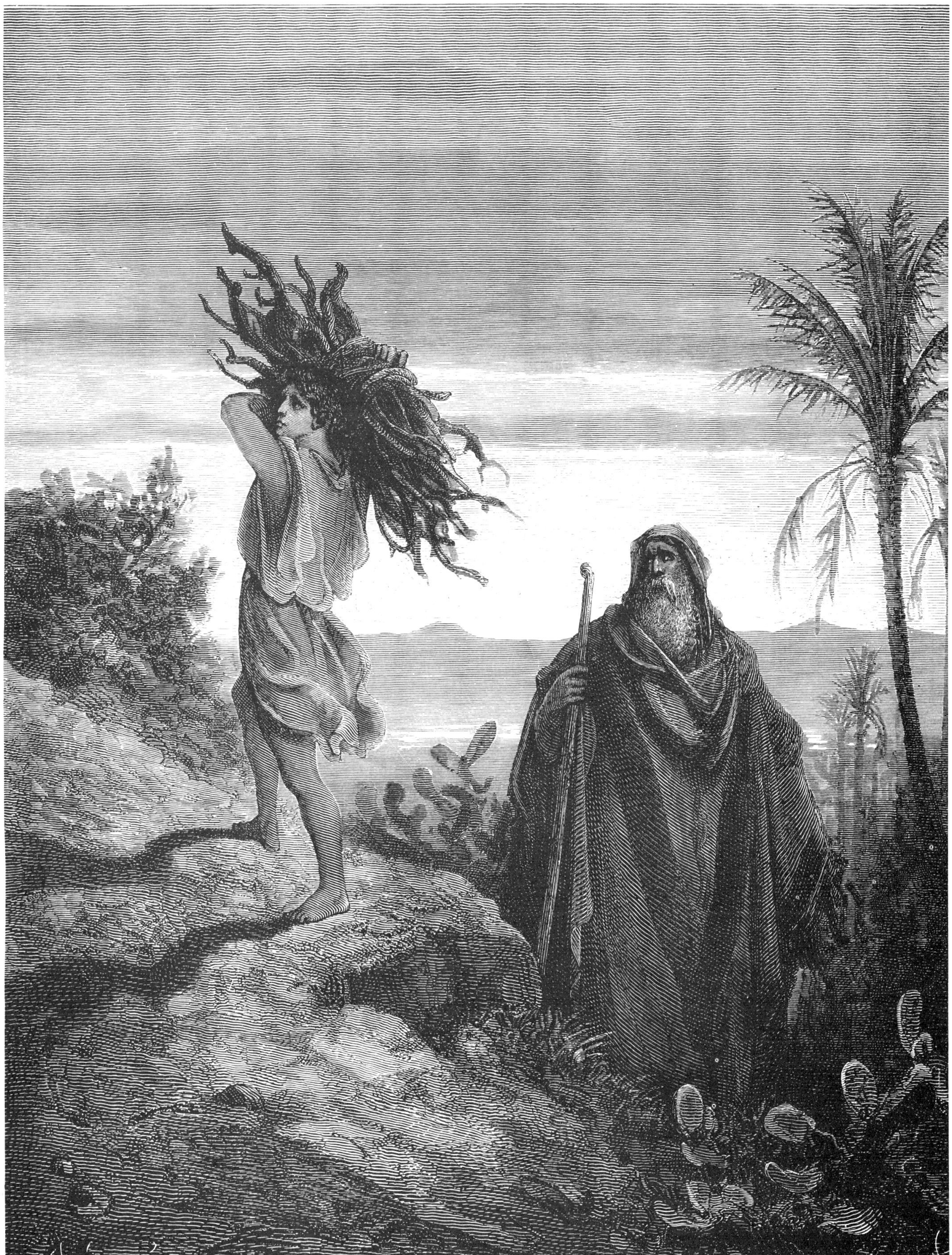
C. LAPLAN

Muerte y entierro de Sara.

La esposa de Abraham tuvo ciento veintisiete años de vida antes de que Yahvé Dios decidiera llamarla a las puertas de su reino.

La lámina de Doré refleja en esta ocasión el momento en que Sara recibe sepultura.

GENESIS, 23, 1-9 Y 14-20

1. Sara vivió ciento veinte y siete años; tantos fueron los años de vida de Sara.

2. Murió Sara en Quiriat-Arbá, que es Hebrón, en la tierra de Canaán y vino Abraham a llorar a Sara y a hacer duelo por ella.

3. Después se levantó Abraham de junto de su difunta y habló con los hijos de Het, diciendo:

4. «Extranjero y huésped soy en medio de vosotros: dadme una propiedad sepulcral entre vosotros, para que pueda enterrar a mi difunta, sacándola de mi vista».

5. Los hijos de Het respondieron a Abraham, diciéndole:

6. «Oyenos, señor, tú eres un príncipe de Dios en medio de nosotros; entierra a tu difunta en el mejor de nuestros sepulcros; ninguno de nosotros te negará su sepulcro, para que entierres a la muerta.

7. Levantóse entonces Abraham y postrándose ante el pueblo del país, los hijos de Het...

8. ...les habló: «Si es vuestra buena voluntad que yo sepulte a mi difunta, escuchadme y rogad por mí a Efrón, hijo de Sóhar...

9. ...que me ceda la cueva de Macpelá que es de su propiedad y que está al extremo de su campo, para poseer sepultura entre vosotros.

14. Respondió Efrón a Abraham, diciéndole: «Señor mío, escúchame:

15. Un terreno de cuatrocientos siclos de plata entre tú y yo; ¿qué es eso? Sepulta a tu muerta».

16. Oyó Abraham a Efrón; y Abraham pesó a Efrón el dinero que éste había pedido en presencia de los hijos de Het: cuatrocientos siclos de plata corriente entre mercaderes.

17. Con esto el campo de Efrón, que estaba en Macpelá frente a Mamré, el campo y la cueva que estaba en él, con todos los árboles de este campo, con todos sus contornos...

18. ... vino a ser propiedad de Abraham, estando presentes los hijos de Het todos los que habían venido a la puerta de su ciudad.

19. Después de esto sepultó Abraham a Sara, su mujer, en la cueva del campo, en Macpelá, frente a Mamré, que es Hebrón, en la tierra de Canaán.

20. Así, este campo y la cueva que había en él, vinieron a ser propiedad de Abraham, como posesión sepulcral, adquirida de los hijos de Het.

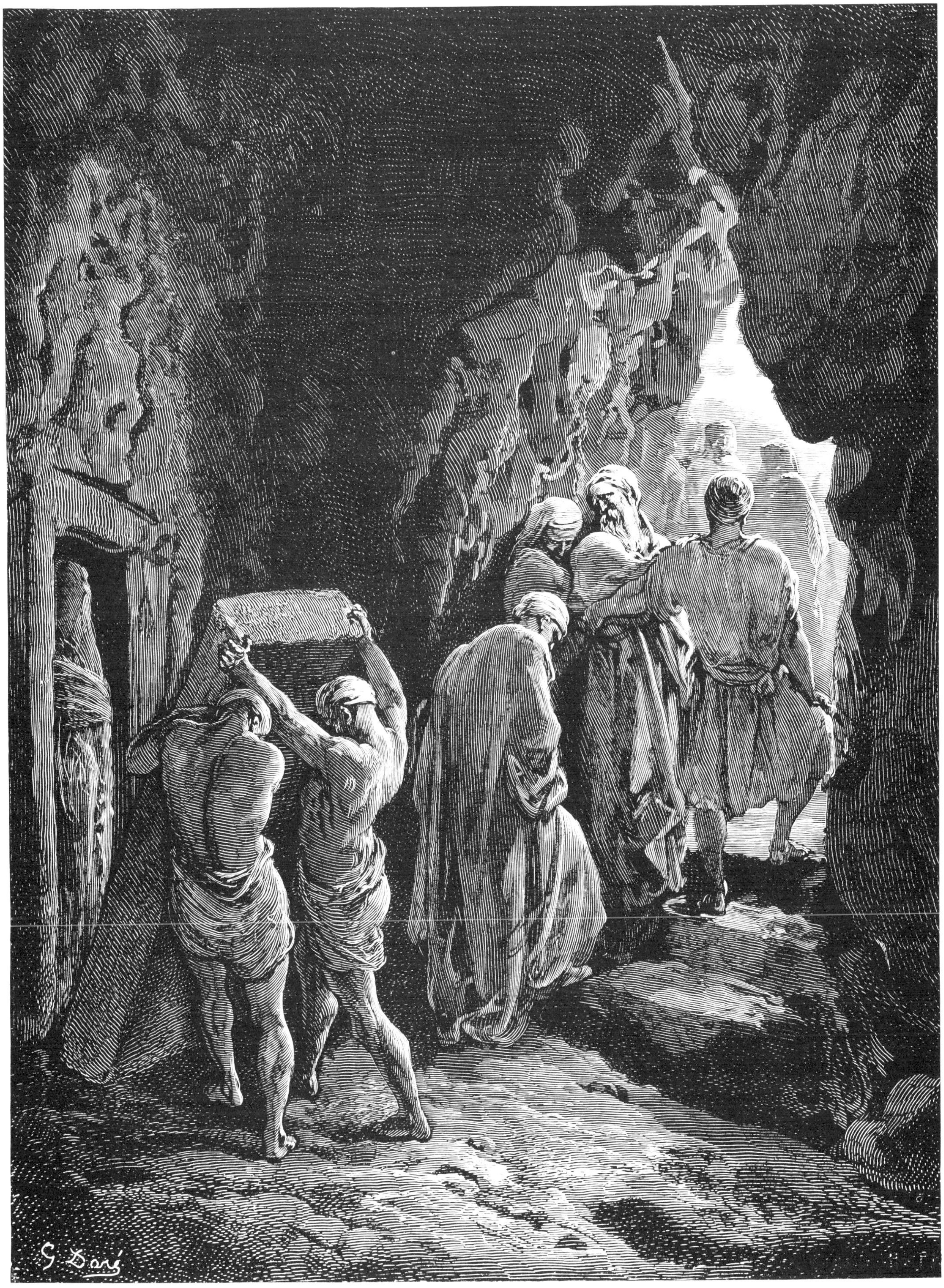
G. Doré

El siervo de Abraham llega a Mesopotamia.
Y la imagen de Doré, en Mesopotamia precisamente, presenta a la joven Rebeca.

GENESIS, 24, 10-20

10. Luego tomó el siervo diez camellos de su señor y emprendió viaje, llevando consigo las cosas más preciosas que tenía su señor, y levantándose se dirigió a Mesopotamia, a la ciudad de Nacor.

11. Allí hizo arrodillar los camellos fuera de la ciudad, junto al pozo de agua, al caer la tarde, al tiempo que suelen salir las mujeres a sacar agua.

12. Y dijo: «Yahvé, Dios de mi señor Abraham, concede, te ruego, que tenga suerte hoy, y ten misericordia de mi señor Abraham».

13. Prosiguiendo así en sus ruegos: «Heme aquí, en pie, junto a la fuente de aguas, donde las hijas de los habitantes de la ciudad están saliendo a sacar agua...

14. ... Ahora bien, la joven a quien yo dijere, *baja por favor tu cántaro, para que yo beba,* y ella respondiere, *bebe tú, y también a tus camellos daré de beber;* ésa sea la que designaste para tu siervo Isaac; y en esto conoceré que has tenido misericordia de mi señor».

15. Aun no había acabado de hablar, cuando he aquí que salía Rebeca, hija de Batuel, el hijo de Milcá, hermano de Abraham.

16. La joven era de un hermoso aspecto, virgen, que no había conocido varón. Bajó a la fuente, llenó su cántaro y volvió a subir.

17. El siervo le salió al encuentro y dijo: «Dame de beber un poco de agua de tu cántaro».

18. «Bebe, señor mío», respondió ella, y se apresuró en bajar el cántaro a su mano, y diole de beber.

19. Y después de darle de beber, dijo: «También para tus camellos sacaré agua, hasta que acaben de beber».

20. Y vaciando apresuradamente su cántaro en el abrevadero, corrió otra vez al pozo para sacar agua, y sacó para todos los camellos.

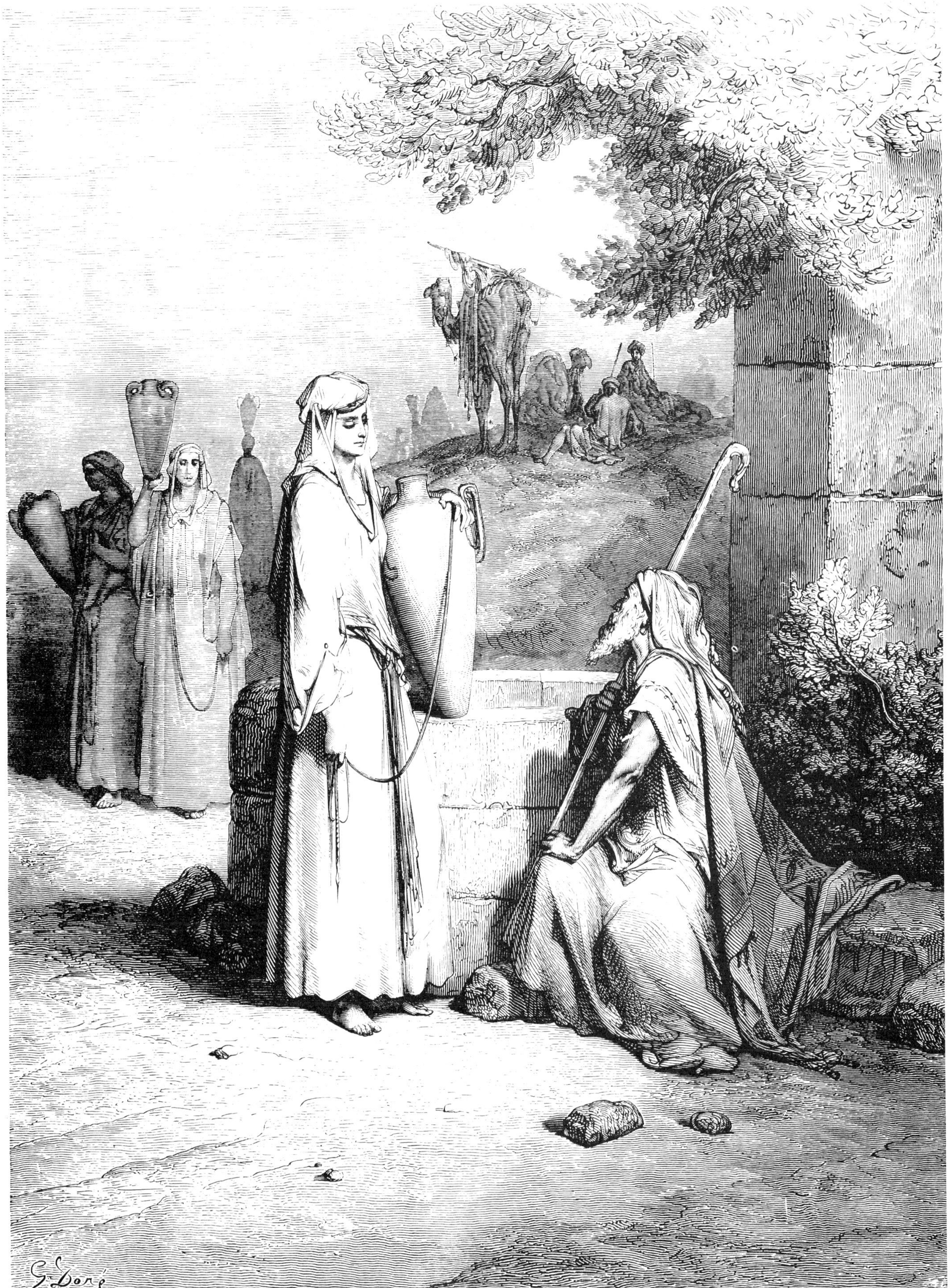
G. Doré

Eliézer, siervo de Abraham, sabedor de que ha encontrado en Rebeca la digna futura esposa de Isaac, hijo de su señor, regresa con ella.

La ilustración del maestro Doré nos presenta el momento en que Isaac recoge a la joven doncella con la que deberá desposarse.

GENESIS, 24, 54-67

54. Después comieron y bebieron, él y los hombres que le acompañaban y pasaron la noche. Cuando se levantaron por la mañana, dijo: «Dejadme volver a casa de mi señor».

55. A lo cual respondieron el hermano de ella y su madre: «Quédese la niña con nosotros algunos días, unos diez; después, partirá».

56. Eliézer repuso: «No me detengáis, ya que Yahvé ha bendecido mi viaje; despedidme para que vaya a mi señor».

57. Ellos dijeron: «Llamemos a la joven y preguntemos lo que diga ella».

58. Llamaron, pues, a Rebeca, y le preguntaron: «¿Quieres ir con este hombre?» «Iré», contestó ella.

59. Entonces despidieron a Rebeca, su hermana, y a su nodriza, y al siervo de Abraham con sus hombres.

60. Y bendijeron a Rebeca, diciéndole: «¡Hermana nuestra, crezcas en millares y decenas de millares, y apodérese tu descendencia de la puerta de sus enemigos!»

61. Después se levantó Rebeca con sus doncellas y, montadas sobre los camellos, siguieron al hombre, el cual tomó a Rebeca y partió.

62. Entre tanto Isaac había vuelto del pozo del *Viviente que me ve,* pues habitaba en la región del Négueb.

63. Y por la tarde, cuando salió al campo a meditar y alzó los ojos, vio que venían unos camellos.

64. También Rebeca alzó sus ojos viendo a Isaac; descendió del camello, preguntando al siervo:

65. «¿Quién es aquel hombre que viene por el campo a nuestro encuentro?» Contestó el siervo: «Es mi señor». Entonces ella, tomó su velo y se cubrió.

66. El siervo contó a Isaac todo cuanto había hecho.

67. Y condujo Isaac a Rebeca a la tienda de Sara, su madre; y tomó a Rebeca, la cual pasó a ser su mujer; y la amó; y así se consoló Isaac después de la muerte de su madre.

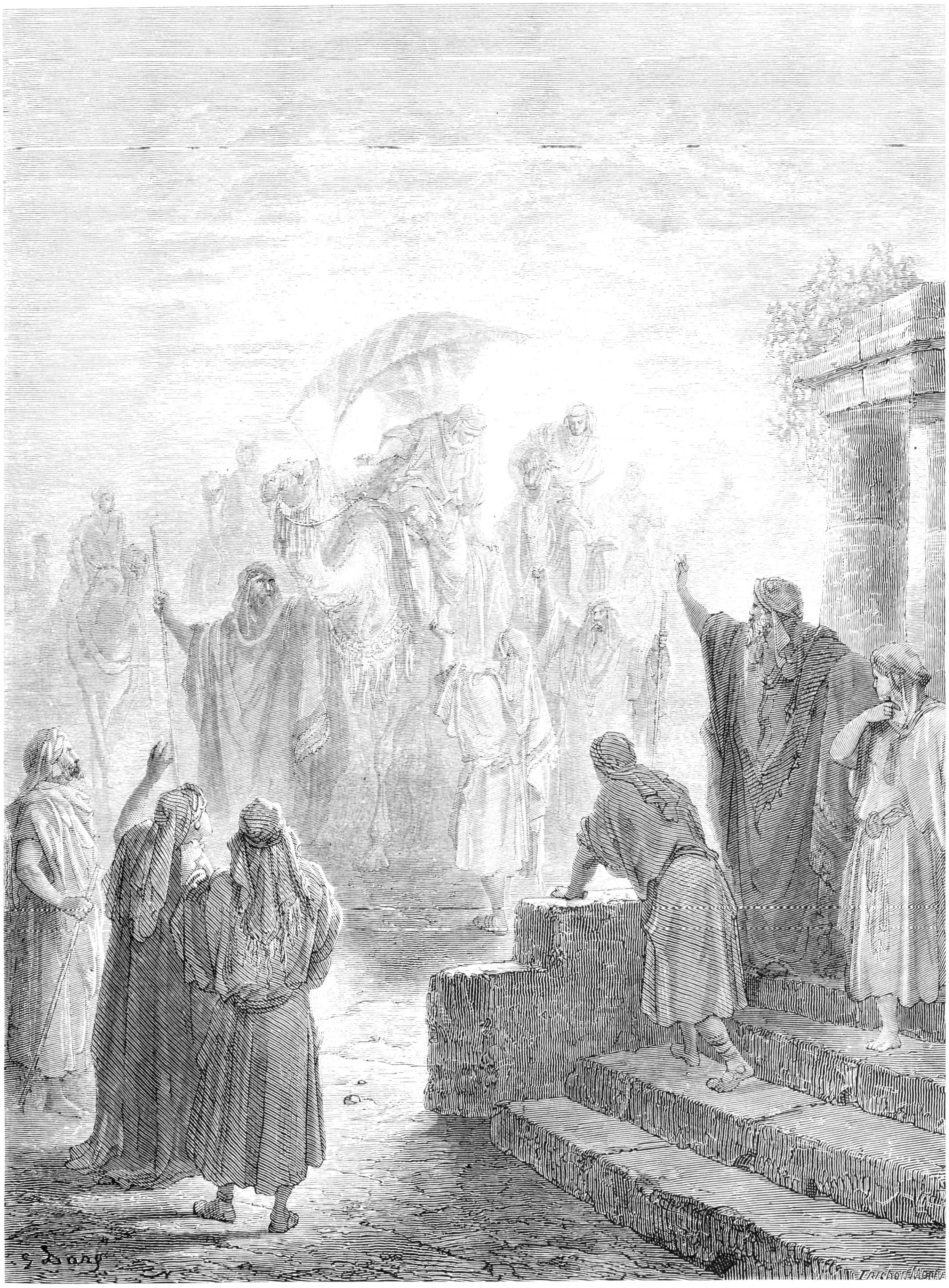

Este nuevo grabado nos presenta ahora el momento trascendental en que, transcurridos ya muchos años de la muerte de Abraham, el nieto de éste, Jacob, es bendecido por un anciano Jacob, su padre.

GENESIS, 27, 19-29

19. «Yo soy tu primogénito Esaú, dijo Jacob a su padre. He hecho conforme me dijiste; levántate, te ruego, siéntate, como de mi caza, para que me bendiga tu alma».

20. Preguntó Isaac a su hijo: «¿Cómo es que has podido encontrarla tan pronto, hijo mío?» El cual respondió: «Porque Yahvé, tu Dios, me la puso delante».

21. Dijo entonces Isaac a Jacob: «Acércate y te palparé» *(Isaac estaba ciego)*. Y añadió: «A ver si realmente eres o no mi hijo Esaú».

22. Acercóse, pues, Jacob a su padre Isaac, el cual lo palpó y dijo: «La voz es la voz de Jacob, pero las manos son las manos de Esaú».

23. Y no lo reconoció porque sus manos estaban velludas como las manos de su hermano Esaú y así lo bendijo.

24. Pero repitió la pregunta: «¿Eres tú, realmente, mi hijo Esaú?» Y él *(Jacob)* respondió: «Yo soy».

25. Dijo entonces, Isaac: «Acércame la caza y comeré de ella, hijo mío, para que te bendiga mi alma». Acercósela y comió; le sirvió también vino, y bebió.

26. Después le dijo Isaac, su padre: «Acércate y bésame, hijo mío».

27. Acercóse, pues, y lo besó; y cuando *(Isaac)* sintió la fragancia de sus vestidos, le bendijo, diciendo:

> *Mira, el olor de mi hijo*
> *es como el olor de un campo*
> *bendecido por Yahvé.*
> *¡Dete Dios del rocío del cielo,*
> *y de la grosura de la tierra,*
> *y abundancia de trigo y vino!*
> *¡Sírvante pueblos,*
> *y póstrense delante de ti naciones!*
> *sé señor de tus hermanos,*
> *e inclínense ante ti los hijos de tu madre!*
> *¡Maldito el que te maldiga,*
> *y bendito quien te bendiga!*

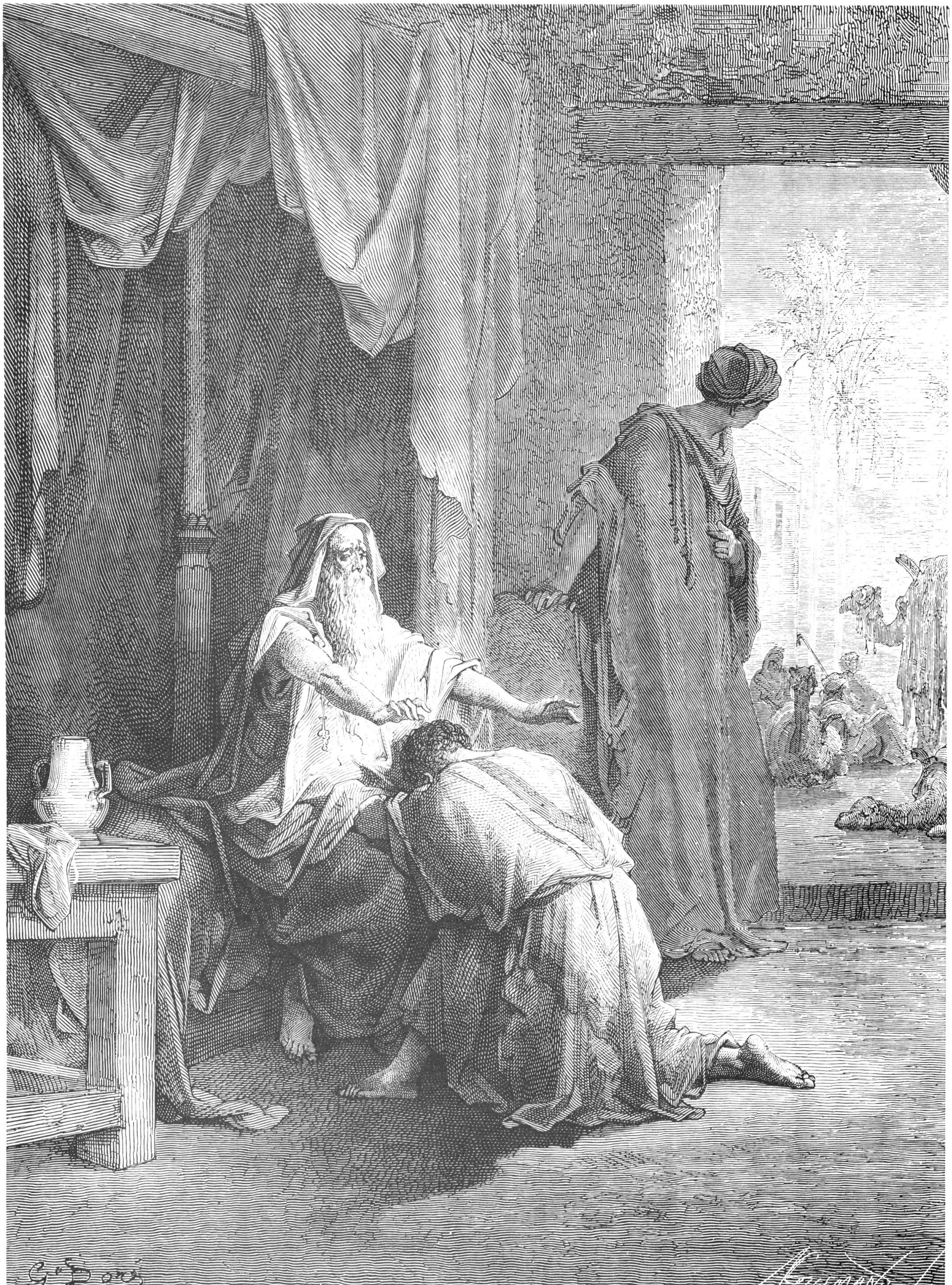

Esaú, a causa de la bendición que Isaac le otorgara a su hermano Jacob, creyéndole él, concibe un odio profundo hacia aquél, diciéndose a sí mismo: *Se acercan ya los días en que haré duelo por mi padre; después, mataré a Jacob, mi hermano.* Pero Rebeca, su madre, tiene noticia de los propósitos de Esaú, por cuya razón envía a llamar a Jacob, su hijo menor, y le dice: «Mira, tu hermano Esaú quiere vengarse de ti, matándote. Ahora, pues, oye mi voz y obedece: huye a Harán, a casa de mi hermano Labán. Estarás con él algún tiempo hasta que se apacigüen la ira y cólera de Esaú, y se olvide de lo que has hecho. Yo entonces enviaré por ti y te traeré de allá».

Posteriormente, Isaac enviará a su hijo Jacob a Mesopotamia.

El grabado que ahora comentaremos con su correspondiente texto bíblico, es la ilustración en que nos muestra a Jacob, sumido en profundo sueño al que acompañan extraordinarias visiones.

GENESIS, 28, 10-16

10. Jacob salió de Bersabee y se dirigió a Harán.

11. Llegado a cierto lugar, pasó allí la noche, porque ya se había puesto el sol. Y tomando una de las piedras del lugar, se la puso por cabezal, y acostóse en aquel sitio.

12. Y tuvo un sueño: he aquí una escalera que se apoyaba en la tierra, y cuya cima tocaba al cielo; y ángeles de Dios subían y bajaban por ella.

13. Y sobre ella estaba Yahvé, que dijo: «Yo soy Yahvé, el dios de Abraham y el Dios de Isaac; la tierra en que estás acostado, te la daré a ti y a tu descendencia...

14. ...Tu posteridad será como el polvo de la tierra; y te extenderás hacia el occidente y hacia el oriente, hacia el aquilón y hacia el mediodía; y en ti y en tu descendencia serán benditas todas las tribus de la tierra...

15. ...Y he aquí que Yo estaré contigo, y te guardaré en todos tus caminos y te restituiré a esta tierra; porque no te abandonaré hasta haber cumplido cuanto te he dicho».

16. Cuando Jacob despertó de su sueño, exclamó: «Verdaderamente Yahvé está en este lugar y yo no lo sabía».

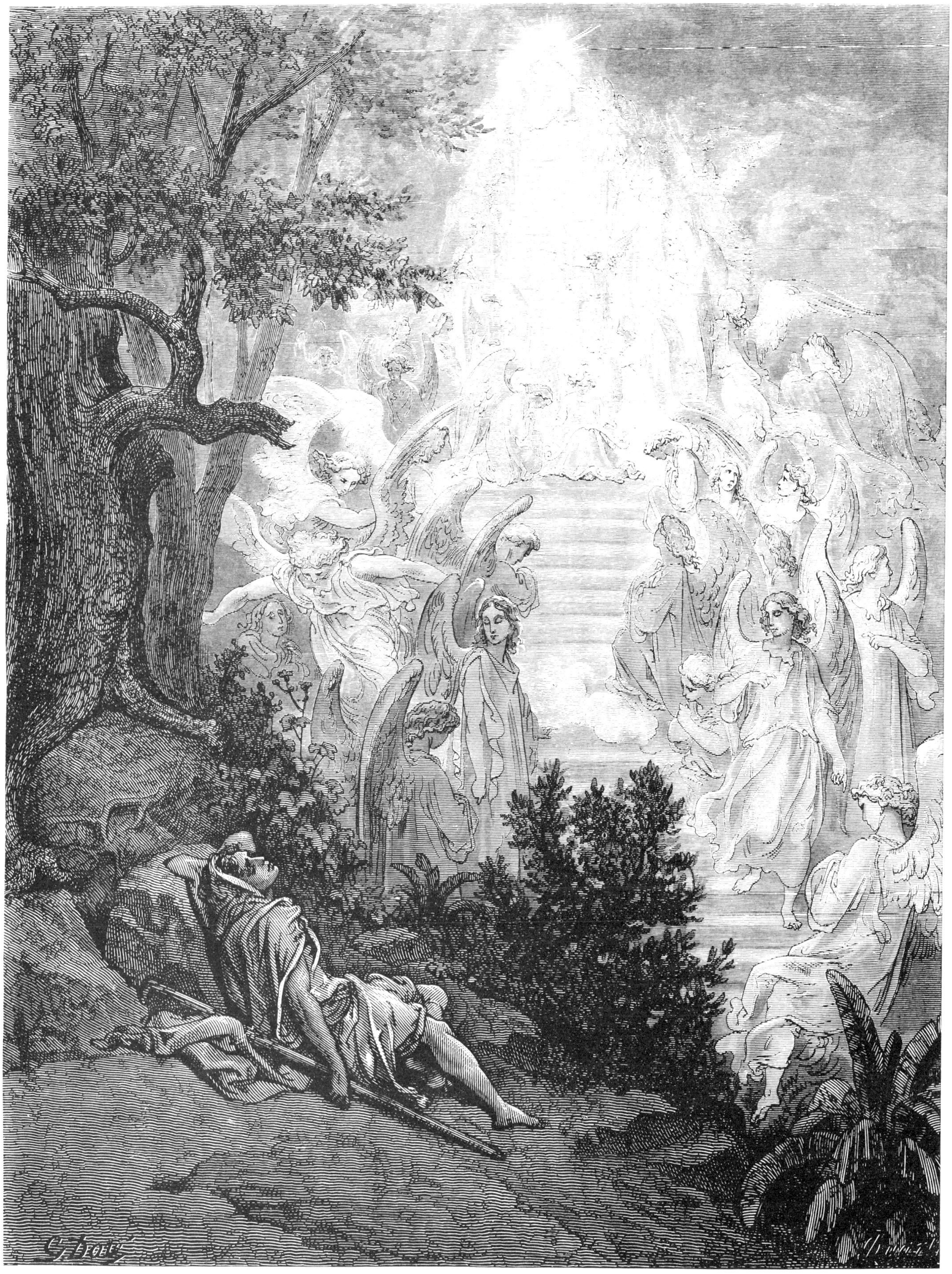

Jacob, conforme a los deseos y designios de su madre, prosigue su viaje hasta el país de los hijos de Oriente. Mirando ve en el campo un pozo y he aquí tres rebaños de ovejas sesteando junto a él; pues en aquel pozo se abrevan los rebaños.

Allí suelen reunirse todos los rebaños. Los pastores remueven la piedra de sobre la boca del pozo, para abrevar las ovejas, y después colocan de nuevo la piedra en su sitio de origen.

Esta nueva ilustración refleja con exquisita exactitud el pasaje bíblico a que aludimos, íntimamente relacionado con la estancia de Jacob en casa de Labán.

GENESIS, 29, 4-19

4. Jacob les preguntó: «¿De dónde sois?» Contestaron: «Somos de Harán».

5. Preguntóles: «¿Conocéis a Labán, hijo de Nacor?» Respondiéronle: «Le conocemos».

6. Díjoles entonces: «¿Está bien?» «Lo está», le contestaron. Añadiendo: «He aquí a su hija, Raquel, que viene con su rebaño».

7. Entonces dijo: «Aún es muy de día, no es hora de recoger el ganado; abrevad las ovejas y volved a apacentarlas».

8. Ellos respondieron: «No podemos, hasta que se reúnan todos los rebaños y se remueva la piedra de sobre la boca del pozo para que abrevemos las ovejas».

9. Aún estaba hablando él con ellos cuando llegó Raquel con las ovejas de su padre, pues ella era pastora.

10. Como viese Jacob a Raquel, hija de Labán, hermano de su madre, y las ovejas de Labán, acercóse y removió la piedra de sobre la boca del pozo y abrevó las ovejas de Labán, hermano de su madre.

11. Y besó Jacob a Raquel; y alzó su voz para llorar.

12. Luego declaró Jacob a Raquel que era hermano de su padre e hijo de Rebeca. Tras lo cual ella echó a correr y avisó a su padre.

13. Cuando Labán oyó lo que le decía de Jacob, hijo de su hermana, corrió a su encuentro, lo abrazó, lo besó y lo condujo a su casa. Y *(Jacob)* contó a Labán todas estas cosas.

14. Díjole entonces Labán: «De veras, eres hueso mío y carne mía». Y estuvo con él por espacio de un mes.

15. Dijo Labán a Jacob: «¿Acaso por ser mi hermano, has de servirme de balde? Díme cuál será tu salario».

16. Ahora bien, tenía Labán dos hijas; el nombre de la mayor era Lía, y el nombre de la menor era Raquel.

17. Lía tenía los ojos enfermos; Raquel, en cambio, era de buena figura y hermoso aspecto.

18. Jacob amaba a Raquel, por lo cual dijo: «Te serviré siete años por Raquel, tu hija menor».

19. Labán respondió: «Mejor es dártela a ti, que dársela a otro; quédate conmigo».

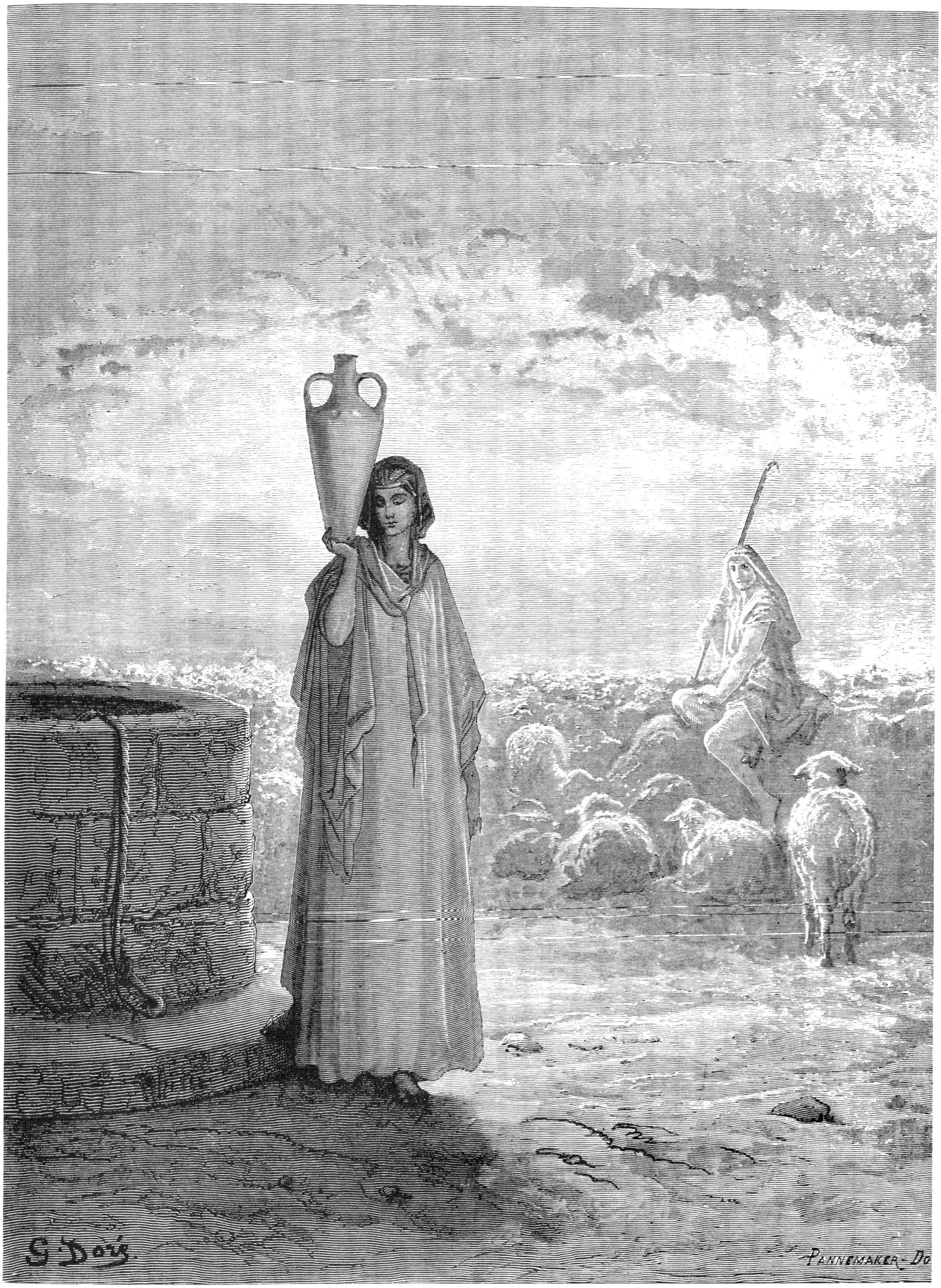
G. Doré
PANNEMAKER-DO

Empiezan a producirse en Jacob dudas y temores.

Las buenas relaciones entre Jacob y Labán empiezan a deteriorarse a causa de los celos que los hijos de éste sienten hacia el hijo de Isaac. Ello hace que Jacob tome la decisión de recoger a su esposa y regresar lo antes posible a su tierra.

Pero Labán sale en su busca, deseoso de que la paz reine entre ellos y las aguas tornen a su cauce. Ambos acaban pactando una alianza.

En este nuevo grabado de Doré vemos a Jacob, que no ha desterrado por completo sus temores, elevando plegarias a Yahvé. Jacob, entonces, es advertido por unos ángeles del Señor de que su hermano, Esaú, va a su encuentro al mando de cuatrocientos hombres.

GENESIS, 32, 7-16

7. Atemorizóse entonces Jacob en gran manera, y lleno de angustia dividió la gente que tenía, incluso las ovejas, el ganado mayor y los camellos, en dos campamentos.

8. Pues se decía: «Si viene Esaú a uno de los dos campamentos y lo destruye, se salvará el otro campamento.»

9. Y oró Jacob: «Oh Dios de mi padre Isaac, Yahvé, que me dijiste: Vuelve a tu tierra y al país de tu nacimiento, que yo te haré bien...

10. ...¡qué poco merecía yo todas las mercedes y toda la fidelidad de que has hecho objeto a tu siervo! Pues con sólo mi cayado pasé este Jordán, y ahora he venido a formar dos campamentos...

11. ...Líbrame, te ruego, de la mano de mi hermano, de la mano de Esaú; porque le temo, no sea que venga y me destruya a mí y a las madres con los hijos».

12. Y prosiguió Jacob en su plegaria: «Tú mismo dijiste: *Yo te colmaré de bienes y haré tu descendencia como las arenas del mar, que a causa de su muchedumbre no se pueden contar*».

13. Habiendo pasado aquella noche, tomó Jacob de lo que tenía a mano para hacer un presente a Esaú, su hermano.

14. El presente se componía de doscientas ovejas y veinte carneros...

15. ...treinta camellas criando con sus crías, cuarenta vacas y diez toros, veinte asnas y diez pollinos.

16. Los entregó a sus siervos, cada rebaño aparte, y díjoles: «Id delante de mí, dejando un espacio entre rebaño y rebaño».

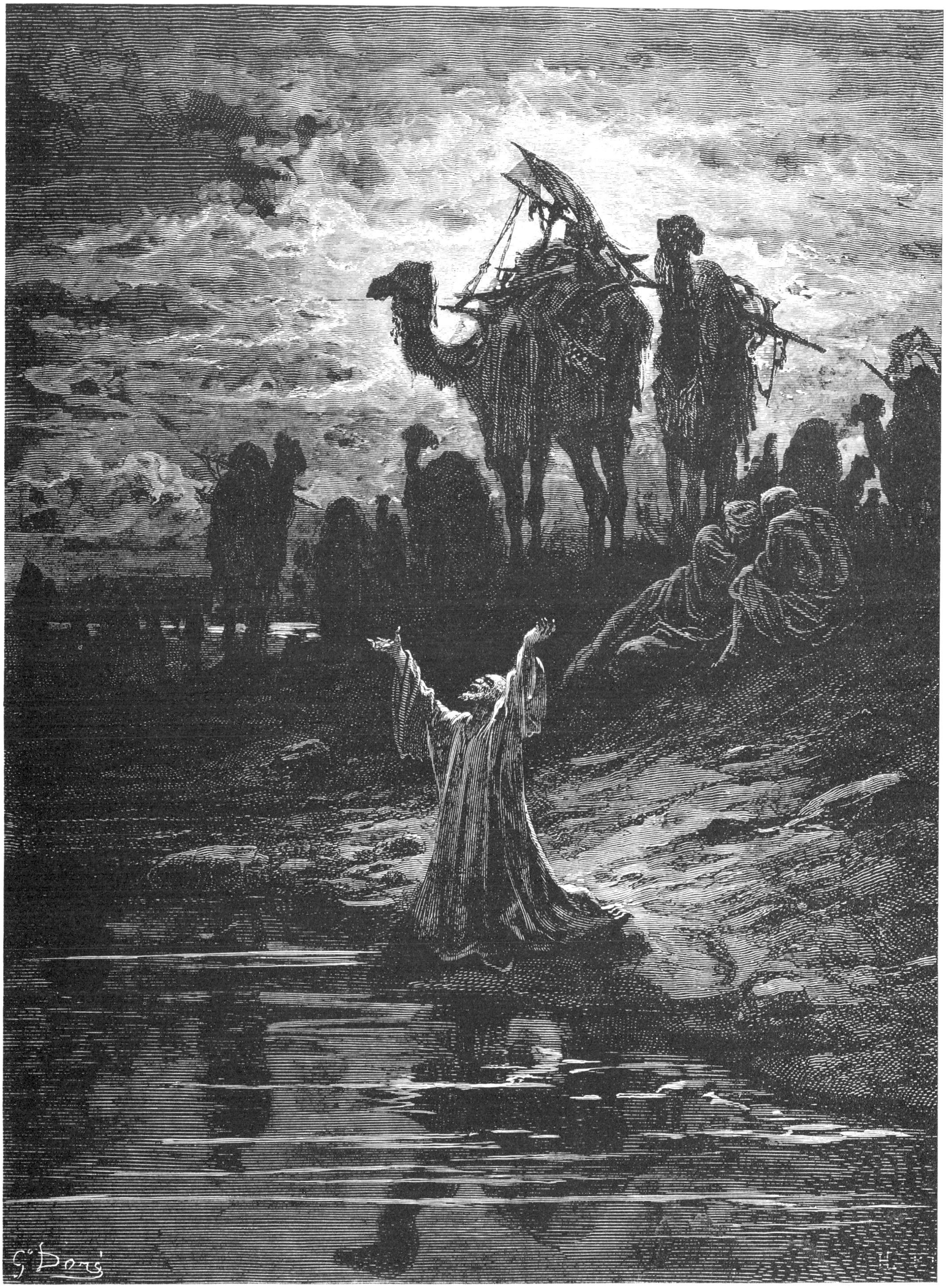

Jacob da instrucciones a sus siervos acerca de lo que deben hacer si encuentran, o les encuentra Esaú.

Les dice que respondan amablemente a sus preguntas y le informen de que todo cuanto traen con ellos es un presente de bienvenida que le ofrece su siervo Jacob.

De esta forma esperaba Jacob salvarse de las iras de su hermano.

En esta lámina, que ahora añadiremos los textos bíblicos que le corresponden, puede contemplarse la lucha que Jacob sostiene con el Angel.

GENESIS, 32, 22-31

22. Aquella noche se levantó Jacob, tomó a sus dos mujeres, a sus dos siervas y a sus once hijos, para pasar el vado del Yaboc.

23. Tomóles y les hizo pasar el río, e hizo pasar también todo lo que tenía.

24. Así quedó Jacob solo, y luchó con él un hombre hasta rayar el alba.

25. Pero viendo que no le podía le tocó en la articulación del muslo, y descoyuntóse la articulación del muslo de Jacob mientras luchaba con él.

26. Por lo cual dijo: «Déjame que ya raya el alba». Mas *(Jacob)* contestó: «No te dejaré ir si no me bendices».

27. Preguntóle él: «¿Cuál es tu nombre?» Y respondió: «Jacob».

28. Le dijo entonces: «En adelante no te llamarás más Jacob, sino Israel; porque has luchado con Dios y con hombres, y has prevalecido».

29. Preguntóle Jacob: «Dime, por favor, tu nombre». Mas él no contestó. «¿Por qué me preguntas mi nombre?» Y le bendijo allí.

30. Jacob dio a aquel lugar el nombre de Fanuel, porque *(dijo):* «He visto a Dios cara a cara y ha quedado a salvo mi vida».

31. Apenas había pasado de Fanuel cuando salió el sol; e iba cojeando del muslo.

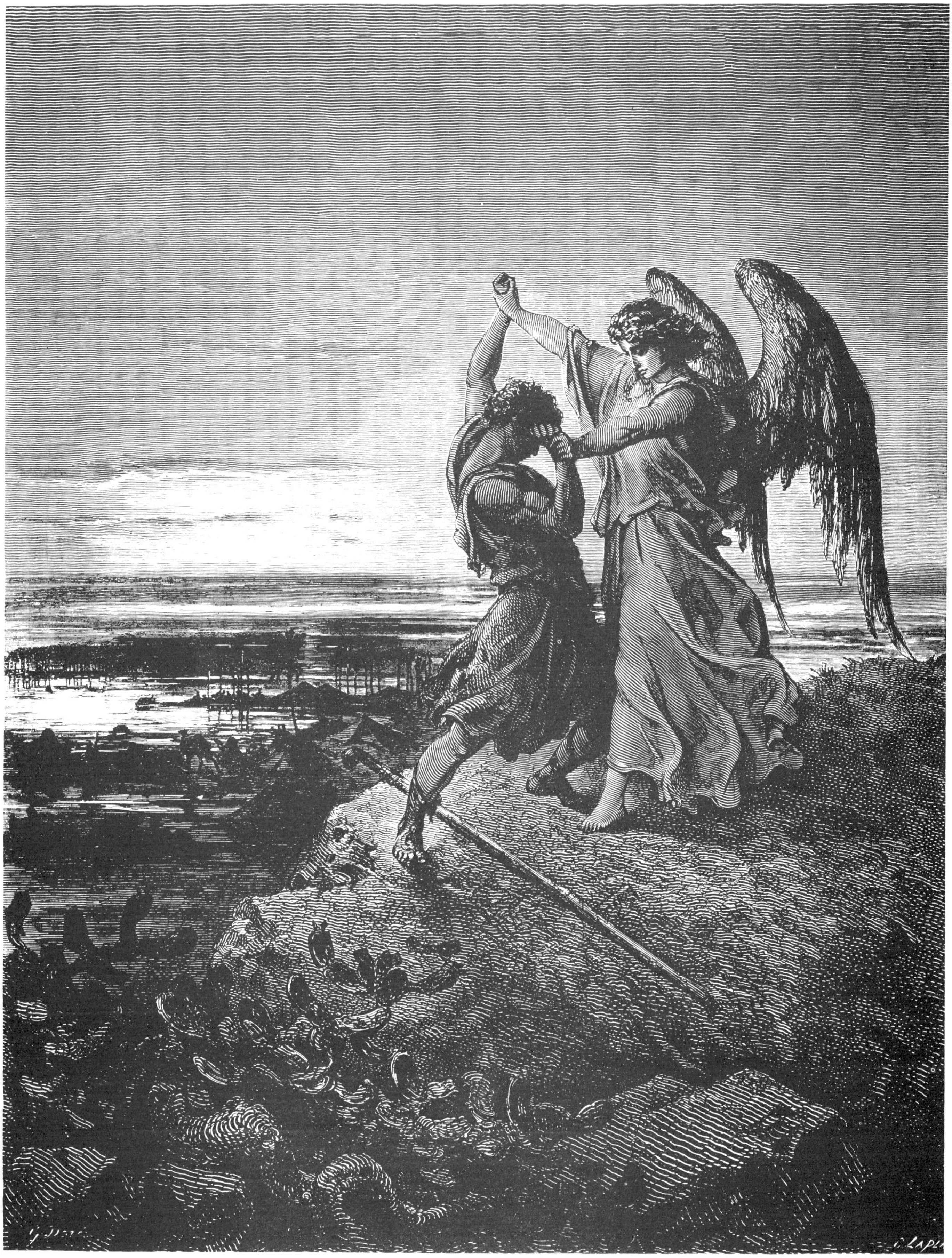

Se produce la reconciliación entre los dos hermanos: Jacob y Esaú.

Y a ese pasaje bíblico corresponde la presente lámina de Doré, a la que agregaremos la secuencia escrita que se desprende de los sagrados textos.

GENESIS, 33, 1-14

1. Cuando Jacob, alzando los ojos, vio que venía Esaú, y con él cuatrocientos hombres, repartió los niños entre Lía y Raquel y las dos siervas.

2. Puso delante las siervas con sus hijos, detrás a Lía con sus hijos, y a Raquel con José los postreros.

3. El mismo se les adelantó y se postró en tierra siete veces, hasta que se hubo acercado a su hermano.

4. Entonces Esaú corrió a su encuentro, le abrazó, echóse sobre su cuello y le besó; y lloraron.

5. Alzando los ojos vio *(Esaú)* a las mujeres y los niños, y preguntó: «¿Quiénes son éstos que tienes contigo?» Y respondió *(Jacob)*: «Son los hijos que Dios ha dado a tu siervo».

6. Y se acercaron las siervas, ellas y sus hijos, y se postraron.

7. Acercóse también Lía con sus hijos, y se postraron; y después se acercaron José y Raquel, y se postraron.

8. Preguntó *(Esaú)* entonces: «¿Qué significa toda esa caravana que acabo de encontrar?» A lo que respondió su hermano: «Es para hallar gracia a los ojos de mi señor».

9. «Vivo en la abundancia, hermano mío», dijo entonces Esaú; añadiendo: «¡Sea para ti lo que es tuyo!»

10. Pero Jacob replicó: «De ninguna manera. Si he hallado gracia a tus ojos, acepta mi presente de mi mano, por cuanto he visto tu rostro como quien ve el rostro de Dios, y me has mostrado benevolencia».

11. Prosiguió Jacob: «Acepta, pues, mi bendición que te he traído, pues Dios me ha favorecido y tengo de todo». E insistióle tanto, que aceptó.

12. Luego dijo *(Esaú):* Partamos y pongámonos en marcha, y yo iré delante de ti».

13. Mas Jacob le respondió: «Mi señor sabe que los niños son tiernos, y que tengo ovejas y vacas preñadas; y si las arrean apresuradamente un sólo día...

14. ...Adelántese, pues, mi señor a su siervo, y yo seguiré lentamente, al paso de los rebaños que llevo delante, y al paso de los niños, hasta que llegue mi señor, a Seir».

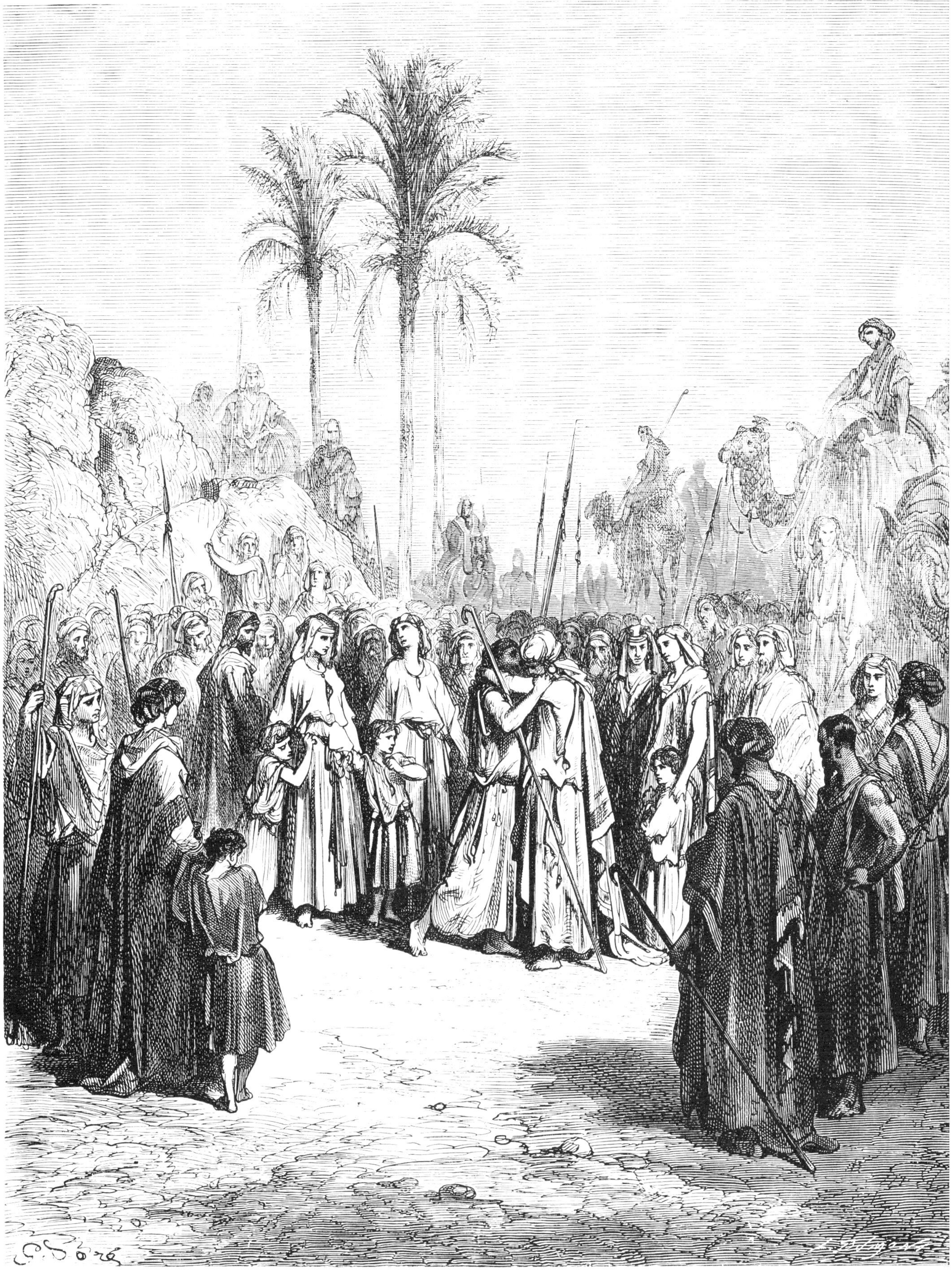

Damos un fugaz salto en el devenir del Libro del Génesis, para adentrarnos en el capítulo que narra parte de la historia de José.

José, hijo de Jacob, cayó en desgracia de sus hermanos, víctima de los celos e incomprensión de éstos, que consideraban que había sido el predilecto de su padre.

De alguna forma se reproduce en esta secuencia el odio entre hijos del mismo padre, que ya hemos tenido ocasión de comprobar con anterioridad con la muerte de Abel a manos de Caín.

La presente imagen de Doré nos muestra el pasaje bíblico en que los hermanos de José deciden la venta de éste a unos mercaderes.

GENESIS, 37, 1-4 y 20-28

1. Habitó Jacob en la tierra de las peregrinaciones de su padre, en la tierra de Canaán.

2. He aquí la historia de José, hijo de Jacob. Cuando tenía diez y siete años, apacentaba con su hermanos los rebaños, y por ser todavía joven estaba con los hijos de Bilhá y los hijos de Silfá, mujeres de su padre; y dio José noticia de la mala fama que ellos tenían.

3. Israel amaba a José más que a todos sus hermanos, por ser el hijo de su vejez; y le había hecho un traje talar.

4. Viendo, pues, sus hermanos, que su padre le amaba más que a ellos, cobraron tal odio hacia él que no podían hablarle en paz.

20. Cuando ellos le vieron desde lejos, ya antes de que llegase a ellos, buscaron como matarle dolorosamente, diciéndose uno a otro: «Mirad, ahí viene ese soñador. Vamos a matarle y arrojarle en una de esas cisternas; y diremos que lo ha devorado una fiera; entonces veremos qué será de sus sueños.

21. Rubén, que oyó esto, trató de liberarlo de sus manos, diciendo: «No le quitemos la vida».

22. Y exhortólos Rubén: «No derraméis sangre; arrojadlo en una de las cisternas del desierto, mas no pongáis en él la mano» *(esto decía)* para librarlo de las manos de ellos a fin de devolverlo a su padre.

23. Con todo, cuando José llegó a sus hermanos, le despojaron de su túnica, el traje talar que traía puesto.

24. Y tomándolo, lo arrojaron a una cisterna vacía, puesto que no había agua en ella.

25. Después se sentaron a comer, y levantando los ojos vieron una caravana de ismaelitas que venía de Galaad, y cuyos camellos llevaban especias y bálsamo y resina para transportarlos a Egipto.

26. Entonces dijo Judá a sus hermanos: «¿Qué ganamos con matar a nuestro hermano y ocultar su sangre?»

27. Y añadió: «Vamos a venderlo a los ismaelitas y así nos libraremos de él sin ponerle la mano, pues es carne nuestra.»

28. Los otros hermanos estaban de acuerdo y cuando pasaron los mercaderes medianitas, sacaron a José, alzándolo de la cisterna. Y lo vendieron por veinte piezas de plata a los ismaelitas, que le llevaron a Egipto.

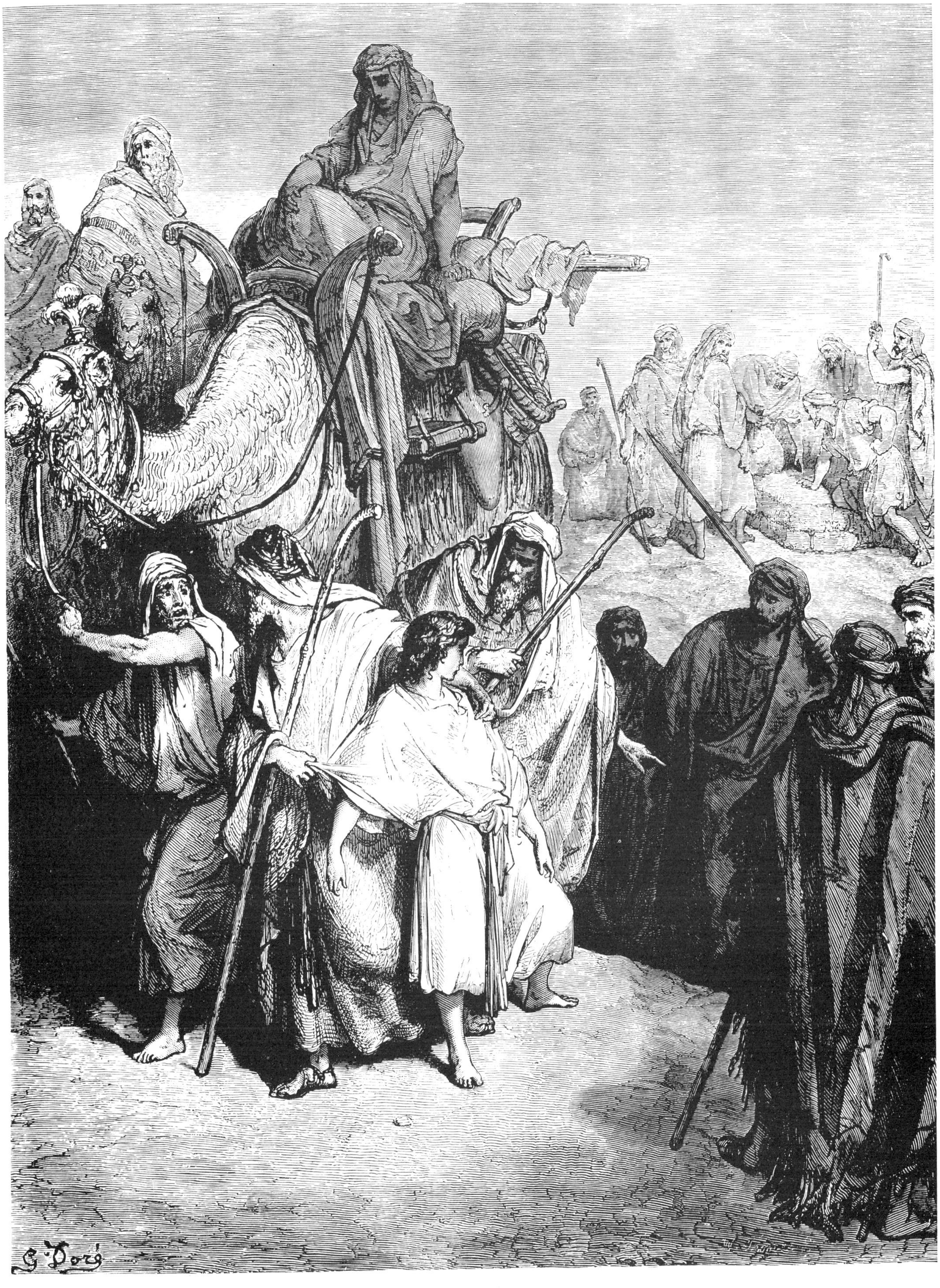
G. Doré

José, al que Dios había dotado de inteligencia y bondad, no tardó demasiado tiempo en escalar peldaños en la nueva etapa que sus hermanos le habían obligado a vivir.

Pronto el Faraón lo ascendió a la corte y lo puso a su lado, premiando de esta forma los buenos servicios de José.

En esta ilustración tenemos a José en presencia del Faraón, interpretando los sueños de éste.

GENESIS, 41, 17-33

17. Dijo entonces el Faraón a José: «En mi sueño, parecíame que estaba de pie a la orilla del río...

18. ...y he aquí que subían del río siete vacas gordas de carne y hermosas de aspecto, que pacían en los lugares lagunosos...

19. ...Mas he aquí que otras siete vacas subían detrás de ellas, delgadas, muy feas de parecer y flacas de carne; nunca las había visto tan feas como ellas en todo el país de Egipto...

20. ...Y las vacas feas y flacas devoraron a las siete vacas gordas...

21. ...las cuales entraron en su vientre, sin que se notase que en él hubiesen penetrado, siendo su aspecto tan feo como antes. Y entonces desperté».

22. Prosiguió el Faraón: «Vi también en mi sueño siete espigas que brotaban de una misma caña, gruesas y lozanas...

23. ...Mas tras ellas brotaban siete espigas secas, delgadas y abrasadas por el solano...

24. ...y las siete espigas delgadas se tragaron a las siete espigas buenas. Se lo he contado a otros adivinos pero ninguno sabe interpretar este sueño».

25. Dijo entonces José al Faraón: «El sueño es uno solo. Dios ha manifestado al Faraón lo que va a hacer...

26. ...Las siete vacas hermosas son siete años, y las siete espigas lozanas son siete años; el sueño es uno mismo, Faraón...

27. ...Las siete vacas flacas y feas que subían tras las gordas, son también siete años, y serán *(como)* las siete espigas vacías que abrasó el solano, siete años de hambre...

28. ...Es lo que he dicho al Faraón: Dios ha manifestado al Faraón lo que va a hacer...

29. ...He aquí que vendrán siete años de grande abundancia en todo el país...

30. ...Después de ellos vendrán siete años de hambre, y se olvidará en la tierra de Egipto toda la abundancia, ya que el hambre consumirá al país...

31. ...Y no se conocerá más de la abundancia en el país a causa del hambre que la seguirá y que será muy grande. La repetición del sueño al Faraón por dos veces significa que es cosa establecida por parte de Dios, y Dios se apresura a ejecutarla».

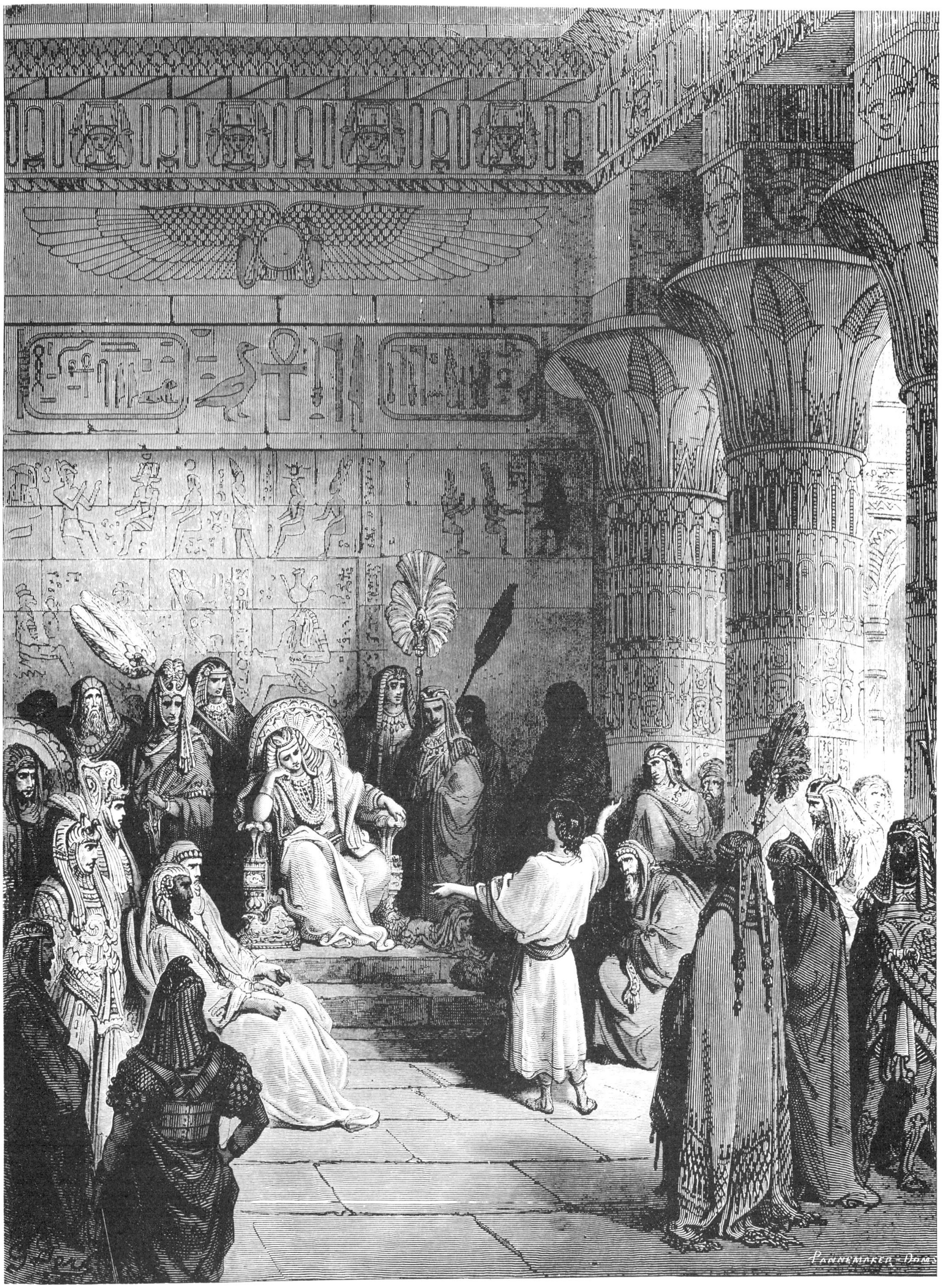
PANNEMAKER-DOMS

José, después de haber interpretado el sueño del Faraón, le dio sabios consejos.

Le dijo que durante los primeros siete años de prosperidad que se aproximaban, nombraran en todo el país un grupo de intendentes que se encargasen de almacenar la quinta parte de los sobrantes de las cosechas y demás producción del país, excedentes que habrían de servir en su momento, cuando llegase la etapa de hambre y privaciones, para que los habitantes del país no perecieran por falta de alimentos.

El Faraón, en agradecimiento, nombró a José virrey de Egipto.

En la presente ilustración, Doré refleja el pasaje bíblico que José es reconocido por sus hermanos.

GENESIS, 45, 1-9

1. José, no pudiendo ya contenerse delante de cuantos le rodeaban, gritó: «¡Haced salir a todos de mi presencia!» De modo que no quedó nadie en el lugar cuando José se dio a conocer a sus hermanos.

2. Y púsose a llorar en alta voz, de suerte que lo oyeron los egipcios; oyólo también la casa del Faraón.

3. Entonces dijo José a sus hermanos: «Yo soy José. ¿Vive todavía mi padre?» Pero sus hermanos no pudieron responderle porque su presencia les había llenado de espanto.

4. Dijo, pues, José, a sus hermanos: «Acercaos a mi». Ellos se acercaron; y les repitió: «Yo soy José, vuestro hermano, a quien vendisteis a Egipto...

5. ...Mas no os aflijáis ahora, y no os pese haberme vendido acá, que para salvar vidas me envió Dios delante de vosotros...

6. ...Porque hace ya dos años que hay hambre en esta tierra, y aún restan cinco en que no habrá ni siembra ni siega...

7. ...Dios me ha enviado por delante de vosotros para dejaros un resto sobre la tierra, y a fin de conservaros la vida para una gran salvación...

8. ...Así, pues, ya no sois vosotros los que me habéis enviado acá, sino Dios, quien me ha constituido padre del Faraón y señor de toda su casa y gobernador de todo el país de Egipto...

9. ...Apresuraos a subir donde mi padre, y decidle: *Así dice tu hijo José: Dios me ha hecho señor de todo Egipto; ven a mí sin tardar»*.

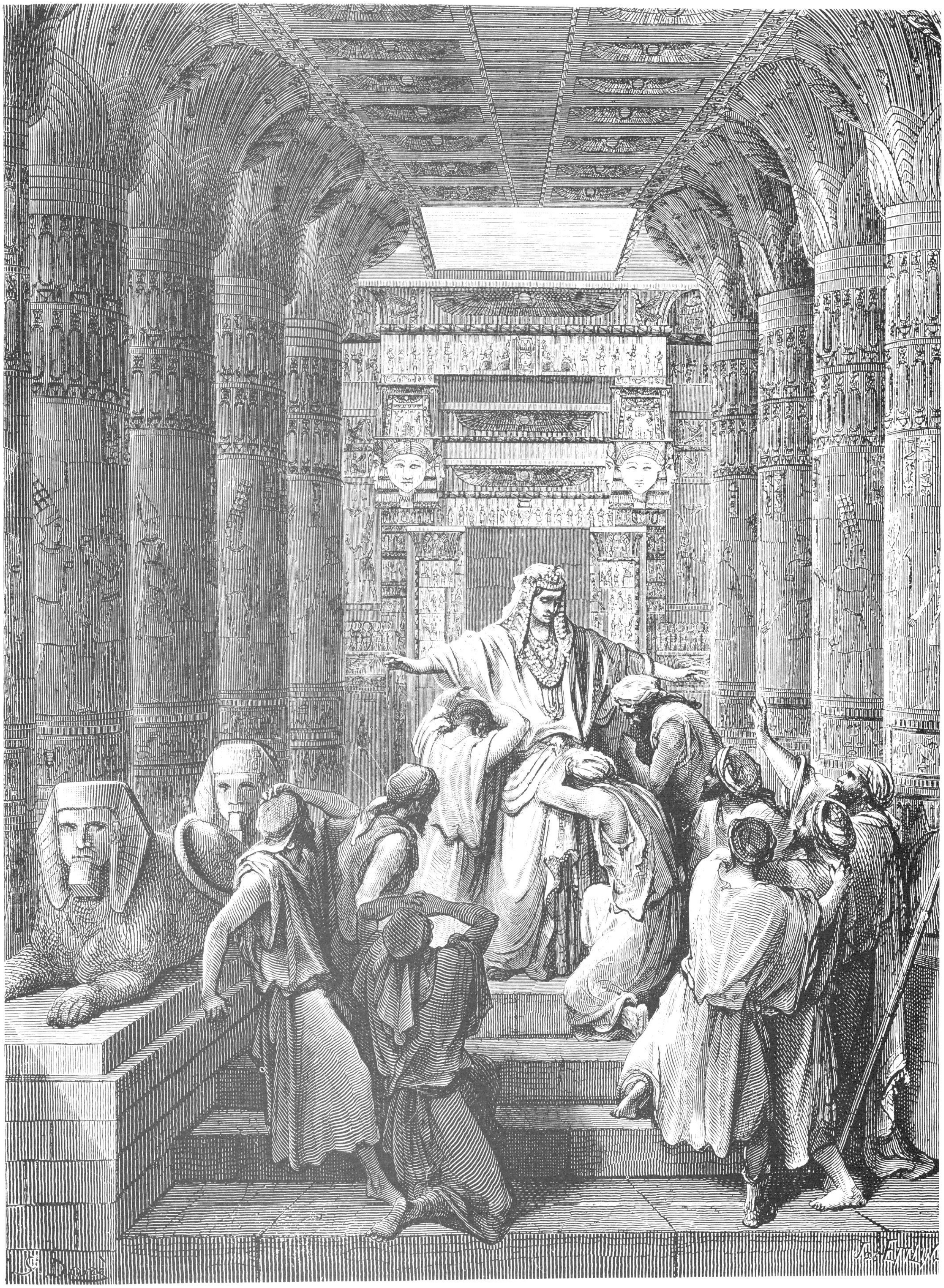

Los hermanos de José llevaron, puntualmente, al padre de todos ellos, Jacob, el mensaje de su hijo, que ejercía una de las más altas magistraturas en el país de Egipto.

El anciano corazón de Jacob recibió con inmensa alegría aquella inesperada noticia tanto tiempo anhelada.

Esta ilustración es la que refleja la secuencia bíblica realizada por el maestro Doré, en que Jacob decide ponerse en marcha camino de Egipto.

GENESIS, 46, 1-7

1. Israel se puso en marcha con todo cuanto era de su propiedad, y en llegando a Bersabee ofreció sacrificios al Dios de su padre Isaac.

2. Y habló Yahvé Dios a Israel en visión nocturna, diciéndole así: «¡Jacob, Jacob!» El respondió: «¡Heme aquí, Señor!»

3. Y dijo: *(Yahvé Dios):* «Yo soy Dios, el Dios de tu padre; no temas bajar a Egipto, porque allí te haré padre de una gran nación; y Yo te subiré también; y José pondrá su mano sobre tus ojos».

4. Luego partió Jacob de Bersabee, y los hijos de Israel pusieron a Jacob, su padre, y a sus hijos y a sus mujeres en los carros que el Faraón había enviado para transportarlos.

5. Lleváronse también sus ganados y la hacienda que habían adquirido en el país de Canaán, y fueron a Egipto: Jacob, y con él, toda su descendencia.

6. Llevó consigo a Egipto a sus hijos y a los hijos de sus hijos y a toda su familia.

7. Estos son los nombres de los hijos de Israel que llegaron a Egipto: *Jacob, Rubén, Henoc, Falú, Hesrón, Carmi, Simeón, Jemael, Jamín, Ohad, Sohar, Saúl, Judá, Er, Onán, Farés, Esrón,* y así hasta completar todo el linaje de Jacob.

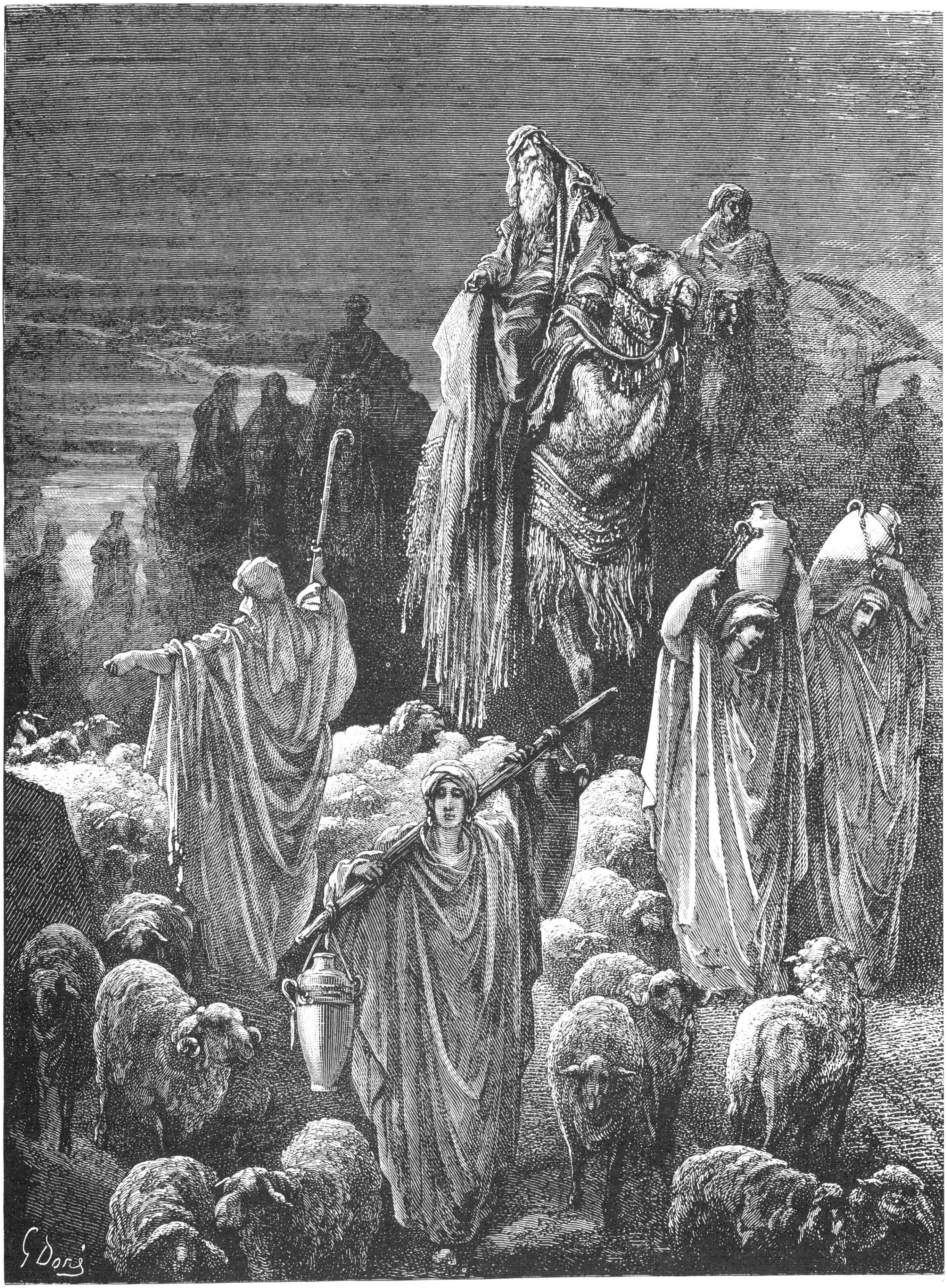
G Doré

Entramos ahora en el segundo libro del Pentateuco: *El Exodo.*

Con el paso de los años la suerte de los israelitas establecidos en Egipto bajo los auspicios y patronazgo de José, hijo de Jacob, cambió notoria y notablemente, y no para bien. Fueron esclavizados y oprimidos con brutalidad, despiadadamente. Una de las facetas donde con mayor dureza se manifestó la intransigencia del nuevo Faraón que nada sabía, ni nada quería saber de José, fue la que hacía referencia a la proliferación del pueblo judío.

Eso hizo que el Faraón tomase medidas extremas al respecto.

Esta lámina nos muestra al salvador del pueblo israelita, Moisés, deslizándose sobre las aguas del Nilo en el interior de un cesto de mimbre.

EXODO, 1, 15-19

15. El rey de Egipto dio también órdenes a las parteras de las hebreas, de las cuales una se llamaba Sifrá, y la otra Puá.

16. Les dijo: «Cuando asistáis a las hebreas en sus partos, averiguad el sexo; si es niño, matadlo; mas si es niña, vivirá».

17. Pero las parteras temían a Dios y no hicieron como les había mandado el rey de Egipto, sino que dejaban con vida a los niños.

18. Por lo cual llamó el rey de Egipto a las parteras y les dijo: «¿Por qué hacéis esto y dejáis con vida a los niños?». Respondiéronle las parteras al Faraón: «Porque las hebreas no son como las egipcias. Son robustas, y antes de que la partera llegue a ellas ya han dado a luz».

19. Recompensó Dios a las parteras; y multiplicóse el pueblo y se hizo muy poderoso.

EXODO, 2, 1-3

1. Un varón de la casa de Leví había ido y tomado por mujer a una hija de Leví. Concibió la mujer y dio a luz un hijo; y viendo que era hermoso lo tuvo escondido durante tres semanas.

2. Pero no pudiendo ocultarlo ya por más tiempo, tomó para él una cestilla de mimbres, calafateóla con betún y pez, y metió en ella al niño, y la puso entre los juncos, a la ribera del río.

3. Entretanto su hermana se apostó lejos para saber lo que ocurría.

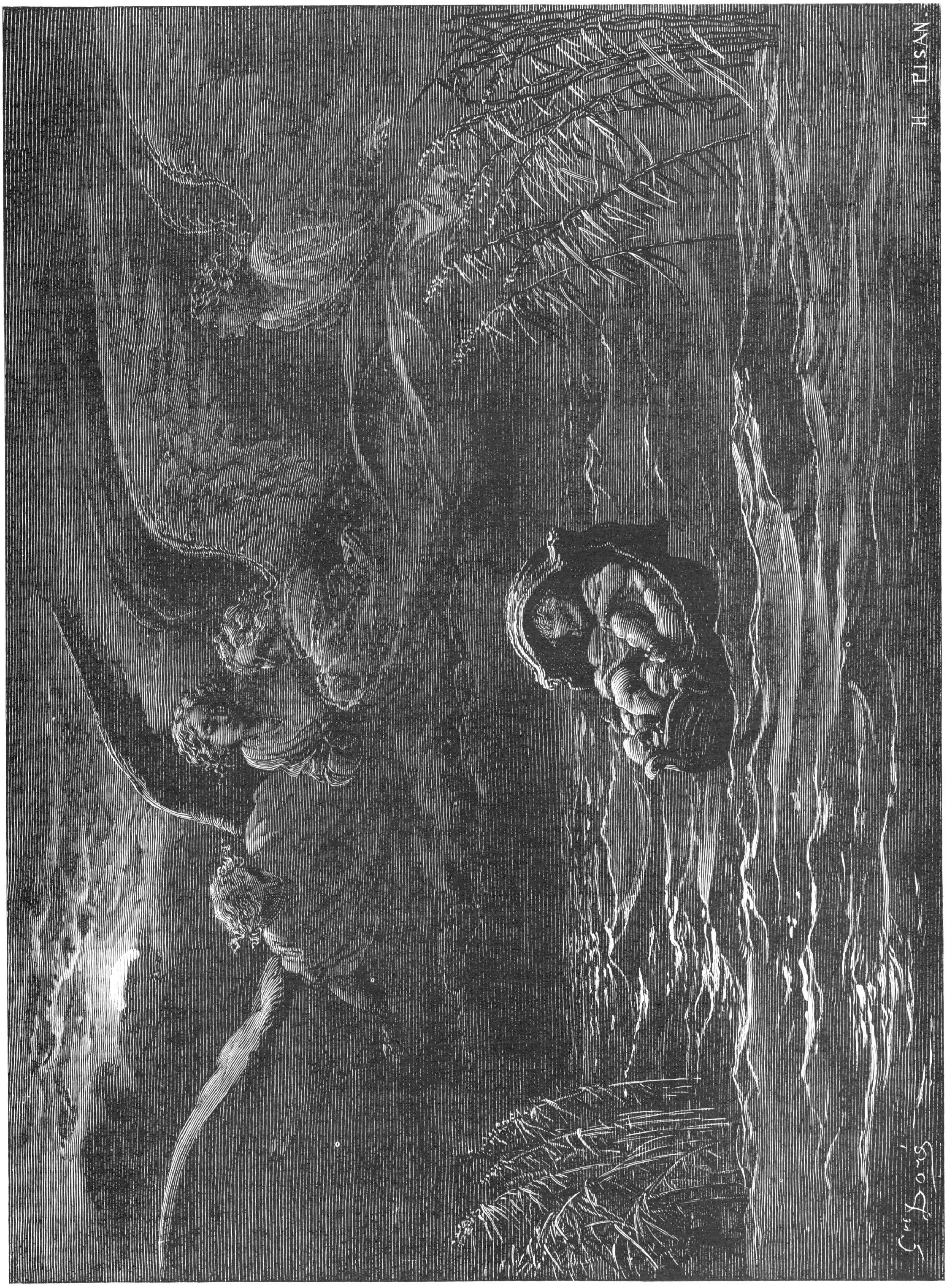
H. PISAN
Gve Doré

Podríamos decir que desde este instante se inicia una nueva etapa en la trayectoria del pueblo de Israel.

La actitud del Faraón respecto al hecho de sacrificar a todos los varones hebreos que naciesen en tierras de Egipto obligó a la madre de Moisés, como hemos visto en el comentario que antecede, a meter al niño en un cesto y depositar éste sobre las aguas del Nilo, con la esperanza de que aquél pudiera salvarse de las iras del rey de los egipcios.

Este grabado nos muestra, precisamente, el momento en que Moisés es salvado de una más que posible muerte.

EXODO, 2, 5-10

5. Bajó la hija del Faraón para bañarse en el río, y mientras sus doncellas se paseaban por la ribera del río, divisó la cestilla en los juncos, y envió una criada suya para que se la trajese.

6. Al abrirla vio al niño que era una criatura que lloraba. Tuvo compasión de él, y exclamó: «Este es un niño de los hebreos».

7. Entonces dijo su hermana a la hija del Faraón: «¿Quieres que yo vaya y te llame una nodriza de entre las hebreas que amamante para ti este niño?»

8. «Anda», le respondió la hija del Faraón. Fue pues la joven y llamó a la madre del niño.

9. Y le dijo la hija del Faraón: «Toma este niño, y amamántalo para mí, y yo te recompensaré». Y tomó la mujer al niño y lo amamantó.

10. El niño creció, y ella lo llevó entonces a la hija del Faraón. Así vino a ser hijo suyo, y le llamó Moisés, diciendo: «De las aguas lo he sacado».

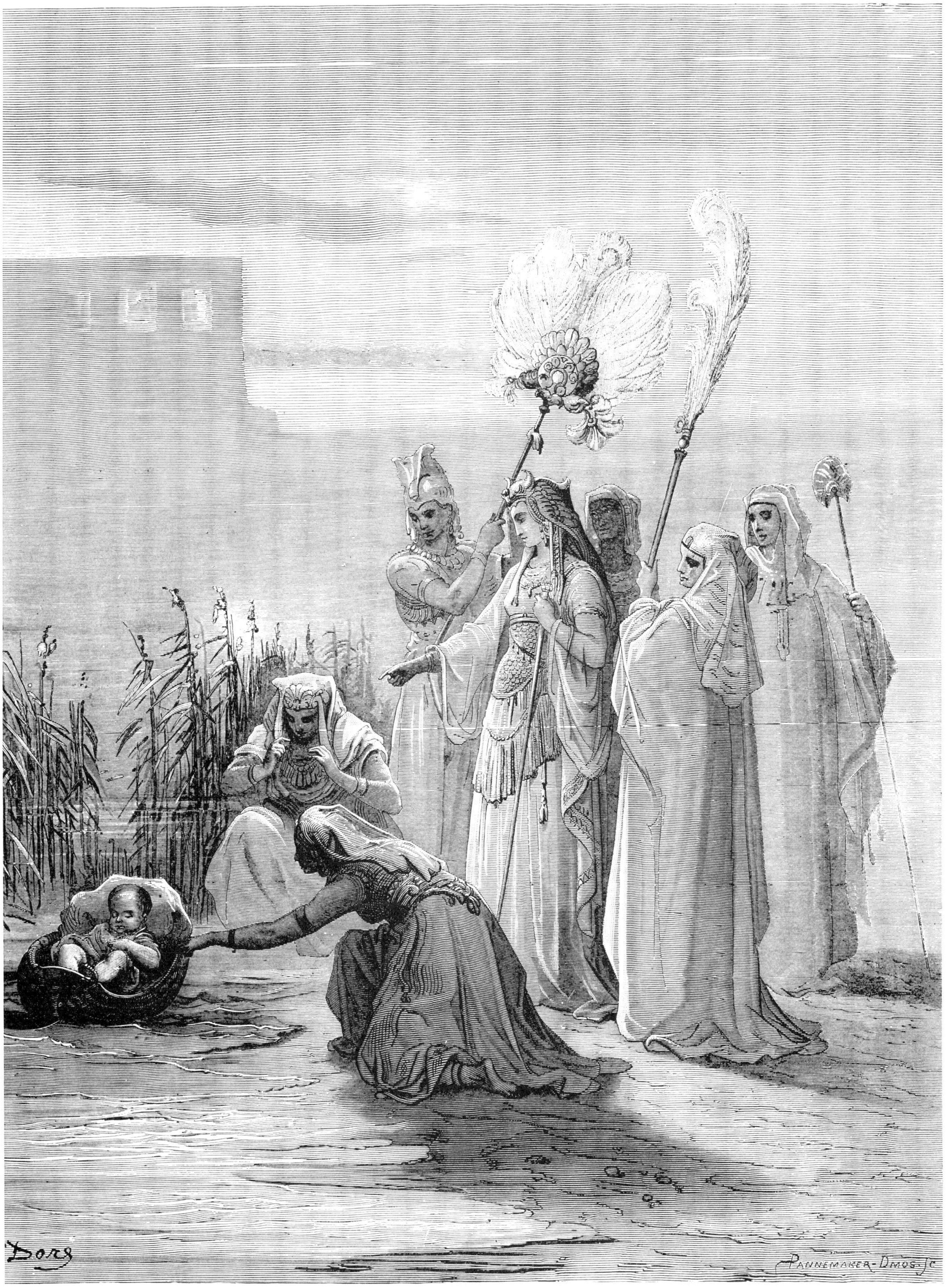

Doré
Pannemaker-Doms sc.

El tiempo ha ido transcurriendo, Moisés ya es todo un hombre y es, al mismo tiempo, la cabeza visible de los israelitas esclavizados en Egipto.

Con el paso de los años las tensiones entre egipcios y hebreos habían ido *in crescendo,* hasta el punto de que la convivencia entre ambos pueblos era prácticamente imposible. El Faraón había endurecido sin piedad y con una rigidez rayana en la crueldad todas las medidas punitivas y coercitivas que afectaban a los súbditos de Israel.

Doré nos muestra en el grabado que ahora comentamos el instante en que el Faraón conjura a Moisés a que salga de Egipto.

EXODO, 12, 30-37

30. Y sucedió que a media noche Yahvé hirió en el país de Egipto a todos los primogénitos, desde el primogénito del Faraón que se sienta sobre su trono, hasta el primogénito del preso en la cárcel, y a todos los primogénitos de las bestias. Con lo que se levantó el Faraón de noche, él y todos sus siervos y todos los egipcios; y hubo grande alarido en Egipto, porque no había casa donde no hubiese un muerto.

31. Y llamó a Moisés y a Aarón de noche y dijo: «¡Adelante!, salid de en medio de mi pueblo, vosotros y los hijos de Israel. Id y ofreced sacrificios a Yahvé como habéis dicho...

32. ...Tomad también vuestras ovejas y vuestras vacadas, como dijisteis. Marchaos y bendecidme también a mí».

33. Los egipcios por su parte instaban al pueblo para acelerar su salida del país; pues decían: «Pereceremos todos».

34. Tomó, pues, el pueblo la harina amasada, antes de que fermentase y envueltas sus artesas en la ropa se las echaron a cuestas.

35. Y los hijos de Israel hicieron según la palabra de Moisés, pidiendo a los egipcios objetos de plata y objetos de oro y vestidos.

36. Pues Yahvé había hecho que el pueblo hallara gracia a los ojos de los egipcios *(suscitando el temor de éstos),* los cuales accedieron a sus pedidos.

37. Partieron pues los hijos de Israel de Ramesés para Sucot, unos seiscientos mil hombres de a pie, sin contar los niños. Salió con ellos también mucha gente de toda clase, y ganado mayor y menor, muchísimos animales.

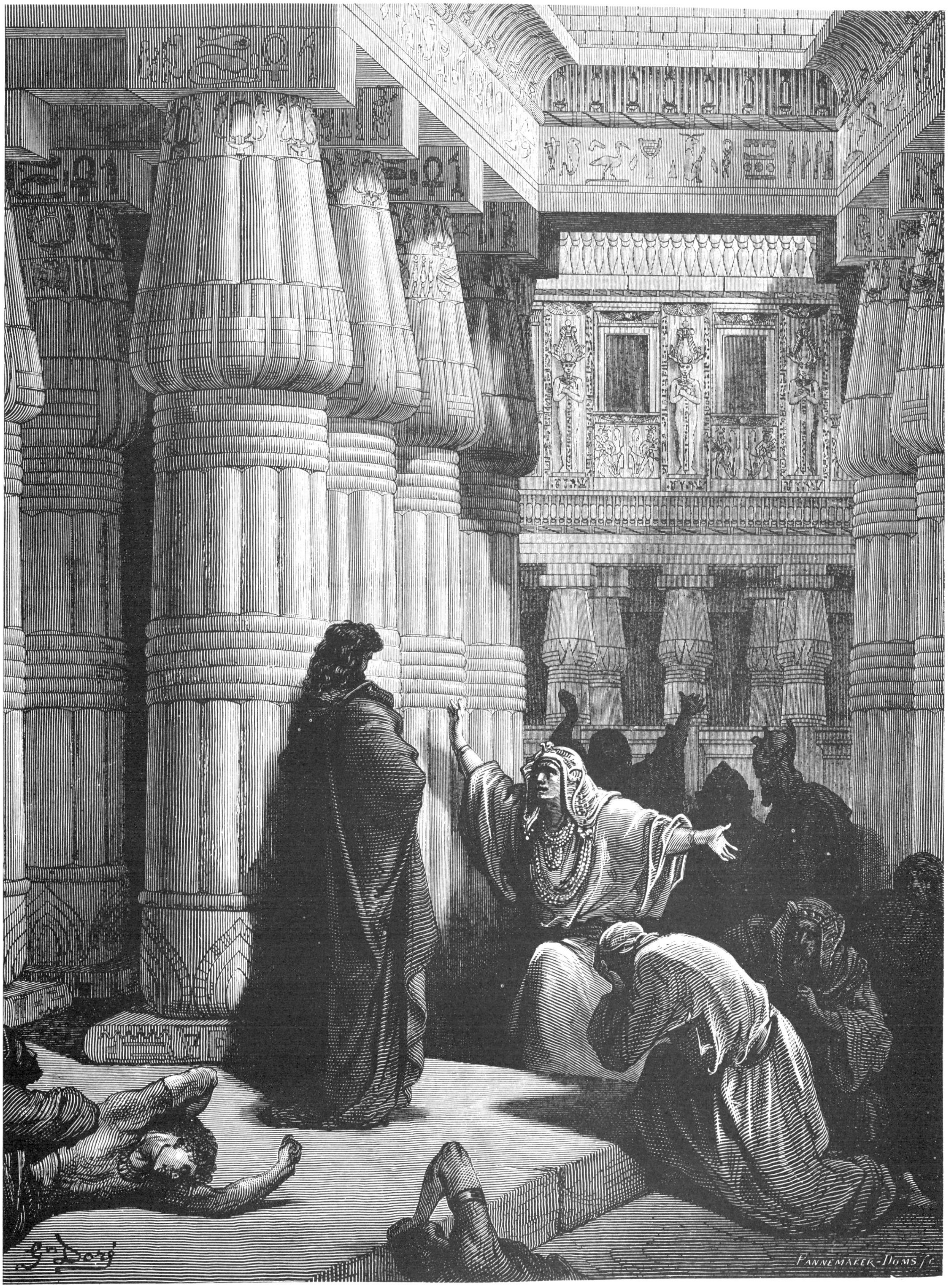
G. Doré
PANNEMAKER-DUMS. fc

Pese a que en el momento de la salida de los israelitas de Egipto, podía obtenerse la sensación de que eran despedidos por sus crueles anfitriones con un suspiro de alivio y tranquilidad por verse libres de los hebreos, las cosas no iban a ser tan fáciles como parecían para Moisés y sus huestes.

La lámina que ahora comentamos refleja el momento exacto en que el ejército del Faraón es engullido por las aguas del Mar Rojo.

EXODO, 14, 21-31

21. Extendió Moisés su mano sobre el mar, y Yahvé hizo soplar un viento del Oriente muy fuerte durante toda la noche, el cual hizo retroceder el mar y lo dejó seco, y se dividieron las aguas.

22. Entonces los hijos de Israel entraron en medio del mar a pie enjuto, formando para ellos el agua una muralla a su derecha y a su izquierda.

23. Los egipcios los persiguieron y entraron en pos de ellos, todos los caballos del Faraón, sus carros y su caballería, hasta el medio del mar.

24. Llegada la vigilia de la mañana, echó Yahvé una mirada desde la columna de fuego y de humo hacia el ejército de los egipcios, y puso en consternación al ejército egipcio.

25. Quitó las ruedas de sus carros, de suerte que no podían avanzar sino con gran dificultad. Dijeron por tanto los egipcios: «Huyamos delante de Israel, porque Yahvé pelea con ellos contra nosotros».

26. Entonces dijo Yahvé a Moisés: «Extiende tu mano sobre el mar, para que las aguas vuelvan sobre los egipcios, sobre sus carros y sobre su caballería».

27. Extendió Moisés su mano sobre el mar, y al rayar el alba el mar volvió a su sitio; de modo que los egipcios queriendo huir, se vieron frente a las aguas. Así arrojó Yahvé a los egipcios en medio del mar.

28. Pues reuniéndose las aguas cubrieron los carros y la gente de a caballo y todo el ejército del Faraón, que había entrado en el mar para seguirlos, y no escapó ni siquiera uno de ellos.

29. Mas los hijos de Israel pasaron a pie enjuto por en medio del mar, teniendo las aguas por muralla a su derecha y a su izquierda.

30. Aquel día salvó Yahvé a Israel de mano de los egipcios; y vio Israel a los egipcios muertos a orillas del mar.

31. Y cuando Israel vio la mano poderosa que Yahvé había extendido contra los egipcios, temió el pueblo a Yahvé, y creyeron en Yahvé y en Moisés, su siervo.

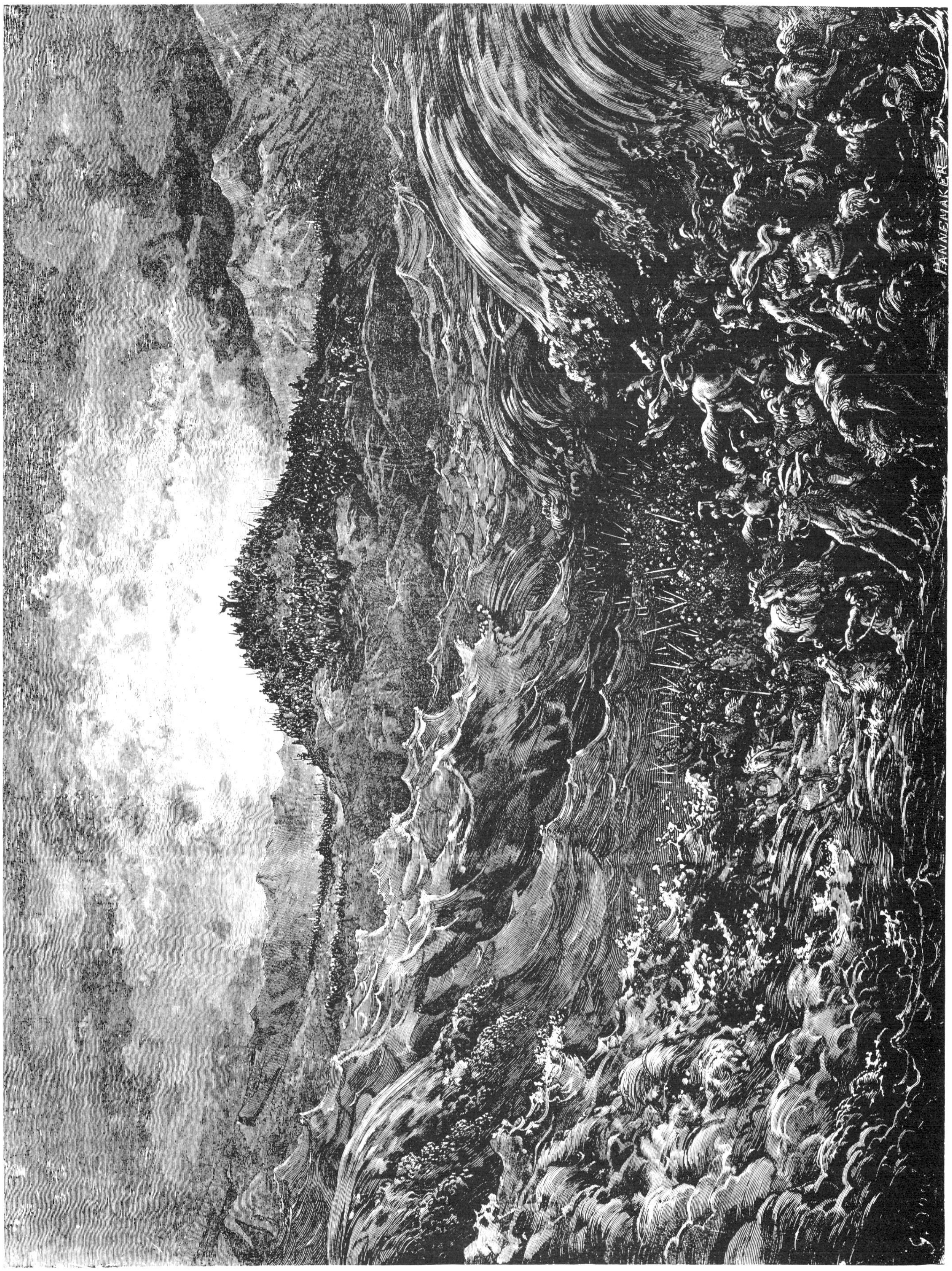
PANNEMAKER

Estamos ya en el momento trascendental en que se fragua la Alianza y Legislación del Sinaí.

Al tercer mes de la salida de Egipto llegaron los hijos de Israel al desierto del Sinaí. Allí acampó el pueblo y Moisés subió hacia Dios, que le dijo: *He aquí que Yo vendré a ti en una densa nube para que el pueblo oiga que hablo contigo, y también te dé crédito para siempre.*

La ilustración que ahora nos corresponde, muestra a Moisés descendiendo del monte Sinaí y portando el Decálogo.

EXODO, 19, 19-25

19. El sonido de la trompeta se sentía cada vez más fuerte, mientras Moisés hablaba y Dios le respondía con voz *(de trueno).*

20. Después, cuando Yahvé había descendido sobre el monte Sinaí, sobre la cumbre del monte, llamó a Moisés a la cumbre del monte y Moisés subió.

21. Y dijo Yahvé a Moisés: «Desciende y prohíbe terminantemente al pueblo que traspase los límites por ver a Yahvé, no sea que mueran muchos de ellos...

22. ...y que también los sacerdotes que se acerquen a Yahvé se santifiquen para que Yahvé no haga estragos entre ellos».

23. Moisés respondió a Yahvé: «El pueblo no podrá subir al monte Sinaí, porque Tú nos lo has prohibido, diciendo: *Señala los límites alrededor del monte y santifícalo».*

24. Yahvé le dijo: «Anda y baja, y después subirás tú y Aarón contigo; pero los sacerdotes y el pueblo que no traspasen los límites para subir hacia Yahvé, no sea que haga estragos entre ellos».

25. Bajó, pues, Moisés donde estaba el pueblo y se lo dijo.

CONTENIDO (extractado) DEL DECALOGO

1. Yo soy Yahvé, tu Dios, que te ha sacado del país de Egipto, de la casa de la servidumbre. No tendrás otro Dios más que Yo.
2. No tomarás el nombre de Yahvé, tu Dios, en vano.
3. Acuérdate del día sábado para santificarlo.
4. Honra a tu padre y a tu madre.
5. No matarás.
6. No cometerás adulterio.
7. No hurtarás.
8. No levantarás falso testimonio contra tu prójimo.
9. No desearás la mujer de tu prójimo.
10. No codiciarás los bienes ajenos.

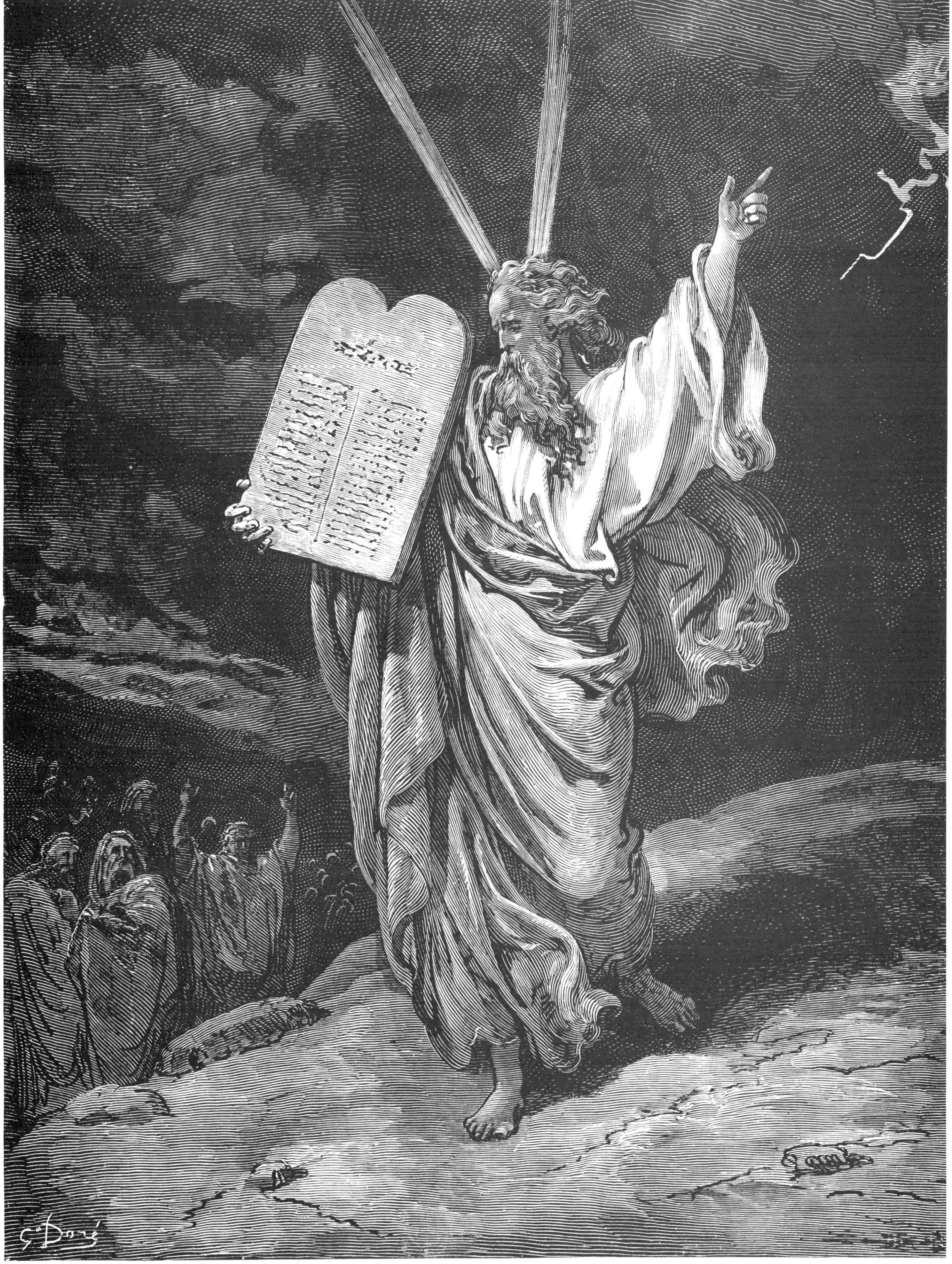

De nuevo damos un salto en el devenir de los sagrados textos, situándonos ahora en el cuarto Libro del Pentateuco: *Los Números.*

Como queda dicho en la entradilla, Los Números es el cuarto Libro de los cinco que componen el *Pentateuco,* llamado así por los numerosos censos que contiene. Narra la vida del pueblo de Israel desde su salida del Sinaí hasta la conquista de la tierra prometida.

La ilustración que comentamos refleja el instante en que Moisés hace brotar agua de una roca.

LOS NUMEROS, 20, 1-11

1. El primer mes llegó toda la Congregación de los hijos de Israel al desierto de Sin, y el pueblo estableció su morada en Cades. Allí murió María y allí fue sepultada.

2. Como no hubiese agua para el pueblo, se amotinaron contra Moisés y Aarón.

3. Litigaba el pueblo con Moisés y decía: «¡Ojalá hubiéramos perecido cuando perecieron nuestros hermanos delante de Yahvé!»

4. Y añadían: «¿Por qué habéis conducido al pueblo de Yahvé a este desierto para que muramos aquí nosotros y nuestros ganados?»

5. Y proseguían: «¿Y por qué nos sacasteis de Egipto para traernos a este lugar tan malo, que no es tierra para sembrar y no produce higueras, ni viñas, ni ganados y ni siquiera tiene agua para beber?»

6. Entonces Moisés y Aarón retirándose del pueblo fueron a la entrada del Tabernáculo de la Reunión, donde se postraron sobre su rostro; y se les apareció Yahvé.

8. Y Yahvé habló a Moisés, diciendo:

9. «Toma la vara y reúne al pueblo, tú y Aarón, tu hermano; y en presencia de ellos hablad a la peña, y ella dará sus aguas. Así les sacarás agua de la peña y darás a beber al pueblo y a sus ganados».

10. Tomó, pues, Moisés la vara de delante de Yahvé, como El se lo había mandado.

11. Y congregando Moisés y Aarón al pueblo frente a la peña, les dijo *(Moisés):* «Escuchad, rebeldes. ¿Por ventura podremos sacaros agua de esta peña?» Y alzó la mano Moisés, y después de herir la peña dos veces con su vara salieron aguas abundantes; y bebió todo el pueblo y todo el ganado.

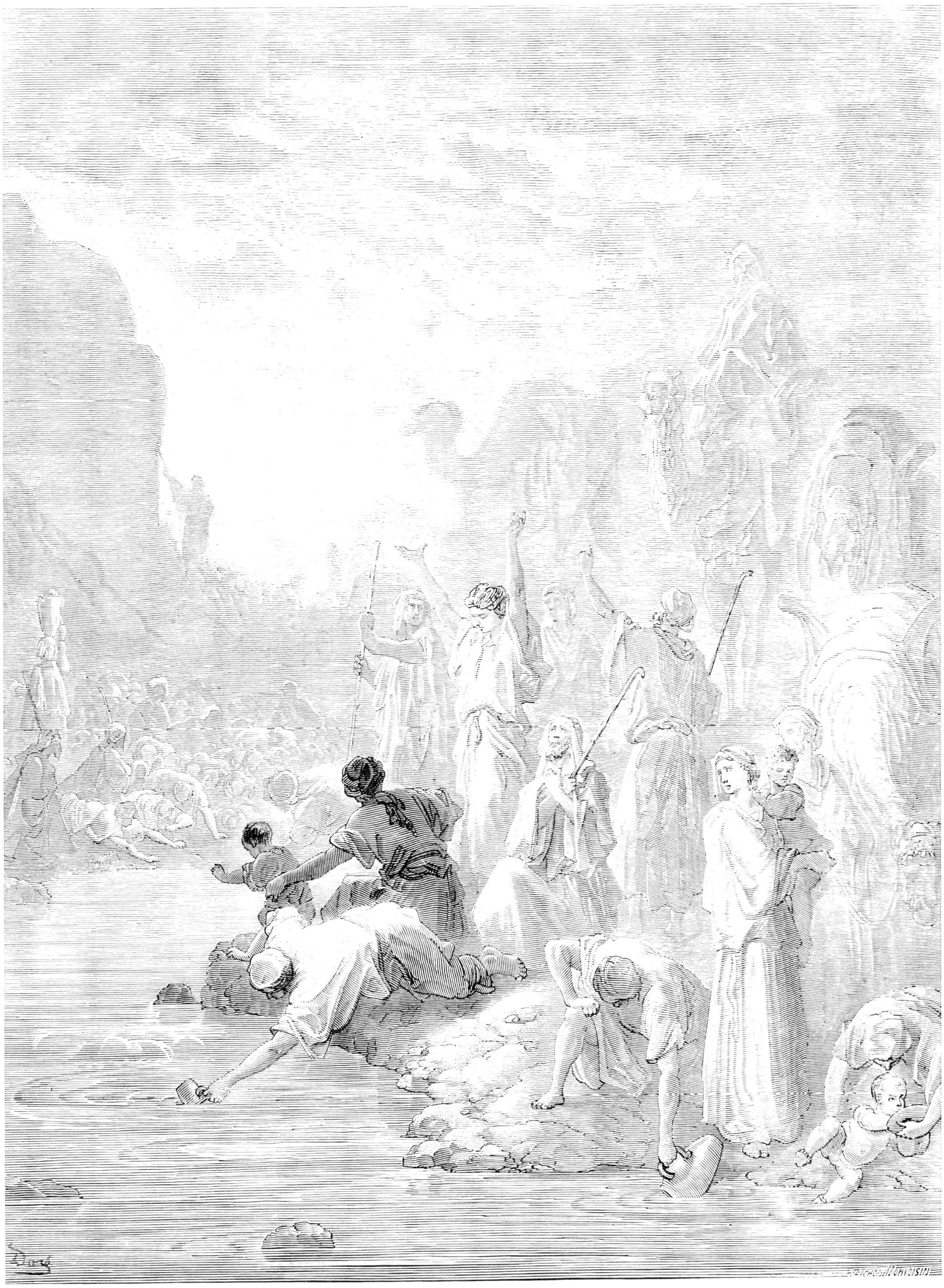

Una vez más damos un rápido avance en el recorrido bíblico, situándonos ahora ya en el Libro de Josué.

Muchos eran los cambios que se habían producido en el pueblo de Israel durante su peregrinar, desde Egipto, hacia la tierra prometida. Moisés, conductor infatigable de los hebreos, vería denegado el acceso a las tierras de promisión por voluntad de Yahvé su Dios, voluntad que él acataría con la reverencia y mansedumbre de siempre.

Josué se convertiría en su sucesor.

La presente ilustración nos presenta a los israelitas, al mando de Josué, atravesando las aguas del Jordán, aguas que precisamente Moisés, tenía prohibido cruzar.

JOSUE, E, 9-17

9. Dijo, pues, Josué a los hijos de Israel: «Venid aquí y escuchad las palabras de Yahvé, vuestro Dios».

10. Y añadió Josué: «En esto conoceréis que el Dios vivo está en medio de nosotros, y que infaliblemente expulsará de delante de vosotros al cananeo, al heteo, al heveo, al fereceo, al gergeseo, al amorreo y al jebuseo...

11. ...He aquí que el Arca de la Alianza del Señor de toda la tierra va a pasar delante de vosotros por medio del Jordán...

12. ...Tomaos doce hombres de las tribus de Israel, uno de cada tribu...

13. ...y cuando los sacerdotes que llevan el arca de Yahvé, señor de toda la tierra, pongan la planta de sus pies en las aguas del Jordán, éstas se cortarán; es decir, las aguas que vienen de arriba, se pararán y formarán un montón».

14. Salió, pues, el pueblo de sus tiendas para pasar el Jordán, y los sacerdotes que llevaban el Arca de la Alianza marchaban al frente del pueblo...

15. ...y cuando llegaron los portadores del Arca al Jordán, y los pies de los sacerdotes que llevaban el Arca se mojaron en la orilla de las aguas –pues el Jordán se desbordaba por todas sus orillas durante la siega–...

16. ...se pararon las aguas que venían de arriba elevándose a mucha distancia en forma de un montón, junto a Adam, ciudad que está al lado de Sartán; y las aguas que corrían hacia el mar de Arabá, el Mar Salado, quedaron completamente cortadas.

17. Los sacerdotes que llevaban el Arca de la Alianza de Yahvé estaban parados sobre el suelo enjuto, en medio del Jordán, mientras todo Israel iba pasando en seco, hasta que todo el pueblo hubo acabado de pasar el Jordán.

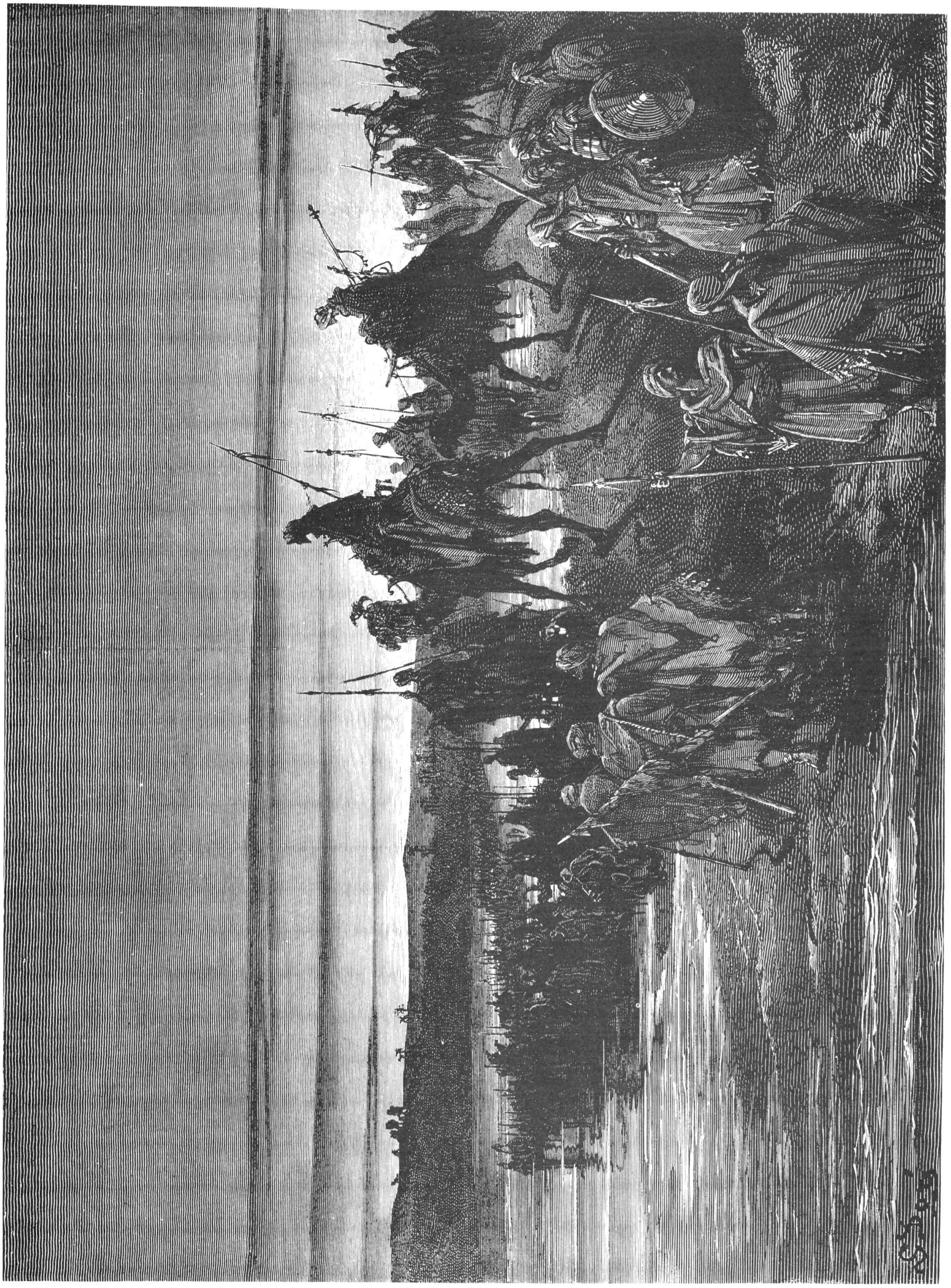

Se produce la toma de Jericó y la caída de sus muros, imagen que refleja Doré y a la que ahora añadiremos los textos bíblicos que le corresponden.

JOSUE, 6, 10-20

10. Josué había mandado al pueblo, diciendo: «No gritéis, ni dejéis oír vuestra voz, ni salga de vuestra boca palabra alguna hasta el día en que yo os diga: *¡Gritad! ¡Entonces gritaréis!»*

11. Hizo, pues, que el Arca de Yahvé diera la vuelta a la ciudad, rodeándola una sola vez; y volviéndose al campamento pasaron allí la noche.

12. Al día siguiente Josué se levantó muy temprano, y los sacerdotes llevaron el Arca de Yahvé.

13. Los siete sacerdotes que llevaban las siete trompetas de cuerno de carnero marchaban delante del Arca de Yahvé, tocando las trompetas. Los hombres armados iban delante de ellos, y el resto del pueblo seguía tras el Arca de Yahvé, y durante la marcha resonaban las trompetas.

14. Asimismo dieron una vuelta a la ciudad el segundo día y se volvieron al campamento. Eso mismo hicieron por seis días.

15. Al séptimo día se levantaron muy temprano, al despuntar el alba, y de la misma manera dieron siete veces la vuelta a la ciudad; sólo aquel día dieron la vuelta a la ciudad siete veces.

16. Y cuando a la séptima vez los sacerdotes tocaron las trompetas, dijo Josué al pueblo: «¡Gritad, pues Yahvé os ha entregado la ciudad!»

17. Añadiendo: «Y será la ciudad anatema para Yahvé, ella y cuanto hubiere en ella. Solamente Rahab, la ramera, vivirá, ella y todos los que se hallen con ella en su casa, por cuanto escondió a los exploradores que habíamos enviado».

18. Y siguió diciendo Josué: «Pero guardaos bien lo consagrado al anatema, no sea que apropiándoos cosa alguna consagrada al anatema, os hagáis anatema, y hagáis anatema también el campamento de Israel y lo llevéis a la perdición».

19. Y terminó con estas palabras: «Toda la plata, todo el oro, y todos los objetos de bronce y de hierro, serán consagrados a Yahvé y han de entrar al tesoro de Yahvé».

20. Entonces el pueblo levantó el grito, y resonaban las trompetas. Y cuando el pueblo oyó el sonido de la trompeta, comenzó a gritar con grande algazara, y se derrumbó la muralla, y el pueblo subió a la ciudad, cada uno por la parte que tenía frente a sí, y tomaron la ciudad.

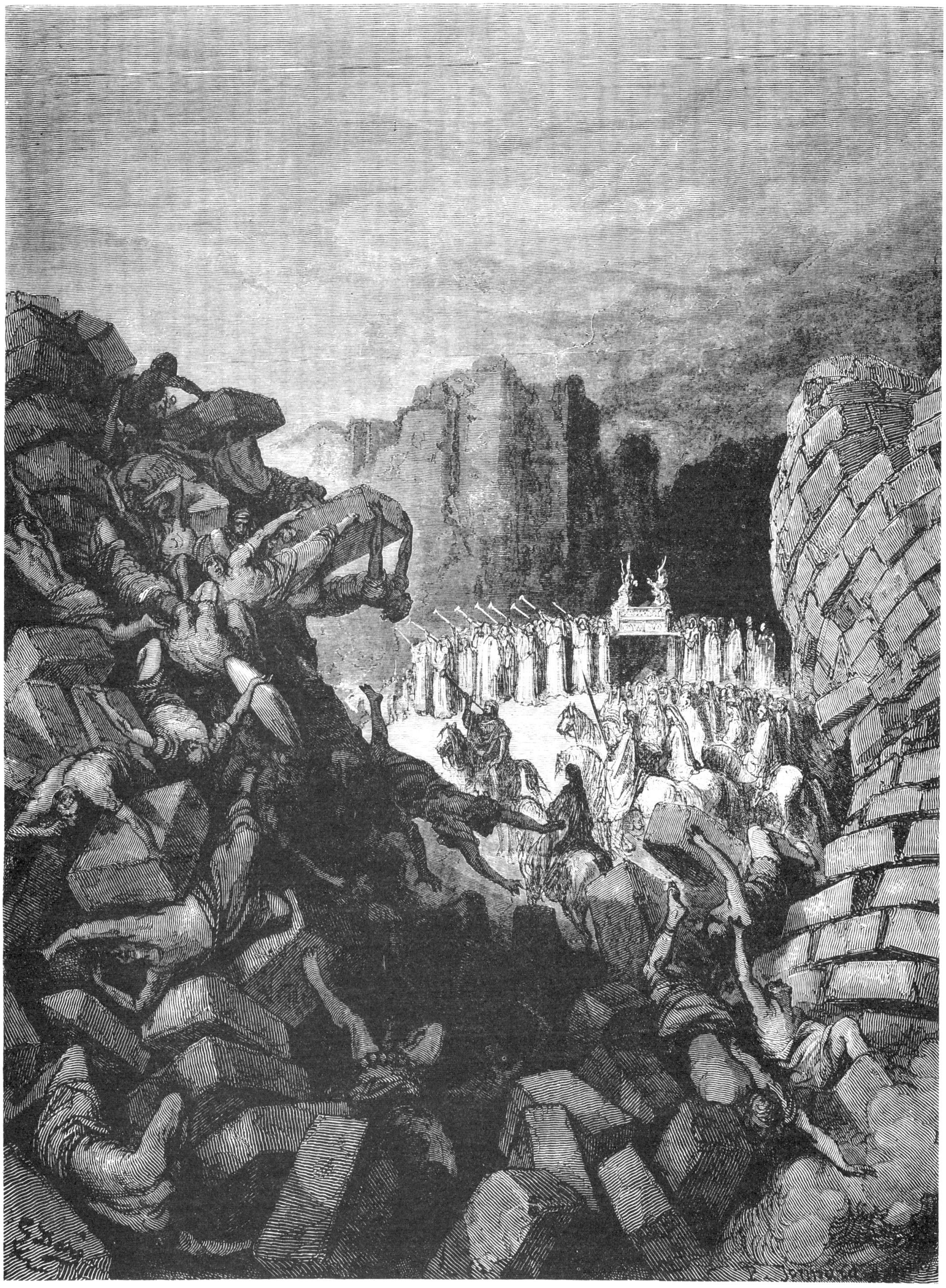

El pueblo de Israel ya ha tomado la ciudad de Jericó y se inician los preparativos para instalarse en ella, respetando todas las prohibiciones y premisas para tal efecto establecidas por Yahvé.

Pero antes de que los israelitas empezaran a aposentarse en la ciudad recién conquistada, tuvo lugar el acto de justicia –instigado por Dios– que tendría por protagonista a la prostituta Rahab, a la cual Josué perdonaría en nombre de su Señor Dios, por haberles ayudado desinteresadamente.

Este momento es el que refleja la ilustración que ahora comentamos.

JOSUE, 6, 22-27

22. Entonces Josué dijo a aquellos dos hombres que habían explorado el país: «Entrad en casa de la ramera y sacad de allí a la mujer con todos los suyos, conforme se lo jurasteis».

23. Entraron, pues, los jóvenes espías, y sacaron a Rahab, a su padre, a su madre, a sus hermanos y a todos los suyos. Sacaron a los de su familia y los metieron en un lugar fuera del campamento de Israel.

24. Después abrasaron la ciudad con cuanto en ella había, menos la plata y el oro y los objetos de bronce y de hierro, que pusieron en el tesoro de la Casa de Yahvé.

25. Mas conservó Josué la vida de Rahab, la ramera, y la casa de su padre y de todos los suyos. Ella habita en medio de Israel hasta el día de hoy por haber ocultado a los mensajeros que Josué había enviado para espiar a la ciudad de Jericó.

26. En aquel tiempo juró Josué, diciendo: «¡Maldito ante Yahvé sea quien se atreva a reedificar esta ciudad de Jericó! Al precio de su primogénito eche los cimientos de ella y a costa de su hijo menor coloque sus puertas».

27. De esta manera acompañó Yahvé a Josué, y su fama se divulgó por todo el país.

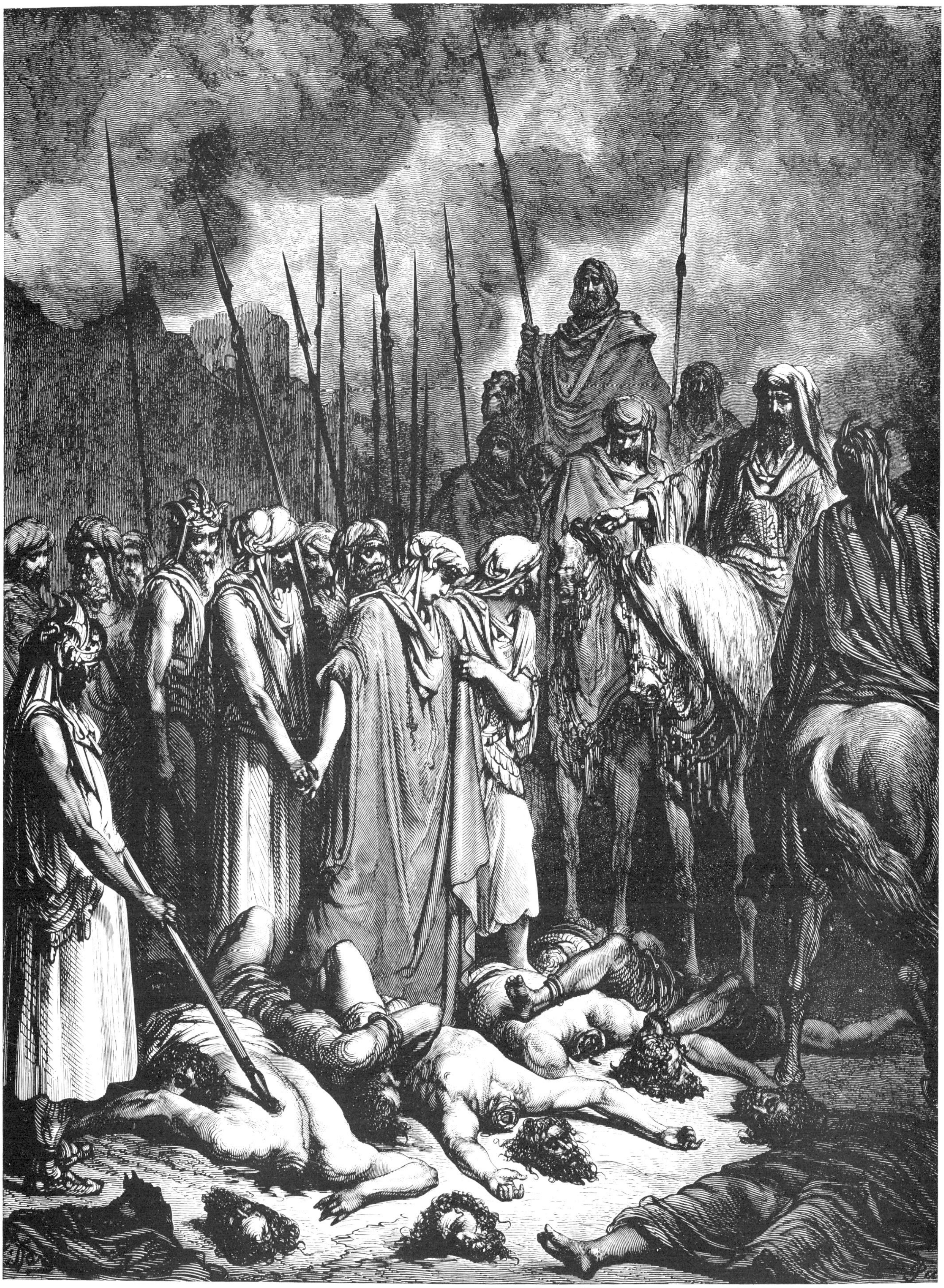

Llegamos al momento trascendental en que se produce un milagro en favor de los israelitas.

Milagro que Doré nos ofrece en la ilustración a la que seguidamente agregaremos los textos bíblicos que le corresponden: Josué detiene el sol.

JOSUE, 10, 12-20

12. Entonces, el día en que Yahvé entregó a los amorreos en las manos de los hijos de Israel, habló Josué a Yahvé y dijo en presencia de los israelitas:

¡Sol, detente sobre Gabaón,
y tú, Luna, en el valle de Ayalón!

13. Y el sol se detuvo, y paróse la luna, hasta que el pueblo se hubo vengado de sus enemigos. ¿No está esto escrito en el libro del Justo? Paróse, pues, el sol en medio del cielo, y no se apresuró a bajar casi un día entero.

14. No hubo ni antes ni después día como éste en que Yahvé obedeciera la voz de un hombre; pues Yahvé peleaba por Israel.

15. Después volvió Josué, y todo Israel con él, al campamento de Gálgala.

16. Aquellos cinco reyes habían huido y se hallaban ocultos en la cueva de Maquedá.

17. Y fue dada a Josué esta noticia: «Han sido hallados los cinco reyes, escondidos en la cueva de Maquedá».

18. Respondió Josué: «Rodad grandes piedras a la entrada de la cueva y colocad hombres junto a ella, para guardar a los reyes...

19. ...; mas vosotros no os detengáis; perseguid a vuestros enemigos, hostigando su retaguardia; no los dejéis entrar en sus ciudades, pues Yahvé, vuestro Dios, los ha entregado en vuestras manos».

20. Cuando Josué y los hijos de Israel les hubieron infligido una derrota muy severa hasta exterminarlos –solamente algunos habían podido escapar y entrar en las ciudades fortificadas–, se volvió todo el pueblo en paz a Josué, al campamento de Maquedá, sin que nadie moviese su lengua contra los hijos de Israel.

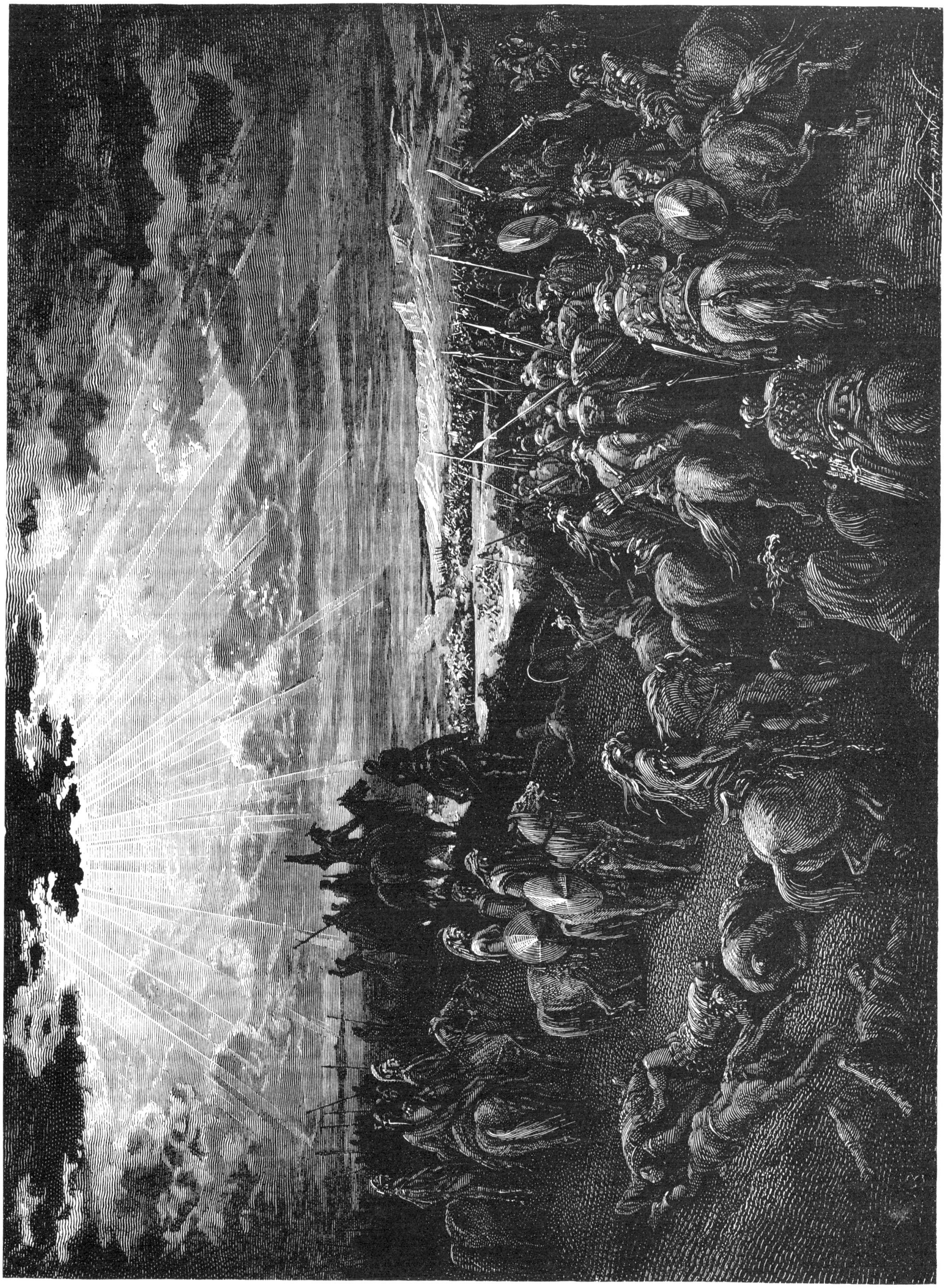

Otro rápido avance por el recorrido de las sagradas secuencias de la Biblia, para entrar ahora en el Libro de los Jueces.

En la historia hebrea fueron Los Jueces, jefes temporales y héroes locales que, durante el período que siguió a la instalación en Canaán, ejercieron su autoridad sobre un grupo de tribus reunidas contra la presión de un peligro exterior. *El Libro de los Jueces* da testimonio de estos hechos en un relato en el que se mezclan recuerdos históricos y narraciones etiológicas y folklóricas. Su redacción se ha de fijar aproximadamente hacia fines del período monárquico (siglos VI y VII). Los jueces más conocidos, fueron: Gedeón, Jefté y Sansón.

Esta lámina que ahora comentamos con el añadido de sus textos sagrados, muestra el momento en que un ángel se aparece al ejército de Josué.

LIBRO DE LOS JUECES, 2, 1-7

1. Subió el Angel de Yahvé de Gálgala a Boquim y dijo: «Yo os he sacado de Egipto, y os he introducido en el país que os prometí con juramento a vuestros padres. Y dije: *Jamás quebrantaré mi alianza con vosotros...*

2. *...si vosotros no hacéis alianza con los habitantes de esta tierra, y si derribáis sus altares. Pero no habéis obedecido mi voz. ¿Por qué habéis hecho esto?...*

3. *...Por eso Yo por mi parte he dicho: No los expulsaré delante de vosotros, sino que quedarán a vuestro lado y sus dioses os serán un lazo».*

4. Al decir el Angel de Yahvé estas palabras a todos los hijos de Israel, el pueblo alzó la voz y se puso a llorar.

5. Por eso llamaron a este lugar Boquim; y ofrecieron allí sacrificios a Yahvé.

6. Despedido que hubo Josué al pueblo, los hijos de Israel se fueron cada cual a su herencia para tomar posesión de la tierra.

7. Y sirvió el pueblo a Yahvé todos los días de Josué, y todos los días de los ancianos que sobrevivieron a Josué y que habían visto toda la obra grandiosa que Yahvé había hecho en favor de Israel.

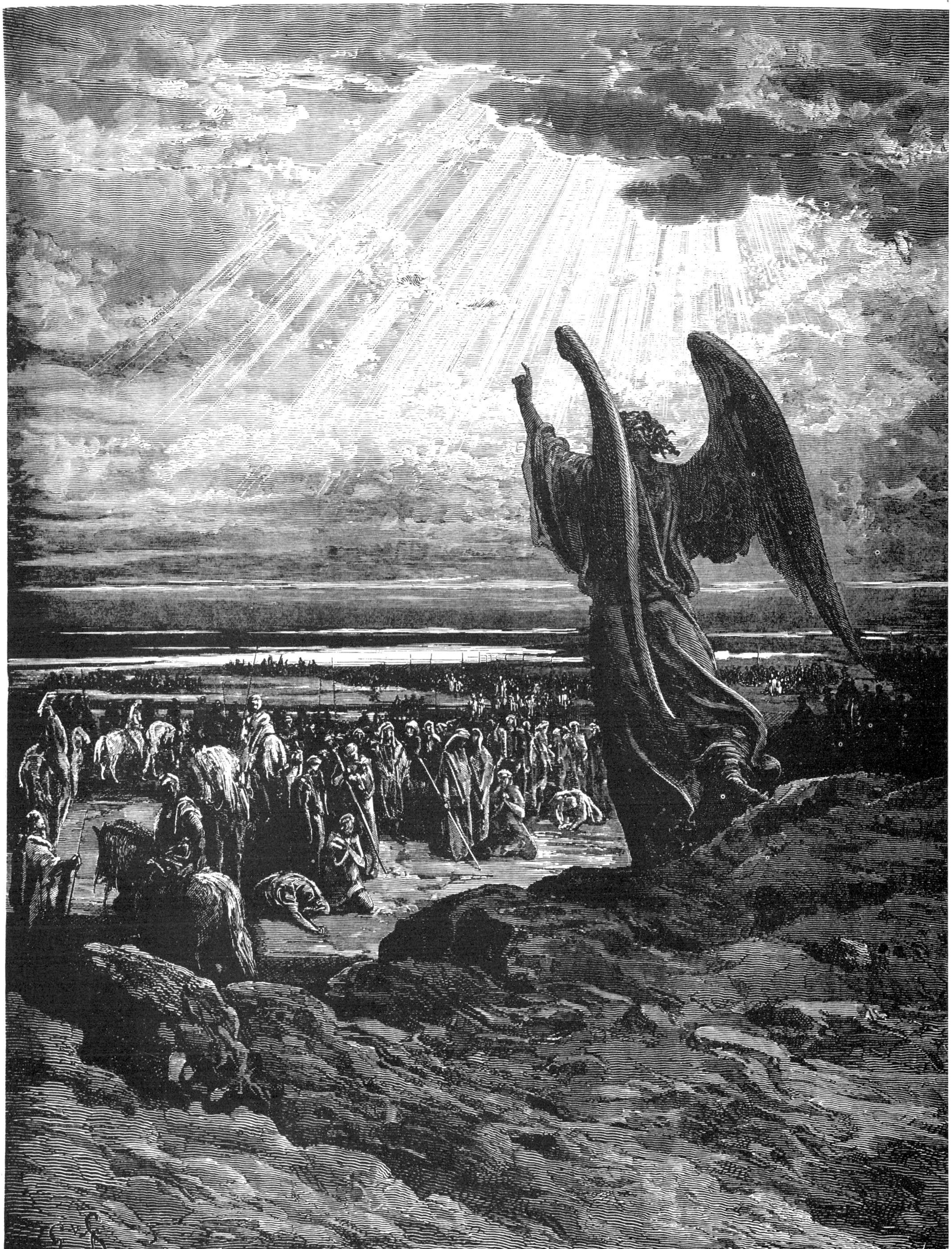

Seguimos en el Libro de los Jueces, comentando algunos de los acontecimientos más significados que a él hacen referencia.

La ilustración a que ahora nos referimos, muestra el instante en que Gedeón elige a sus soldados.

LIBRO DE LOS JUECES, 7, 1-7

1. Jerobaal, que significa Gedeón y toda la gente que se encontraba con él, se levantaron muy temprano, apenas iniciado el día, con las primeras luces del alba, y acamparon a la vera de la fuente de Harod, teniendo el campamento de Madián hacia el norte, en el valle, al pie del collado de Moré.

2. Dijo entonces Yahvé a Gedeón: «La gente que se halla contigo es demasiado numerosa para que Yo entregue Madián en sus manos, no sea que Israel se glorie contra Mí, diciendo: *Es mi mano la que me ha salvado...*

3. ...Haz, pues, llegar al pueblo esta proclamación: *Los cobardes, medrosos y temerosos, vuélvanse y se retiren de la montaña de Galaad».* Y se volvieron de la gente veinte y dos mil, quedando solamente diez mil.

4. Mas Yahvé dijo a Gedeón: «Aún es demasiada la gente; hazlos bajar al agua y allí te los probaré. Aquel de quien Yo te dijere que vaya contigo, ése irá contigo; mas todo aquél de quien te dijere que no vaya contigo, ese tal no irá».

5. Gedeón hizo, pues, bajar a la gente al agua, y Yahvé le dijo: «A todos los que lamieren el agua con la lengua, como hace el perro, ponlos aparte; asimismo a todos los que para beber doblaren las rodillas».

6. El número de los que lamieron el agua *(llevándola)* con la mano a la boca, fue de trescientos hombres; todo el resto del pueblo dobló las rodillas para beber.

7. Y dijo Yahvé a Gedeón: «Por medio de los trescientos hombres que toman el agua lamiendo, os salvaré y entregaré a Madián en tus manos. Toda la demás gente vuélvase cada uno a su lugar.

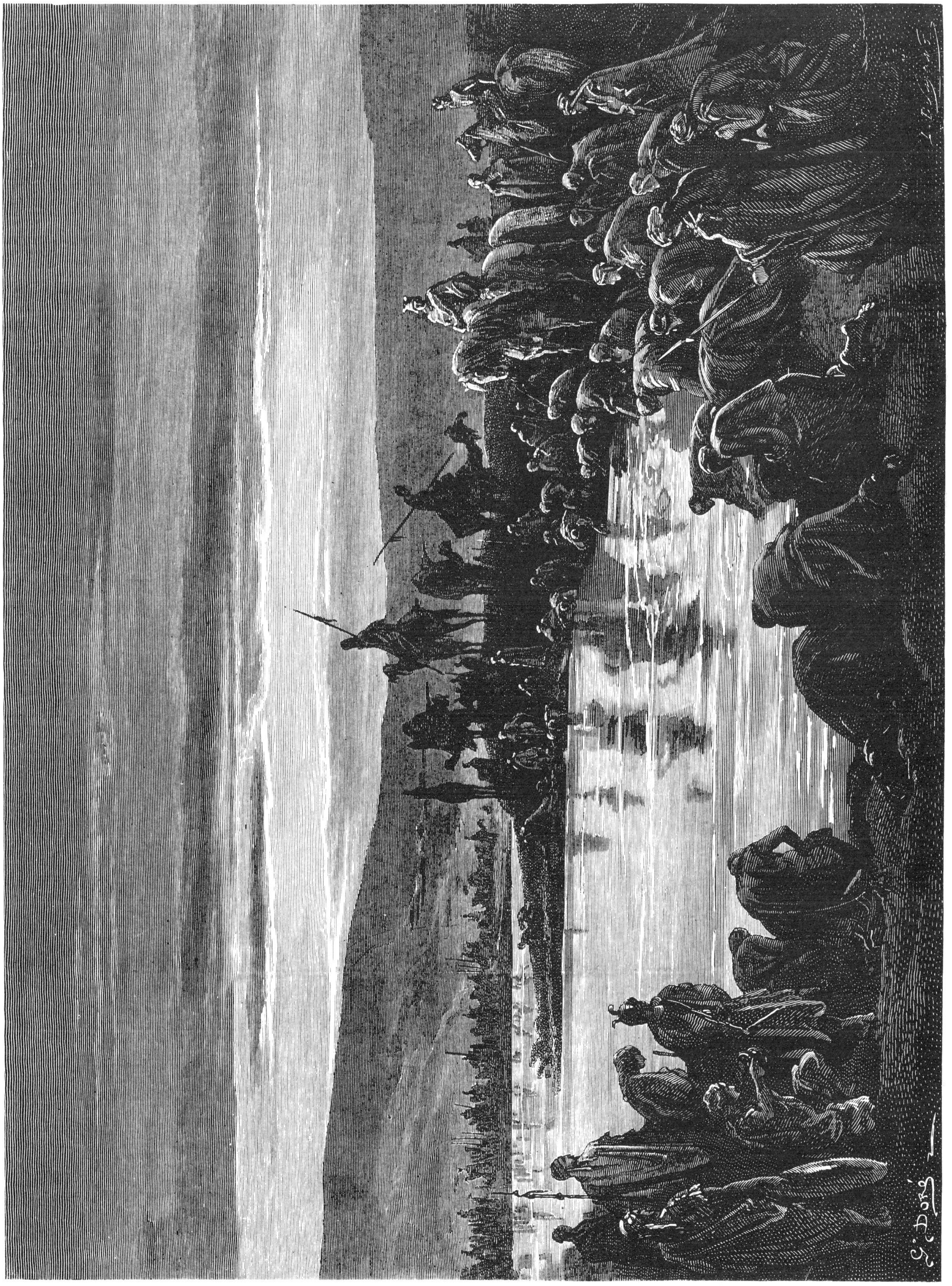
G. Doré

Entramos ahora a ocuparnos de uno de los personajes más carismáticos del Antiguo Testamento: *Sansón.*

La historia de Sansón está íntimamente ligada a sus cabellos, de donde se dice que procedía la extraordinaria fuerza demostrada en distintas ocasiones por este personaje bíblico. La, si se nos permite, *popularidad* de Sansón, ha sido la causa de que su historia, aislada del contexto bíblico, haya sido tratada de modo independiente por cineastas e historiadores.

El grabado de Doré que ahora comentamos nos presenta a este héroe bíblico venciendo a un poderoso león.

LIBRO DE LOS JUECES, 7, 1-7

1. Sansón bajó a Timná, donde vio a una mujer de las hijas de los filisteos.

2. Cuando subió *(a su casa)* habló a su padre y a su madre, diciendo: «He visto en Timná a una mujer de las hijas de los filisteos; ahora, pues, tomádmela por mujer».

3. Respondiéronle sus padres: «¿Acaso no hay mujer entre las hijas de tus hermanos, ni entre todo nuestro pueblo, para que tú vayas a tomar mujer entre los incircuncisos filisteos». Pero Sansón contestó a su padre: «Tómame a ésa porque me gusta».

4. Su padre y su madre no sabían que esto venía de Yahvé, por cuanto buscaba ocasión contra los filisteos; pues los filisteos dominaban a la sazón a Israel.

5. Bajó, pues, Sansón, con su padre y su madre a Timná, y cuando llegaron a las viñas de Timná, he aquí que un león salió rugiendo a su encuentro.

6. Entonces vino el Espíritu de Yahvé sobre Sansón y sin tener nada a mano, lo desgarró como se desgarra un cabrito; pero no dijo ni a su padre ni a su madre lo que había hecho.

7. Bajó, pues, y habló a la mujer, y ella gustó a Sansón. Pasado algún tiempo volvió para tomarla y se apartó del camino para ir a ver el cuerpo del león; y he aquí que dentro del cuerpo de la fiera había un enjambre de abejas y un panal de miel.

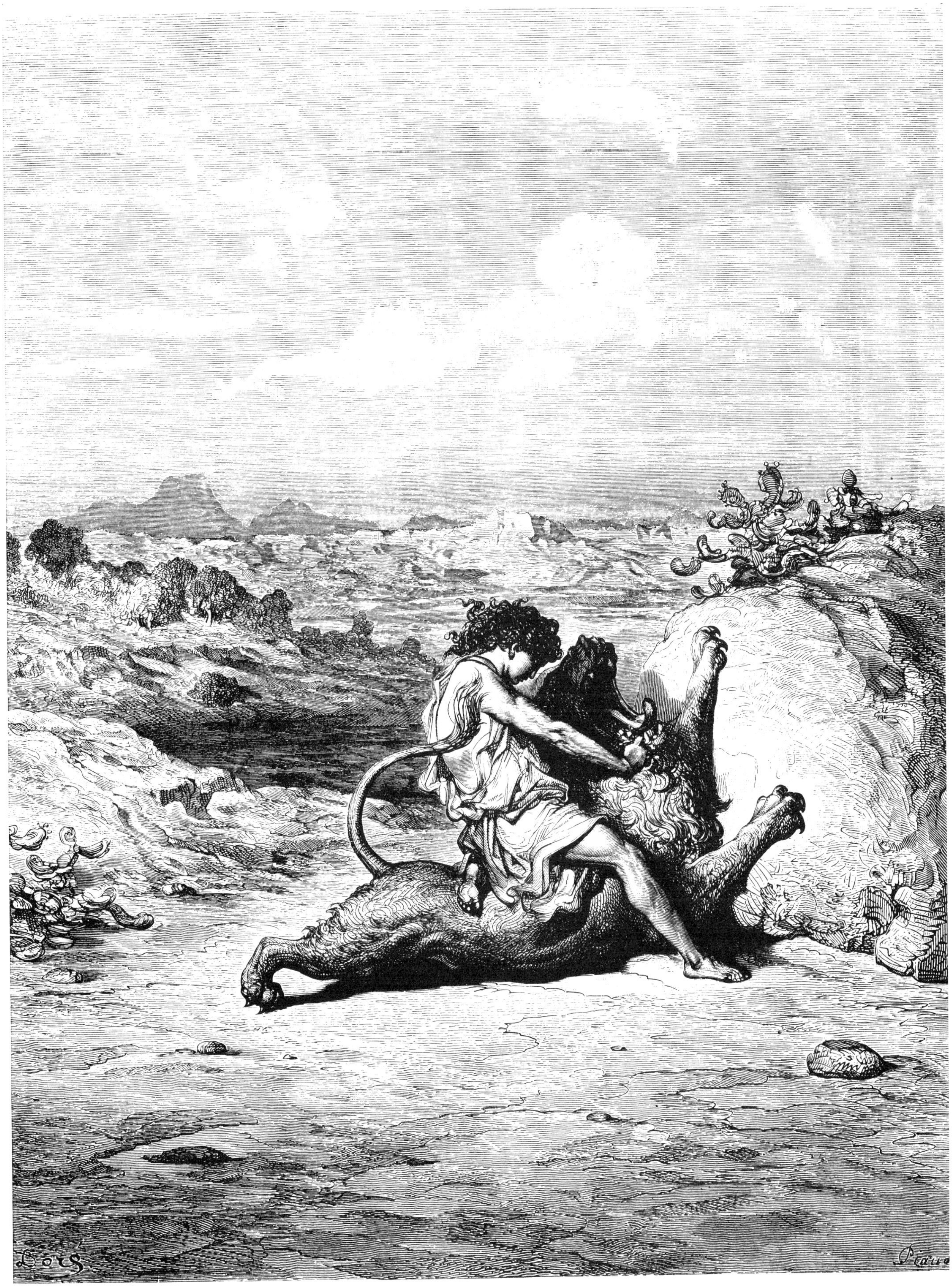

Continuamos en el Libro de Los Jueces y continuamos asimismo glosando las hazañas protagonizadas por Sansón.

Al llegar aquí ya se han producido diversos episodios en la vida de nuestro héroe, como la boda con la filistea, la destrucción de los filisteos por parte de él y otras nuevas odiseas de las que el propio héroe glosaba en una especie de cántico; éste:

> *Con la quijada de un asno* (maté)
> *un montón, dos montones;*
> *con la quijada de un asno*
> *he matado mil hombres.*

El presente grabado de Doré nos presenta a Sansón, alzando sobre sus hombros las puertas de Gaza.

LIBRO DE LOS JUECES, 16, 1-3

1. Cuando Sansón llegó a Gaza, vio allí a una prostituta, en cuya casa penetró.

2. Se les dijo a los de Gaza: «Sansón ha venido a ésta». Por lo cual lo cercaron, y estuvieron al acecho toda aquella noche a las puertas de la ciudad. Y toda la noche quedaron tranquilos, diciendo: «Cuando la luz del alba raya en el horizonte, lo mataremos».

3. Sansón permaneció acostado hasta la medianoche. A medianoche se levantó, y tomando las hojas de la puerta de la ciudad con las dos jambas, las arrancó juntamente con el cerrojo, y echándoselas a cuestas las llevó a la cumbre del monte que mira hacia Hebrón. Después de esto amó a una mujer que habitaba en el valle de Sorec y que se llamaba Dalila.

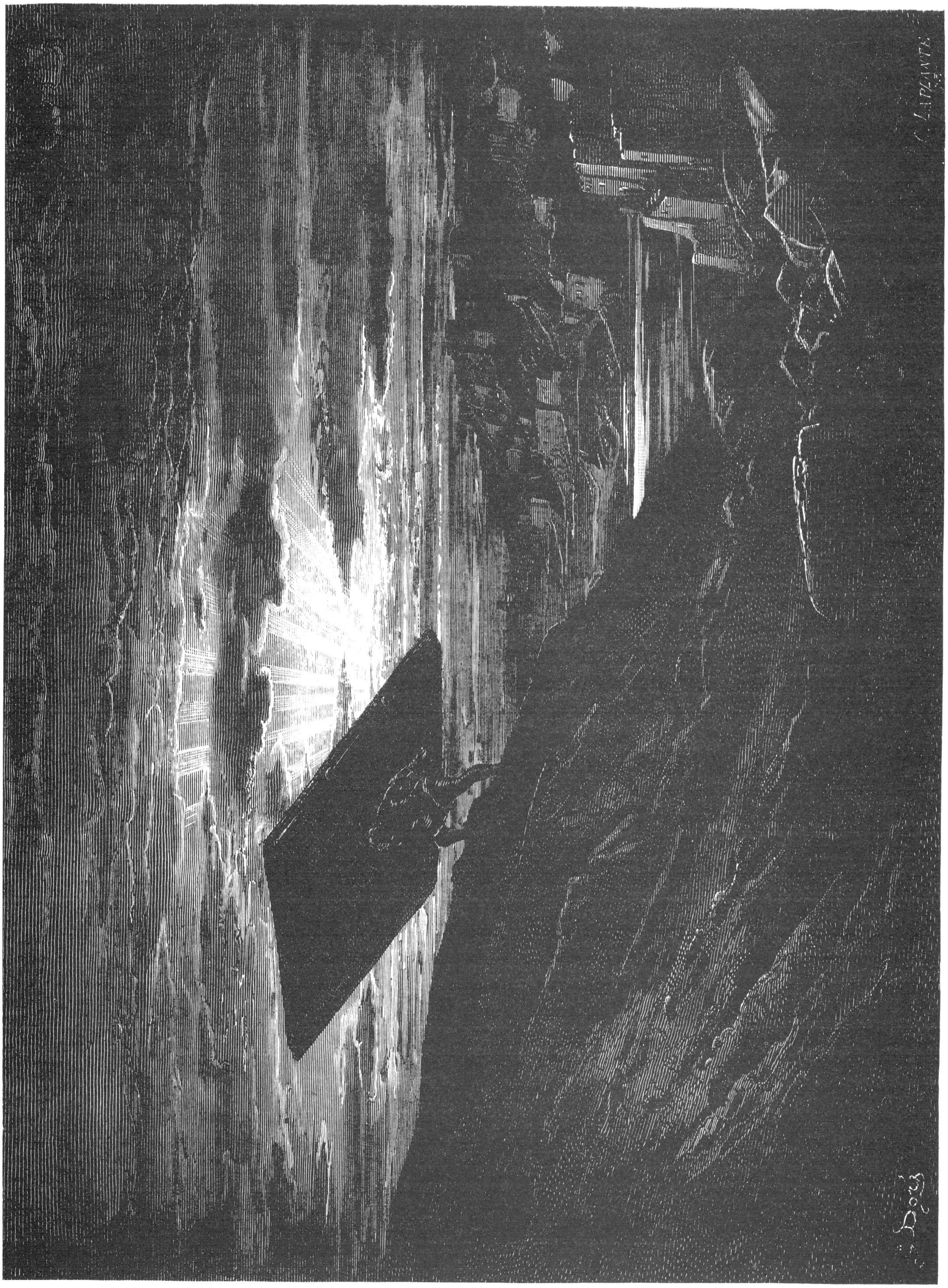
Doré
LAPLANTE

El destino se aproxima fatalmente hacia Sansón desde el mismo instante en que conoce a Dalila.

La astucia de aquella hermosa y ladina mujer que de algún modo había enloquecido de amor y pasión al legendario y poderoso héroe, iba a ser suficiente para reducirlo, cosa hasta entonces prohibida a mil filisteos juntos.

Bueno será que hagamos aquí una lectura –positiva o no, según criterios–, de cómo la inteligencia acaba casi siempre venciendo a la fuerza. Y en este caso concreto, de cómo los músculos sucumben ante una hermosa hembra.

La imagen que ahora nos muestra Doré es la de un fugaz instante en que Sansón y Dalila parecen disfrutar de su amor.

LIBRO DE LOS JUECES, 16, 16-21

16. Y como ella le molestase todos los días con sus palabras, apremiándole, perdió su alma el deseo de vivir...

17. ...y le descubrió todo su corazón, diciendo: «Nunca ha pasado navaja sobre mi cabeza, pues soy nazareo de Dios desde el seno de mi madre. Si yo fuese rapado perdería mi fuerza, me quedaría débil, y vendría a ser como cualquier otro hombre».

18. Dalila vio que le había descubierto todo su corazón, por lo cual envió a llamar a los príncipes de los filisteos, diciendo: «Subid aún esta vez, porque me ha descubierto todo su corazón». Subieron, pues, los príncipes filisteos a la casa de ella, llevando el dinero en su mano.

19. Dalila hizo dormir a Sansón sobre sus rodillas; luego llamó al hombre para que le cortase el cabello *(las siete trenzas de la cabeza)*; entretanto ella misma empezó a sujetarlo y la fuerza se apartó de él.

20. Y dijo Dalila: «Sansón, los filisteos sobre ti». El despertándose del sueño se dijo a sí mismo: «Saldré como las demás veces, y me desembarazaré», pues no sabía que Yahvé se había apartado de él.

21. Los filisteos, después de haberlo prendido, le sacaron los ojos, y lo llevaron a Gaza, donde lo sujetaron con doble cadena de bronce; y en la cárcel tuvo que dar vueltas a la muela.

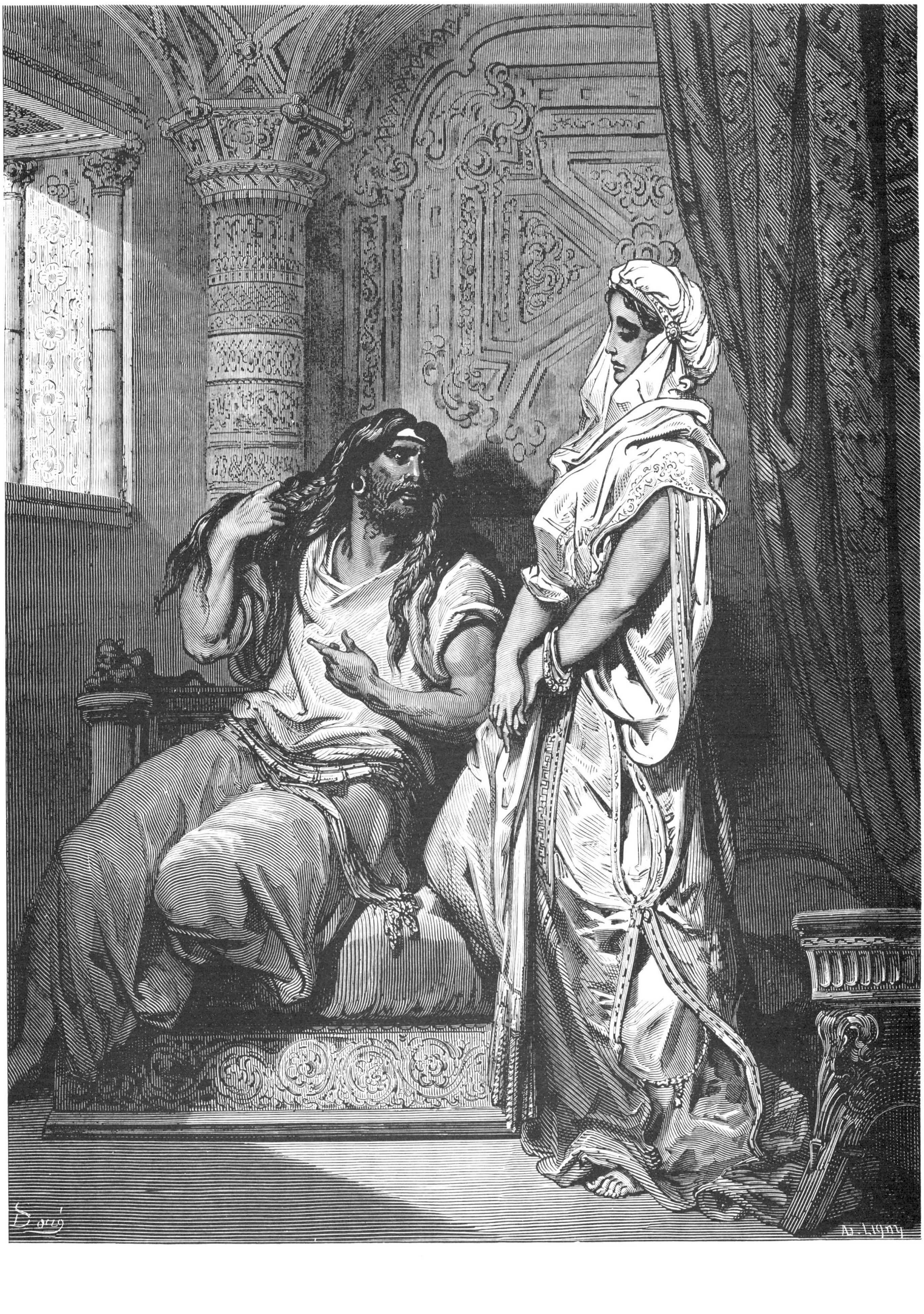
Doré

Cerramos aquí uno de los episodios más trascendentales de El Libro de los Jueces: la desaparición física de uno de sus héroes más significados.

Esta ilustración muestra el instante fatídico de la muerte de Sansón... no sin antes arrancar, eso sí, las gruesas y pétreas columnas que sostenían el Templo.

EL LIBRO DE LOS JUECES, 16, 24-31

24. Los príncipes de los filisteos se reunieron para ofrecer un gran sacrificio a Dagón, su dios, y celebrar fiesta, pues decían: «Nuestro Dios nos ha entregado a Sansón, el peor de nuestros enemigos». También el pueblo, al verle, alabó a su dios, diciendo: «Nuestro dios ha entregado a nuestras manos a nuestro enemigo, que asolaba nuestro país, matando a nuestra gente».

25. Y en la alegría de su corazón, gritaron: «¡Llamad a Sansón para que nos divierta!» Llamaron, pues, a Sansón de la cárcel y tuvo que divertirlos. Pero Sansón, al cual tenían colocado entre las columnas...

26. ...dijo al muchacho que le cogía de la mano: «Déjame palpar las columnas sobre las que se yergue y sustenta la casa, para apoyarme sobre ellas».

27. Ahora bien, la casa *(emporio pagano)*, el templo destinado al culto de Dagón, estaba llena de hombres y mujeres; también todos los príncipes de los filisteos estaban allí, y sobre las azoteas había unos tres mil hombres y mujeres que miraban a Sansón que los divertía.

28. Entonces Sansón invocó a Yahvé, diciendo: «Señor Yahvé, acuérdate de mí, te lo ruego, y dame fuerza solamente una vez, para que pueda vengarme de los filisteos por mis dos ojos *(los que le habían sido brutalmente arrancados)*».

29. Y agarró Sansón las dos columnas de en medio, sobre las cuales gravitaba el equilibrio de la casa; y apoyándose en ellas, sobre una con la mano con la diestra, y sobre otra con la siniestra, dijo...

30. ...«¡Muera yo con los filisteos!» Y dio tan fuertemente *(contra las columnas)* que la casa *(el templo pagano)* cayó sobre los príncipes de los filisteos y sobre todo el pueblo que allí estaba reunido, de modo que los que mató muriendo, fueron mucho más numerosos que los que había muerto en vida.

31. Sus hermanos y toda la casa de su padre bajaron, y levantándolo se lo llevaron. Lo enterraron entre Saraá y Estaol, en la sepultura de Manué, su padre. Fue juez de Israel por espacio de veinte años.

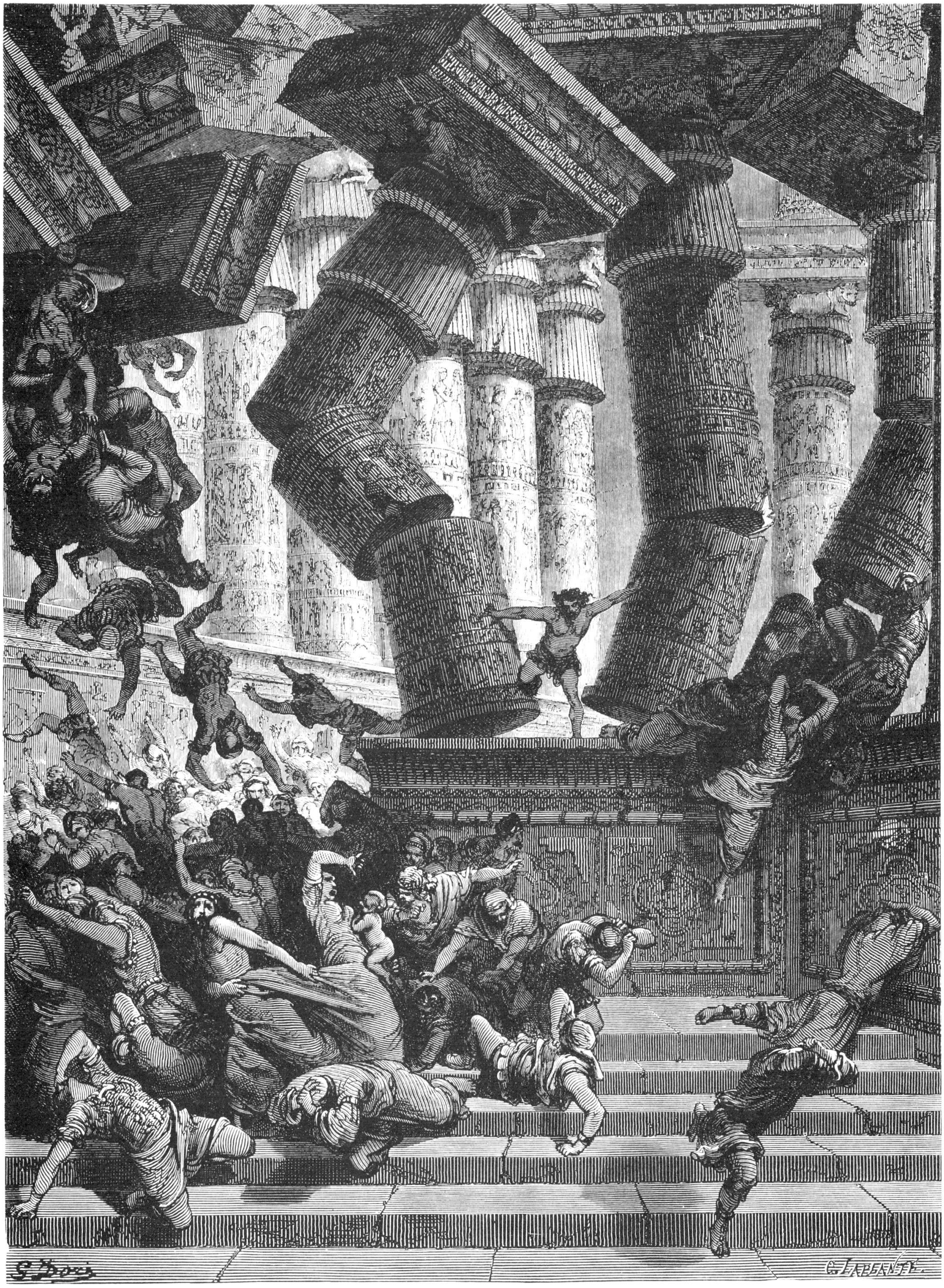

Tras otro salto en el devenir de los textos bíblicos, nos situamos en el libro de Ruth.

A lo largo de las siguientes páginas podremos ver la historia de una mujer moabita (Ruth) quien, por su casamiento con el israelita Booz, se convierte en la antepasada del Rey David. Este libro da testimonio de un universalismo que encuentra serios problemas frente al nacionalismo intolerante.

Elimelec, en el tiempo de hambre en la tierra cuando gobernaban los jueces, partió de Belén de Judá con su esposa Noemí y sus dos hijos para instalarse en los campos de Moab. Muerto el padre se quedó la viuda con sus dos hijos y sus jóvenes esposas moabitas, Orfa y Ruth.

En esta lámina veremos la despedida de Noemí a sus dos nueras después de la muerte de sus dos hijos.

RUTH, 1, 5-16

5. ...y murieron ambos, Majalón y Quelyón, quedándose la mujer sin hijos y sin marido.

6. Levantóse la mujer con sus dos nueras para dejar la tierra de Moab, pues había oído decir que había mirado Yahvé a su pueblo, dándole pan.

7. Salió con las dos nueras del lugar donde estaba y emprendió el camino para volver a la tierra de Judá.

8. Y dijo Noemí a sus dos nueras: «Andad, volveos cada una a la casa de vuestra madre, y que Yahvé se muestre benévolo con vosotras, conforme a vuestra conducta con los difuntos y conmigo.

9. Que Yahvé os conceda encontrar reposo cada una en la casa de su marido». Y las besó. Alzando la voz, pusiéronse a llorar...

10. ...y le decían: «No; nos iremos contigo a tu pueblo».

11. Noemí les dijo: «Volveos, hijas mías; ¿Para qué habéis de venir conmigo? ¿Tengo por ventura todavía en mi seno hijos que puedan ser maridos vuestros?

14. Y alzando la voz, se pusieron otra vez a llorar. Después Orfa besó a su suegra; pero Ruth se abrazó a ella.

15. Noemí le dijo: «Mira: tu cuñada se ha vuelto a su pueblo y a su dios; vuélvete tú como ella».

16. Ruth le respondió: «No insistas en que te deje y me vaya lejos de ti; donde vayas tú, iré yo; donde mores tú, moraré yo; tu pueblo será mi pueblo, y tu Dios será mi Dios...

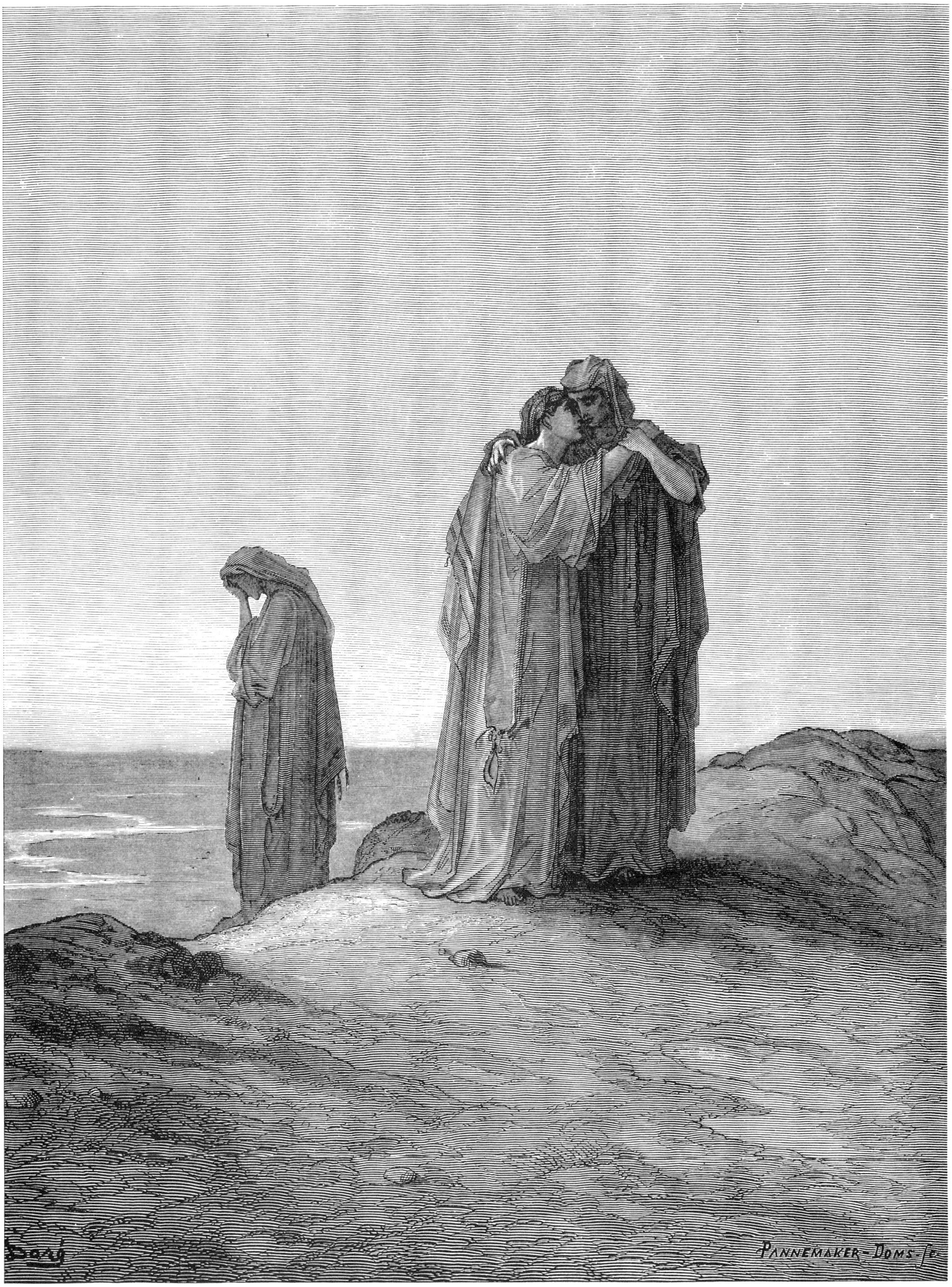
Doré
PANNEMAKER-DOMS. Sc.

Llegamos ya al primer Libro de Samuel.

El fue el último de los jueces de Israel. Desempeñó un papel esencial en la institución de la monarquía entre los hebreos.

En esta ilustración veremos como Samuel dará muerte a Agag.

PRIMER LIBRO DE SAMUEL,
15, 1-5, 7-8 y 32-33

1. Samuel dijo a Saúl: «A mí me envió Yahvé para que te ungiera rey de su pueblo, de Israel. Escucha, pues, ahora lo que te dice Yahvé:

2. ...Así habla Yahvé a Sebaot: Tengo presente lo que hizo Amalec contra Israel cuando le cerró el camino a su salida de Egipto. Ve, pues, ahora, y castiga a Amalec...

3. ...y da al anatema cuanto es suyo. No perdones; mata a hombres, mujeres y niños, aun los de pecho; bueyes y ovejas, camellos y asnos».

4. Dio, pues, Saúl la orden al pueblo y lo congregó en Telam. Contó doscientos mil infantes y diez mil hombres de Judá.

5. Avanzó Saúl hasta las ciudades de Amalec y puso una emboscada en el torrente.

7. Saúl batió a Amalec desde Evila hasta Sut, frente a Egipto.

8. Apresó vivo a Agag, rey de Amalec, y dio al anatema a todo el pueblo, pasándolo a filo de espada.

32. Dijo Samuel: «Traedme a Agag, rey de Amalec». Y Agag se fue a él plácidamente, pues se decía: «Ciertamente ya ha pasado la amargura de la muerte».

33. Samuel repuso: «Así como a tantas madres privó tu espada de hijos, así será entre las mujeres tu madre privada de hijo». Y degolló a Agag ante Yahvé, en Gálgala.

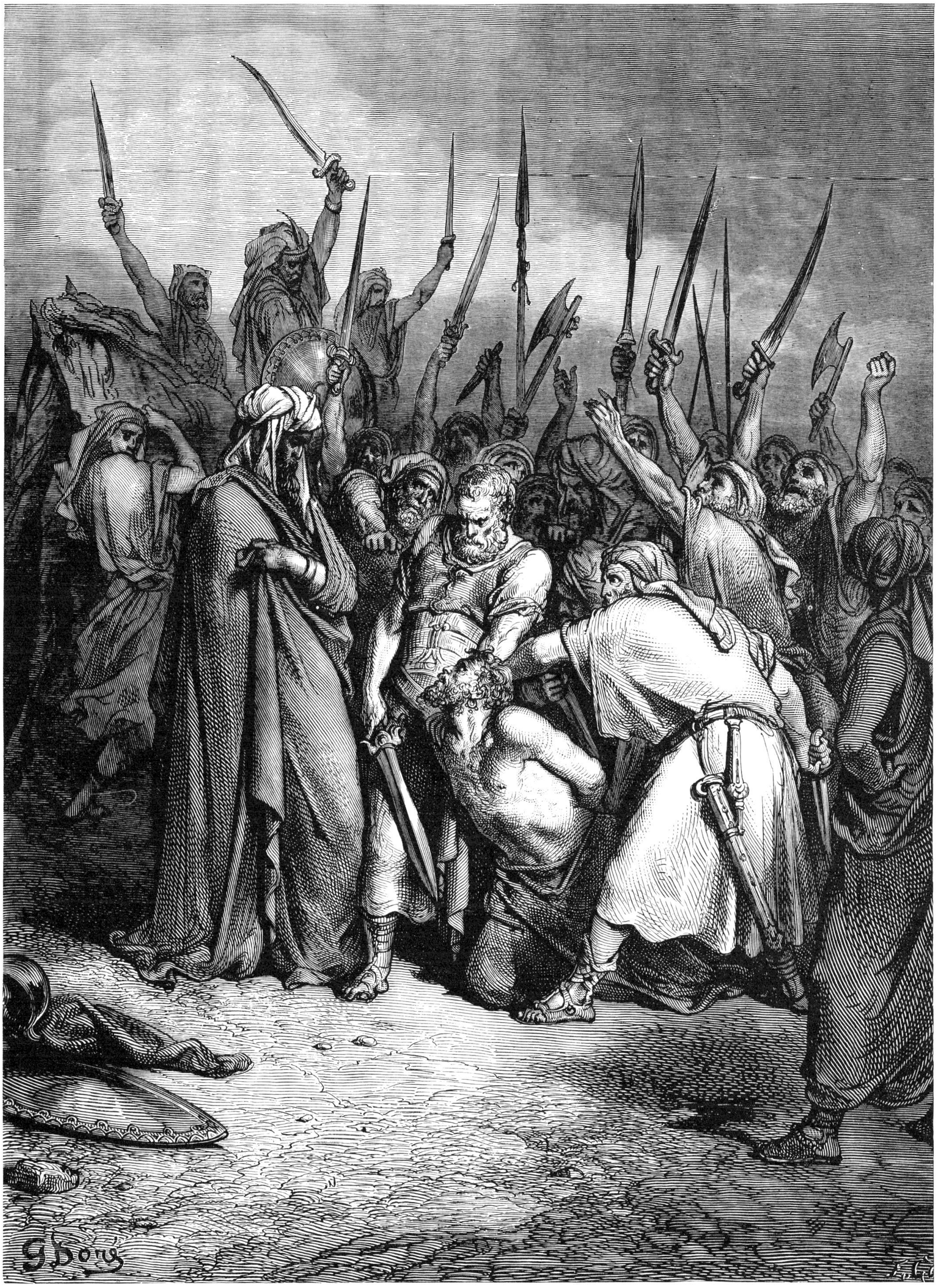
G. Doré

Tras haber rechazado Yahvé a Saúl como rey, le dijo a Samuel que se dirigiera a casa de Isaí para elegir al nuevo monarca. David fue el escogido.

David entró al servicio de Saúl y con su música le reconfortaba el espíritu. Al cabo de un tiempo los filisteos juntaron sus tropas para hacer la guerra. De entre ellos salió Goliat, que dada su talla parecía más un gigante que un hombre. Se dirigió hacia los israelitas para lanzarles un reto. Si entre ellos había alguno que se enfrentaba a él y lograba vencerle, debía matarle y ellos quedarían sujetos a éstos, pero si al contrario él conseguía matar a su contrincante serían los otros quienes les servirían.

Habiendo oído el joven David al filisteo se presentó delante de su señor para luchar contra aquel gigante, pues confiaba que Yahvé le asistiría como en otras ocasiones.

En esta lámina veremos como David muestra en alto la cabeza de Goliat.

PRIMER LIBRO DE SAMUEL,
17, 45-53

45. David respondió al filisteo: «Tú vienes a mí con espada, lanza y venablo, pero yo voy contra ti en el nombre de Yahvé de los ejércitos, Dios de los escuadrones de Israel, a quien has insultado.

46. Hoy te entregará Yahvé a mis manos; yo te heriré, te cortaré la cabeza y daré tu cadáver y los del ejército, a las aves del cielo y a los animales de la tierra; y así sabrá toda la Tierra que Israel tiene un Dios...

47. ...y sabrán todos éstos que no por la espada ni por la lanza salva Yahvé, porque El es el Señor de la guerra, y os entregará en nuestras manos».

48. El filisteo se levantó, se puso en marcha y avanzó hacia David. David echó a correr a lo largo del frente del ejército para ir al encuentro del filisteo;

49. ...metió la mano en el zurrón, sacó de él un chinarro y lo lanzó con la honda. El chinarro se clavó en la frente del filisteo, y éste cayó de bruces a tierra.

50. Así David, con una honda y una piedra, venció al filisteo y le hirió de muerte.

51. Corrió, parándose ante el filisteo, y no teniendo espada a mano, cogió la de él, sacándola de la vaina; le mató y le cortó la cabeza. Viendo los filisteos muerto a su campeón, pusiéronse a la fuga,

52. ...y los hombres de Israel, levantándose y lanzando los gritos de guerra, persiguieron a los filisteos hasta la entrada de Gat y hasta las puertas de Acarón, y cayeron muchos filisteos en el camino de Seraim hasta Gat y Acarón.

53. A la vuelta de la persecución de los filisteos, los hombres de Israel saquearon su campamento.

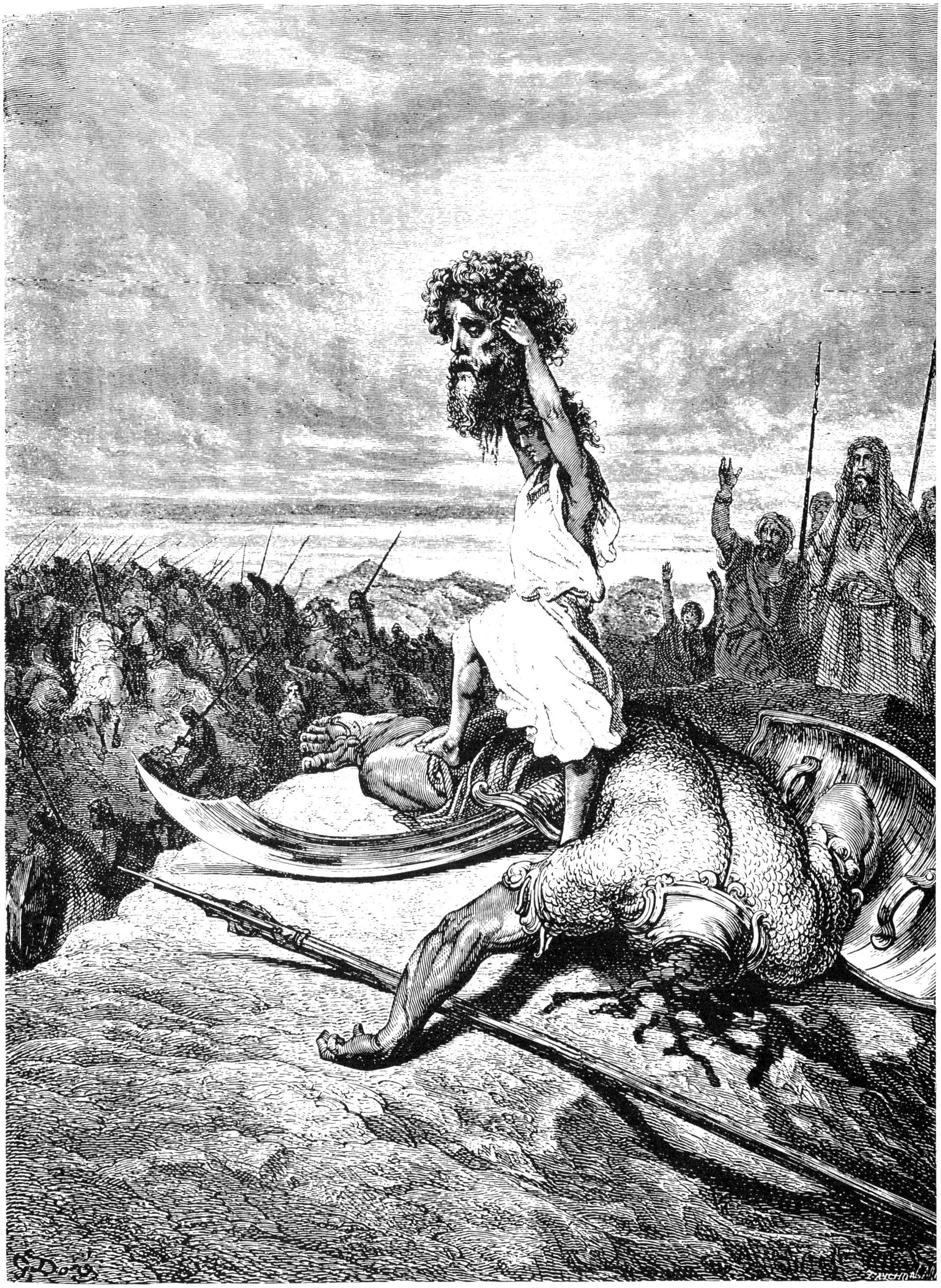
G. Doré

Al regreso de los israelitas al ver Saúl que David regresaba con la cabeza y armas del filisteo, mandó preguntar quién era ese joven, y él mismo le respondió que era el hijo de su siervo Isaí, de Belén.

David y Jonatán se hacen más que amigos, llegando éste a amar al primero más que a sí mismo.

En esta lámina se observa cómo Saúl intenta dar muerte a David con su lanza.

PRIMER LIBRO DE SAMUEL, 18, 5-11

5. David salía a combatir donde le mandaba Saúl, y siempre procedía con acierto. Saúl le puso al mando de los hombres de guerra, y toda la gente estaba contenta con él, aún los servidores de Saúl.

6. Cuando hicieron su entrada después de haber muerto David al filisteo, salían las mujeres de todas las ciudades de Israel, cantando y danzando delante del rey Saúl, con tímpanos y triángulos alegremente...

7. ...y alternando, cantaban las mujeres en coro:

«Saúl mató sus mil.
Pero David sus diez mil».

8. Saúl se irritó mucho, y esto le desagradó, pues decía: «Dan diez mil a David y a mí mil; nada le falta, si no es el reino».

9. Desde entonces miraba Saúl a David con malos ojos.

10. Al otro día se apoderó de Saúl el mal espíritu de Dios hasta ponerse en trance de desvariar en medio de la casa. David tañía el arpa con su mano, como otras veces, mientras Saúl tenía su lanza en la mano...

11. ...y blandiéndola, la lanzó contra David, diciendo: «Voy a clavar a David en la pared». Pero David esquivó el golpe por dos veces.

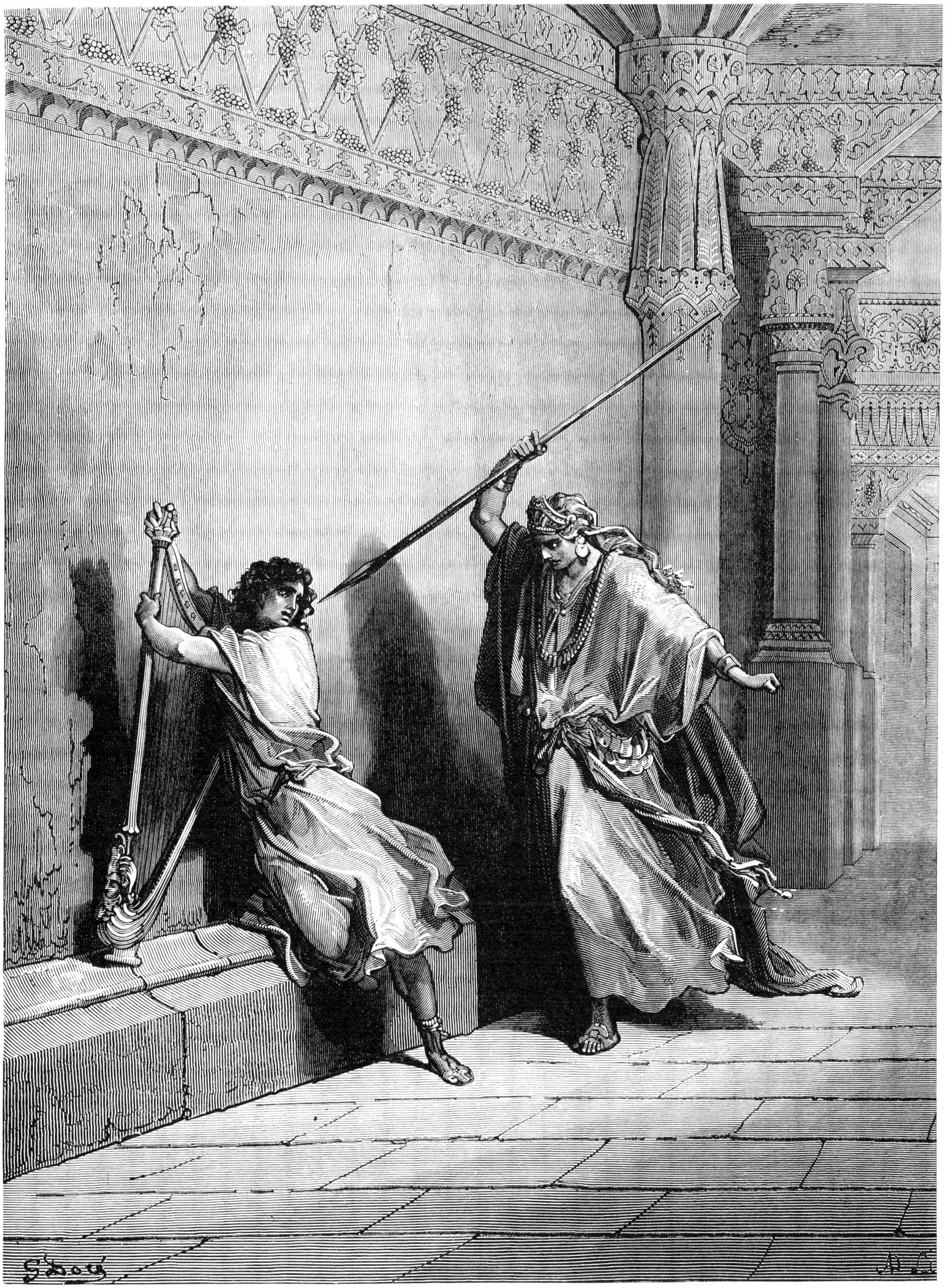

Saúl comienza a temer a David, pues piensa que está amparado por Yahvé, mientras que él se halla sin su gracia. Así pues le manda lejos de él, pero todo el pueblo le adora y poco a poco el monarca va odiando más y más a David, mientras éste tenía éxito en todas sus empresas, incluso cuando se enfrentaba a los filisteos.

Llena su alma de mal le pide a su siervo que le traiga cien prepucios de filisteos si desea casarse con su hija Micol. Con ello pretendía que los enemigos acabaran con el joven, pero no lo consiguió y acabó otorgándole la mano de la muchacha.

Desesperado por el éxito de todo cuanto emprendía David, decidió proponer a todos sus servidores, incluso a su hijo Jonatán, que mataran a David. El hijo de Saúl que amaba mucho a David, fue a prevenir a su amigo de lo que el rey pretendía.

En este dibujo de Doré podemos ver la huida de David.

PRIMER LIBRO DE SAMUEL, 19, 6-18

6. Saúl escuchó a Jonatán y juró: «¡Vive Yahvé! No morirá».

7. Jonatán llamó a David y le transmitió estas palabras; le llevó luego a Saúl y se quedó David a su servicio, como estaba antes.

8. Comenzó de nuevo la guerra y David marchó contra los filisteos y les dio la batalla, inflingiéndose una gran derrota y poniéndolos a la fuga.

9. Un espíritu malo de Yahvé se apoderó de Saúl, y estando éste sentado en su casa con la lanza en la mano, mientras tocada David el arpa, quiso Saúl clavar a David en la pared, pero esquivó éste el golpe, y la lanza quedó clavada en el muro. Huyó David;

11. ...aquella noche mandó Saúl gente a la casa de David para prenderle y matarle a la mañana; pero Micol, mujer de David, le informó de ello, diciéndole: «Si no te escapas esta noche, mañana mismo te matarán»,...

12. ...y le descolgó por la ventana. David huyó, poniéndose a salvo.

13. Micol tomó luego los *terafim* y los metió en el lecho, puso una piel de cabra en el lugar de la cabeza y echó sobre ella una cubierta.

14. Cuando Saúl mandó gente para prender a David, ella les dijo: «Está malo».

15. Saúl volvió a mandarlos para que viesen a David, y les dijo: «Traédmelo en su lecho para que lo haga matar».

16. Volvieron ellos, pero hallaron en el lecho los *terafim* y la piel de cabra en el sitio de la cabeza.

17. Saúl dijo a Micol: «¿Por qué me has engañado así y has dejado escapar a mi enemigo para que se ponga a salvo?» Micol respondió a Saúl: «Me dijo: Déjame ir o te mato».

18. Así huyó David y se salvó. Fuese a casa de Samuel, en Rama, y le contó cuanto le había hecho Saúl. Después se fue con Samuel a habitar en Nayot, en Rama.

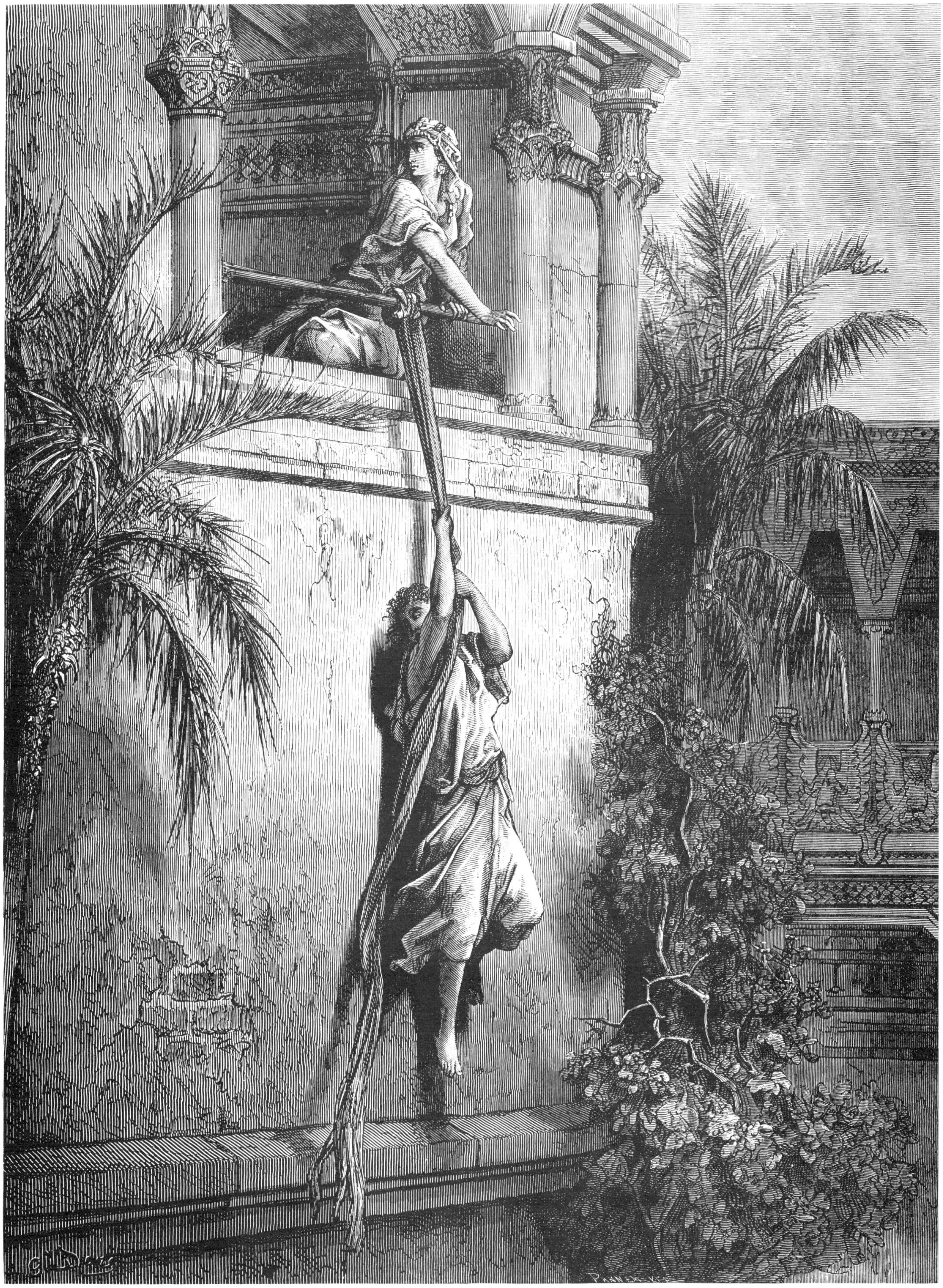

Otro de los pasajes bíblicos de relieve e importancia, es el que ahora nos ocupa.

Doré, con mano maestra cual es costumbre, nos presenta en esta lámina la muerte de Saúl.

PRIMER LIBRO DE SAMUEL
31, 1-7

1. Libraron batalla los filisteos contra Israel, y emprendieron la fuga los de Israel ante los filisteos, cayendo muchos muertos en el monte Gélboe.

2. Los filisteos se pusieron entonces a perseguir a Saúl y sus hijos, y mataron a Jonatán, a Abinadab y a Melquisúa, hijos de Saúl.

3. El peso de la batalla cargó principalmente sobre Saúl. Habiéndole descubierto los arqueros, Saúl se llenó de temor...

4. ...y dijo a su escudero: «Saca tu espada y traspásame para que no sea yo herido por los incircuncisos, y me afrenten. El escudero no quiso obedecer por el gran miedo que tenía; entonces, tomando Saúl su propia espada se dejó caer sobre la afilada punta de ella.

5. El escudero, viéndole muerto, se arrojó igualmente sobre la suya, muriendo de esta manera con él.

6. Así murieron aquel día, juntos, Saúl, sus tres hijos, y su escudero.

7. Los de Israel, que estaban en las ciudades vecinas del Jordán, viendo huir a los hijos de Israel y sabiendo que Saúl y los suyos habían perecido, abandonaron sus ciudades para emprender también la fuga, y viniendo los filisteos, las ocuparon.

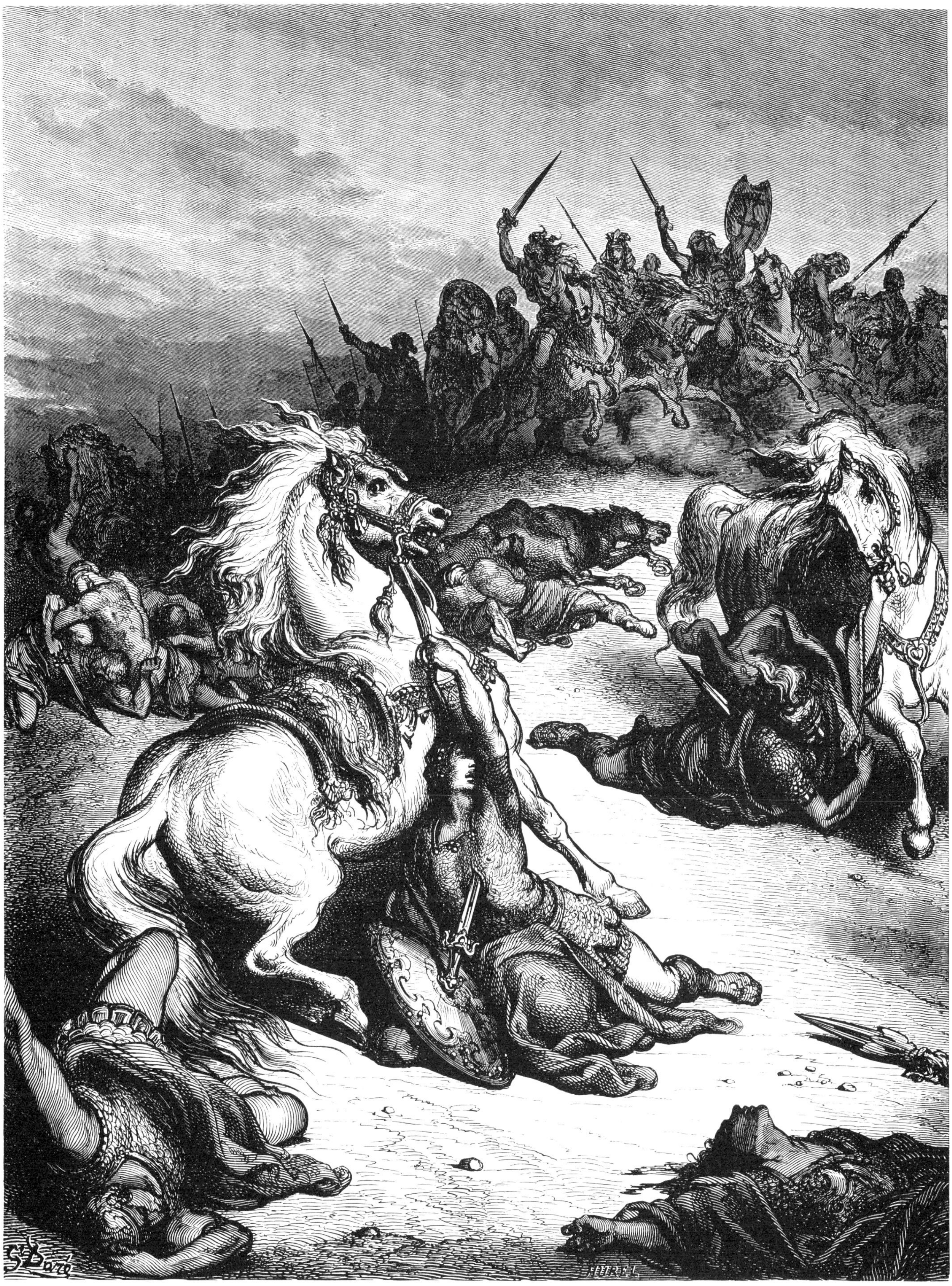
G. Doré

Este nuevo grabado de Doré nos muestra otro momento trágico: la muerte de Absalón.

Vamos pues a añadir a la imagen los textos bíblicos que le corresponden.

SEGUNDO LIBRO DE SAMUEL
18, 8-15

8. Extendióse allí la lucha por la superficie de todo el país, y fueron más los que devoró el bosque que los que había devorado la espada.

9. Al encontrarse Absalón con los servidores de David, iba Absalón montado sobre un mulo, y, al penetrar el mulo bajo el follaje de una gran encina, se le enganchó la cabeza en la encina, quedando él suspendido entre el cielo y la tierra, mientras el mulo sobre el que cabalgaba seguía adelante.

10. Vio esto uno, y le dijo a Joab: «He visto a Absalón pendiente de una encima».

11. Joab le dijo a su vez: «¿Y por qué no lo echaste a tierra, y yo te hubiera regalado diez siclos de plata y un talabarte?»

12. Pero aquel hombre le dijo: «Aunque me pesaras mil de plata, no pondría yo la mano sobre el hijo del rey, pues bien oímos todos que a ti, a Abisai y a Itai os dijo el rey: *Guardadme a Absalón...*

13. ...Además, haría la traición de mi vida y a mi vida, pues al rey nada se le esconde, y tú mismo testificarías contra mí».

14. Joab dijo entonces: «No será así, sino que yo mismo lo atravesaré delante de ti»; y tomando tres dardos en su mano, se los clavó en el corazón a Absalón cuando aún estaba vivo en el cogollo de la encina.

15. Cercáronle luego diez mozos, escuderos de Joab, que hirieron a Absalón, acabándole.

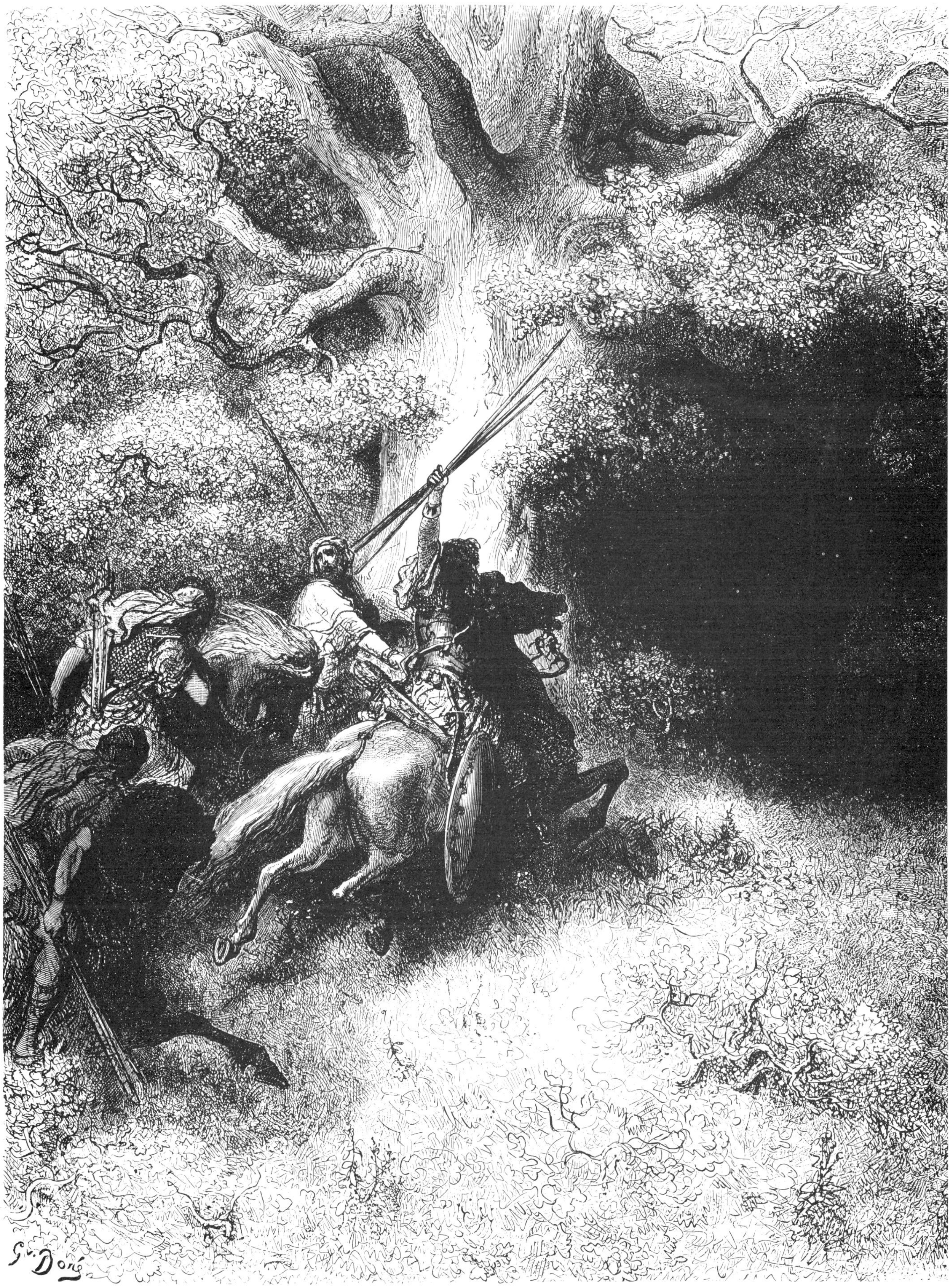
G. Doré

La muerte de Absalón conmueve profundamente a su padre, que llora y clama con desespero envuelto en la tragedia que le hace zozobrar.

Este es el grabado al que ahora envolveremos en el pasaje bíblico-literario que le corresponde: el desconsuelo de David frente a la muerte de su hijo Absalón.

SEGUNDO LIBRO DE SAMUEL
19, 1-5

1. Y el rey preguntó al cusita: «Y el joven Absalón, ¿está bien?» Y el cusita respondió: «Que lo que es de ese mozo sea de los enemigos de mi señor, el rey, y todo cuantos para mal se alcen contra ti». Turbóse entonces el rey; y subiendo a la estancia que había sobre la puerta, comenzó a llorar, exclamando: «¡Absalón, hijo mío! ¡Hijo mío, Absalón! ¡Quien me diera que fuese yo el muerto en vez de ti! ¡Absalón, hijo mío, hijo mío!»

2. Dijeron a Joab: «El rey llora a su hijo y se lamenta».

3. La victoria se trocó aquel día en luto para todo el pueblo, porque todos supieron que el rey estaba afligido por la muerte de su hijo, y la gente entró en la ciudad calladamente, como entra avergonzado el ejército que huye de la batalla.

4. El rey, cubierto el rostro, gemía: «¡Absalón, hijo mío! ¡Hijo mío, Absalón! ¡Hijo mío!»

5. Entró Joab en casa del rey y le dijo: «Hoy has llenado de confusión a todos tus siervos que han salvado tu vida y la de tus hijos y tus hijas, la de tus mujeres y tus concubinas. Amas a los que aborreces y aborreces a los que te aman, pues has demostrado hoy que nada te importan tus príncipes y servidores, y que, si viviera Absalón, aunque todos nosotros hubiésemos muerto, te parecería bien».

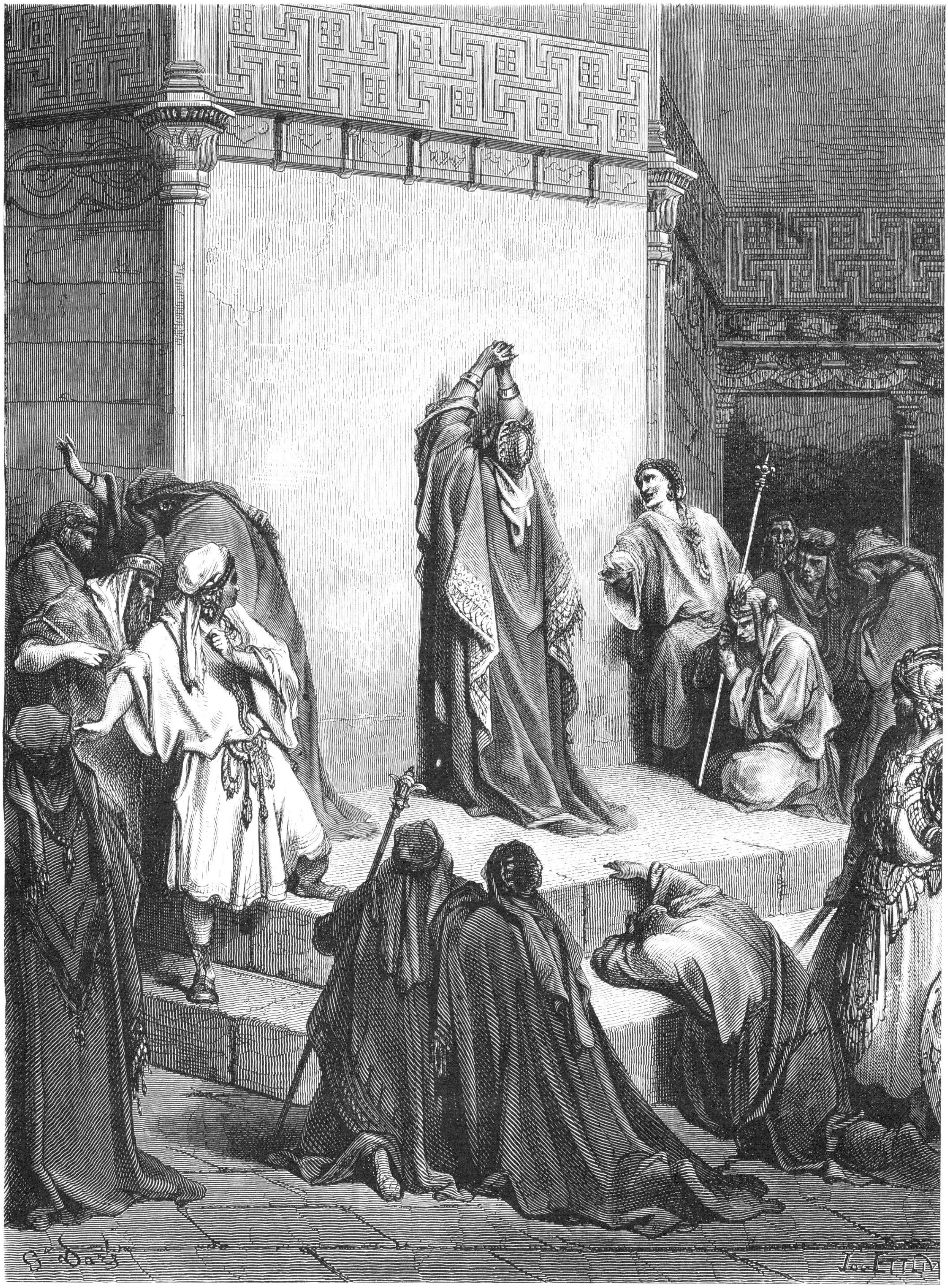

Israel, como otras tantas veces, enciende la ira de Yahvé su Dios.

Los hijos de Israel no siempre querían –podían o acertaban– en el cumplimiento del *Decálogo* y otras leyes divinas. Pese a la misericordia del Padre Eterno, la actitud de los israelitas acababa por hacerles «dignos merecedores» de castigos ciertamente ejemplares.

Como nos muestra la lámina a que nos referimos: la peste alcanza Israel.

SEGUNDO LIBRO DE SAMUEL
24, 10-25

10. David sintió latir su corazón cuando hubo hecho el censo del pueblo –de acuerdo con el mandato de Yahvé Dios–, y dijo a Yahvé: «He pecado gravemente al hacer esto, puesto que quizá no lo he hecho bien. Ahora, ¡oh Yahvé!, perdona, te suplico, la iniquidad de tu siervo, pues me he comportado cual un insensato».

11. Al día siguiente, cuando se levantó David, había llegado a Gad, profeta, el vidente de David, palabra de Yahvé, diciendo...

12. ...«Ve a decir a David: Así habla Yahvé: *Te voy a elegir entre tres cosas la que he de hacer yo, a tu elección».*

13. Vino Gad a David y se lo comunicó, diciendo: «¿Qué quieres, tres años de hambre sobre la tierra, tres meses de huida ante tus enemigos, perseguido, o tres días de peste en tu tierra? Reflexiona, pues, y ve lo que he de responder al que me envía».

14. David respondió a Gad: «Estoy en una cruel angustia. Caigamos en manos de Yahvé, cuya misericordia es grande; pero que no caiga yo en las manos de los hombres». Así, pues, Yahvé envió la peste a Israel desde la mañana hasta el tiempo fijado. Desde Dan hasta Berseba murieron setenta mil hombres del pueblo.

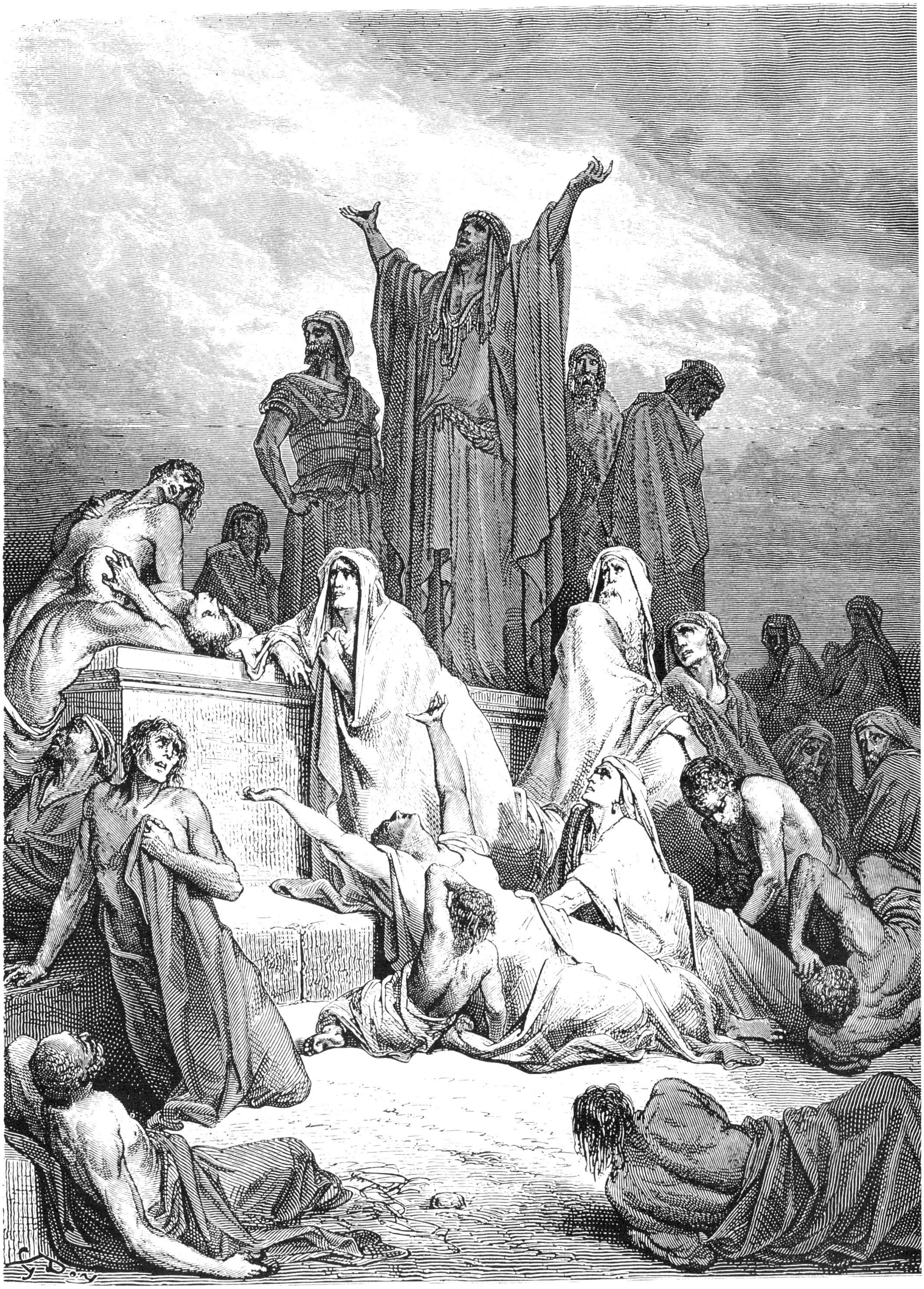

Uno de los personajes bíblicos más significados, es, sin duda: Salomón.

Salomón, al que Dios había dotado de extraordinaria sabiduría, se distinguió principalmente por la equidad en sus juicios y por el criterio escrupuloso y exacto, hasta peculiar diríamos, de que hizo gala a la hora de aplicar la justicia.

Doré nos presenta en este grabado uno de los juicios más famosos de Salomón.

LIBRO TERCERO DE LOS REYES
3, 16-28

16. Vinieron entonces al rey dos mujeres rameras, y presentándose ante él...

17. ...dijo la primera: «¡Óyeme, señor mío! Yo y esta mujer habitamos en la misma casa; y dí a luz un niño, junto a ella en la casa...

18. ...Tres días después de mi parto, dio a luz también esta mujer. Permanecíamos juntas; ninguna persona extraña se hallaba con nosotras en casa, sino que tan sólo nosotras dos estábamos en casa...

19. ...Una noche murió el niño de esta mujer, por haberse ella acostado sobre él...

20. ...Y levantándose ella a medianoche, quitó mi niño de junto a mí, estando dormida tu sierva, y púsolo en su seno, en tanto que a su hijo muerto lo puso en mi seno...

21. ...Cuando me levanté por la mañana a dar el pecho a mi hijo, vi que estaba muerto. Mas mirándole con mayor atención, a la luz del día, reconocí que no era mi hijo, el que yo había alumbrado».

22. Respondió la otra mujer: «¡No, sino que mi hijo es el vivo, y tu hijo el muerto!» La primera, empero, decía: «¡No, sino que tu hijo es el muerto, y el mío el vivo!» Y así altercaban ante el rey.

23. Entonces dijo el rey: «Esta dice que el hijo vivo es el suyo, y la otra también».

24. Y ordenó el rey: «Traedme una espada», y trajeron la espada ante el rey...

25. ..., el cual dijo: «Partid el niño en dos, y dad la mitad a la una, y la otra mitad a la otra».

26. En ese momento la mujer cuyo hijo era el vivo, habló al rey –porque se le conmovían las entrañas de amor por su hijo–, diciendo: «¡Óyeme, señor mío! ¡Dadle a ella el niño vivo, y de ninguna manera lo matéis!»; en tanto que la otra decía: «¡No ha de ser mío ni tuyo, sino divídase!»

27. Entonces el rey tomó la palabra y dijo: «Dad a la primera el niño vivo, y no lo matéis, ¡ella es su madre!»

28. Oyó todo Israel el fallo que había dictado el rey; y todos le tuvieron profundo respeto, porque vieron que había en él la sabiduría de Dios para administrar justicia.

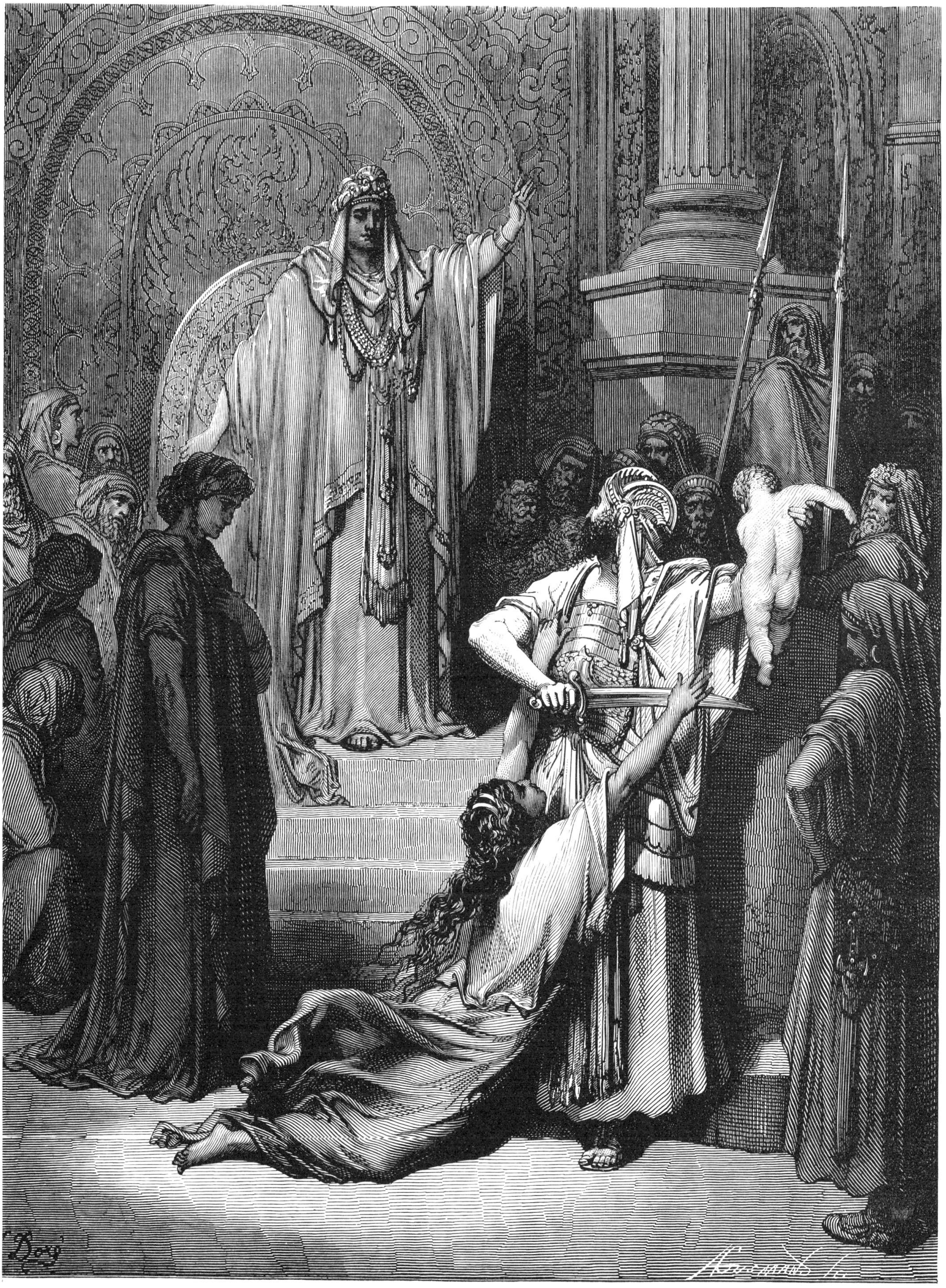
Doré

La fama de Salomón, obviamente, deja pequeñas las fronteras de su reino.

Los juicios y sabiduría de este importantísimo personaje de Israel, trascendió hasta los rincones menos imaginados, y en cientos de lugares lejanos se cantaron las excelencias de aquel hombre sabio, llegando a impresionar a otros personajes no menos importantes, como por ejemplo a la Reina de Saba.

Y de este hecho se ocupa la presente lámina: Salomón recibe a la Reina de Saba.

LIBRO TERCERO DE LOS REYES
10, 1-9

1. La reina de Saba tuvo noticia de la fama que Salomón se había adquirido para la gloria de Yahvé, y vino a probarle con enigmas.

2. Llegó, pues, a Jerusalén con un séquito muy numeroso, con camellos que traían especias aromáticas, muchísimo oro y piedras preciosas. Y fue a ver a Salomón del cual habló de todo lo que había en su corazón.

3. Salomón le respondió a todas sus preguntas; no hubo cosa que fuese escondida el Rey y de la cual no pudiese dar solución.

4. Al ver la reina de Saba toda la sabiduría de Salomón, la casa que había edificado...

5. ..., los manjares de su mesa, las habitaciones de sus dignatarios, la manera de servir de sus criados y los trajes de ellos, sus coperos, y el holocausto que ofrecía en la Casa de Yahvé, quedó atónita y dijo al rey...

6. ... «Verdad es lo que oí decir en mi tierra de ti y de tu sabiduría...

7. ... Yo no creía lo dicho antes de haber venido y antes de haberlo visto con mis propios ojos; y he aquí que no me habían contado tan siquiera la mitad de la mitad. Tu sabiduría y tu prosperidad son mucho más grandes de lo que yo había oído...

8. ...¡Dichosas tus gentes, dichosos tus siervos, que de continuo están en tu presencia y oyen tu sabiduría! ¡Bendito sea Yahvé, tu Dios, que se ha complacido en ti y te ha puesto sobre el trono de Israel y te ha constituido Rey para que hagas juicio y justicia!»

9. Luego regaló a Salomón ciento veinte talentos de oro, grandísima cantidad de especias aromáticas y piedras preciosas. Nunca más vino tanta cantidad de especias aromáticas como la que la reina de Saba dio al rey Salomón.

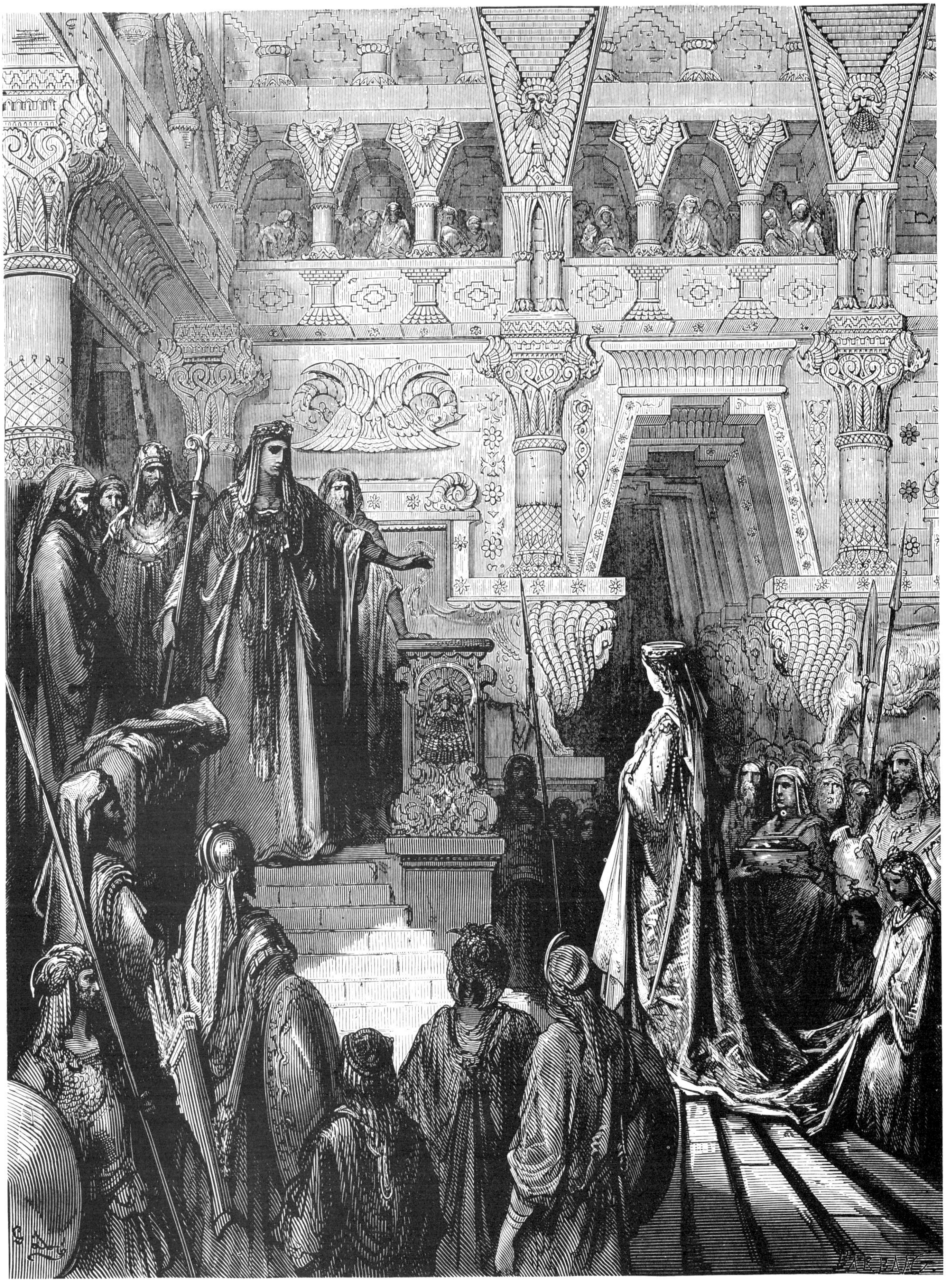

Las riquezas de Salomón eran incontables, innumerables, prácticamente no se podían calcular.

Sin embargo Salomón seguía siendo el hombre humilde, modesto, en quien Yahvé Dios habíase complacido.

La mano maestra de Doré nos ofrece ahora la imagen plácida y serena de que siempre hacía gala Salomón.

LIBRO TERCERO DE LOS REYES
10, 23-29

23. ...de manera que en cuanto a riquezas y sabiduría el rey Salomón fue más grande que todos los reyes de la tierra.

24. Y todo el mundo procuraba ver el rostro de Salomón, para oír la sabiduría que Dios había infundido en su corazón.

25. Todos le ofertaban presentes, objetos de plata y objetos de oro, vestidos, armas, especias aromáticas, caballos y mulos. Así, año tras año.

26. Reunió Salomón carros y caballos; tenía mil cuatrocientos carros y doce mil jinetes, que tenían su cuartel en las ciudades de los carros y en Jerusalén, junto al rey.

27. El rey hizo que la plata en Jerusalén abundara cómo las piedras y la madera de cedro, y como los cabrahigos que crecen en la llanura.

28. Los caballos de Salomón venían de Egipto. Una caravana de comerciantes del rey los traía en grupos.

29. Un tiro de carro sacado de Egipto costaba seiscientos siclos de plata, y un caballo ciento cincuenta. Traíanlos también en las mismas condiciones, por su intermedio, para todos los reyes de los heteos y para los reyes de la Siria.

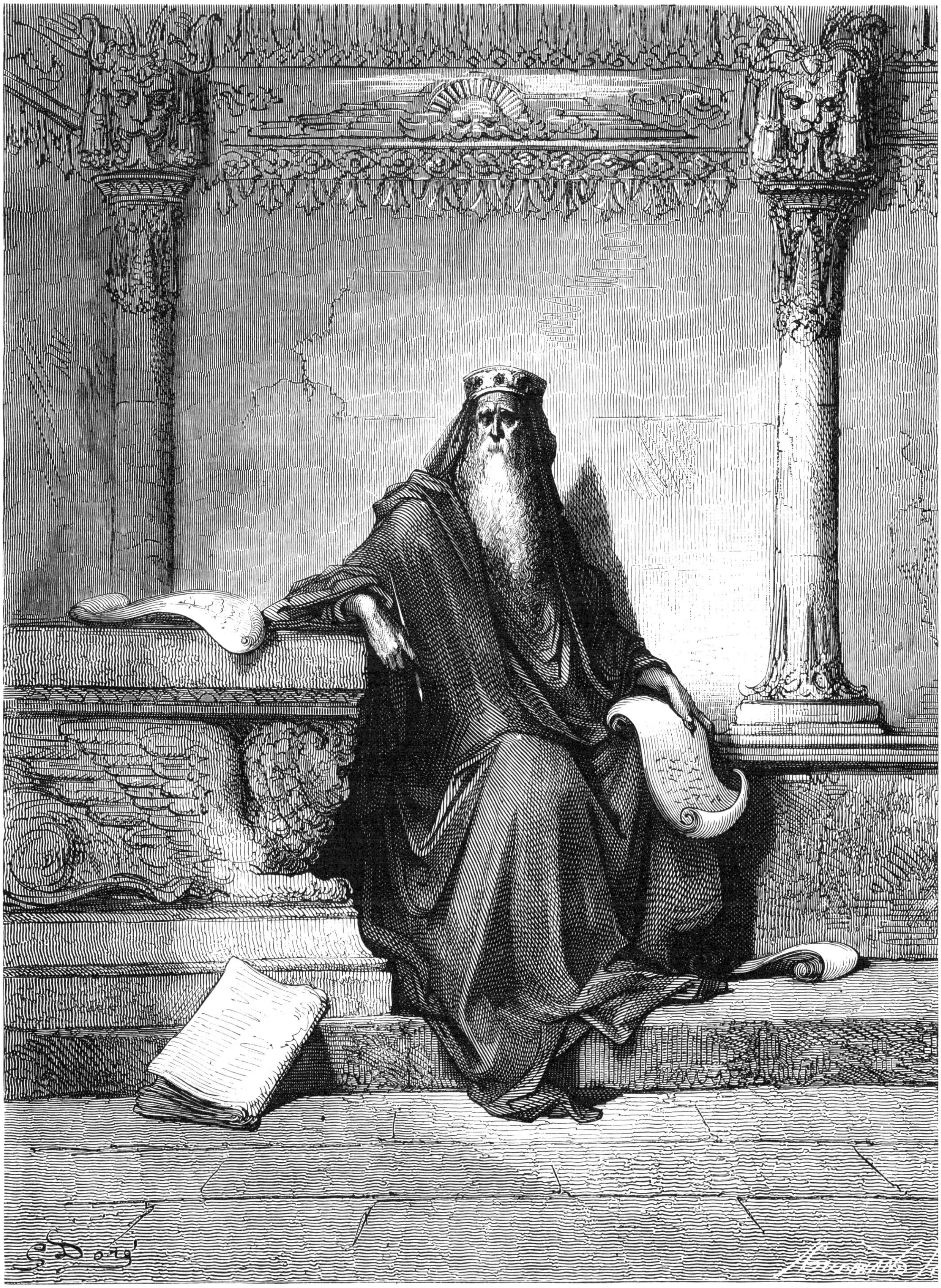

También algunos errores de Salomón suscitaron la ira de su Señor, Yahvé, que le cercó de enemigos como castigo.

Salomón reinó en Israel cuarenta años. Se durmió con sus padres finalmente y fue sepultado en la ciudad de David, su padre. En su lugar reinó su hijo Roboam.

Ahora damos un tenue salto sin escapar al Libro que estamos comentando y...

Doré nos presenta el momento en que el profeta Elías resucita al hijo de una viuda de Sarepta.

LIBRO TERCERO DE LOS REYES
17, 17-24

17. Después de estas cosas cayó enfermo el hijo de la mujer, dueña de la casa, y fue su enfermedad muy grave, de suerte que quedó sin respiración.

18. Dijo entonces ella a Elías: «¿Qué tengo yo que ver contigo, varón de Dios? ¿Has venido a mi casa para traer a la memoria mi pecado y matar a mi hijo?»

19. Contestó él: «Dame tu hijo», y tomándolo del regazo de ella, lo llevó a la cámara alta donde él habitaba y lo acostó sobre su cama.

20. E invocó a Yahvé: «¡Oh Yahvé, Dios mío! ¿Cómo es que has hecho mal a la viuda que me ha dado hospedaje, haciendo morir su hijo?»

21. Y tendiéndose tres veces sobre el niño e invocando a Yahvé, dijo: «¡Oh Yahvé, ruégote, haz que vuelva el alma de este niño a su cuerpo!»

22. Yahvé oyó la voz de Elías, y volvió el alma del niño a entrar en su cuerpo y revivió.

23. Luego Elías tomó al niño, y bajándolo de la cámara alta a la casa, lo entregó a su madre, y le dijo: «¡Mira, tu hijo vive!»

24. Entonces dijo la mujer a Elías: «Ahora conozco que eres varón de Dios y que la palabra de Yahvé en tu boca es la verdad».

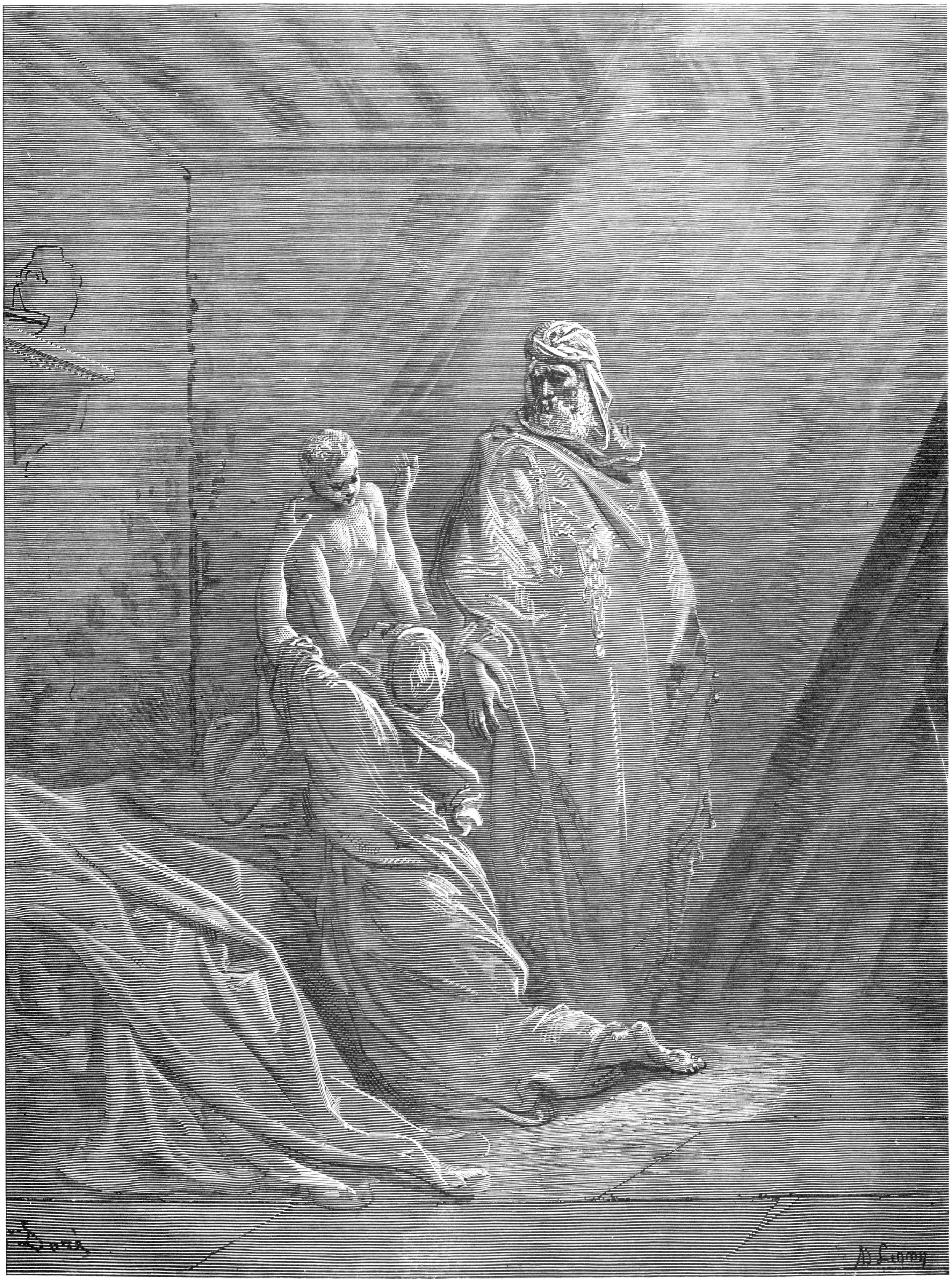

Seguimos de la mano del profeta Elías.
Doré nos lo muestra en el instante en que hace perecer a los sacerdotes de Baal.

LIBRO TERCERO DE LOS REYES
18, 30-40

30. Entonces dijo Elías a todo el pueblo: «Acercaos a mí». Acercósele todo el pueblo, y él se puso a preparar el altar de Yahvé que estaba derribado.

31. Tomó Elías doce piedras, conforme al número de las tribus de los hijos de Jacob, al cual había sido dirigida la palabra de Yahvé, que decía: «Israel será tu nombre».

32. Con estas piedras edificó un altar al nombre de Yahvé, y alrededor del altar hizo una zanja tan grande como para sembrar dos medidas de semilla.

33. Luego dispuso la leña, y cortando en trozos al toro, lo puso encima de la leña, y dijo: «Llenad cuatro cántaros de agua y vertedla sobre el holocausto y la leña».

34. Después dijo: «Hacedlo por segunda vez», y lo hicieron por segunda vez. Y repitió: «Hacedlo por tercera vez»...

35. ... De suerte que corría el agua alrededor del altar, y también la zanja la hizo llenar de agua.

36. A la hora *(en que suele)* ofrecerse el sacrificio de la tarde, acercóse el profeta Elías y dijo: «¡Oh Yahvé, Dios de Abraham, de Isaac y de Israel, hoy sea notorio que Tú eres Dios en Israel y que yo soy tu siervo, y que por orden tuya he hecho todas estas cosas!»

37. Y prosiguió: «¡Respóndeme, Yahvé, respóndeme, para que sepa que este pueblo que Tú, Yahvé, eres Dios, que conviertes el corazón de ellos de nuevo *(a Ti)*!»

38. En ese momento bajó fuego de Yahvé y consumió el holocausto, la leña, las piedras y el polvo, lamiendo incluso el agua que había en la zanja.

39. Viéndolo todo el pueblo cayeron sobre sus rostros y exclamaron: «¡Yahvé es Dios! ¡Yahvé es Dios!»

40. Y díjoles Elías: «Prended a los profetas de Baal; que no se escape ni uno de ellos». Prendiéronles ellos y Elías los condujo al torrente Cisón, donde les quitó la vida.

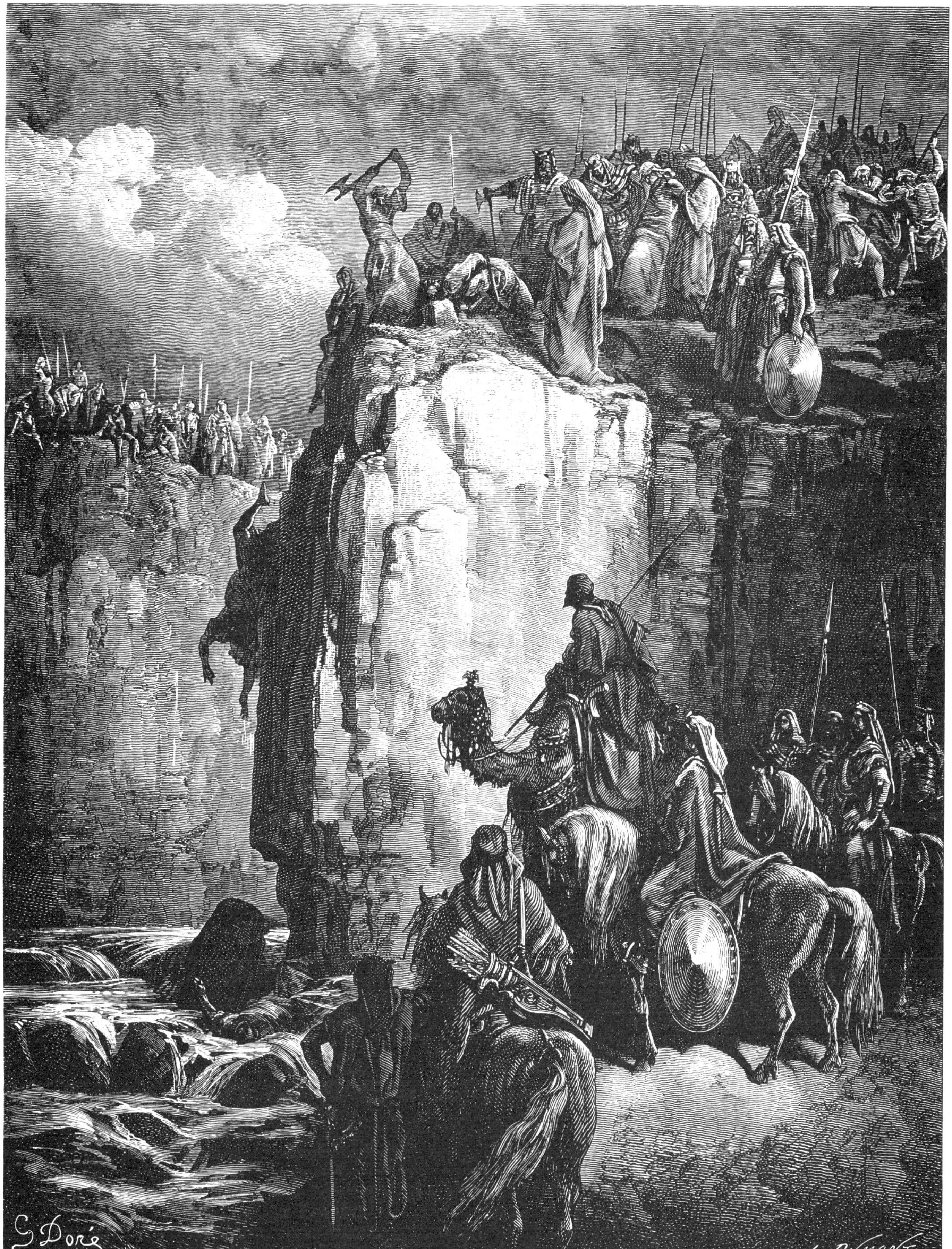
G. Doré
L. Dumont

Seguimos aún narrando las odiseas del profeta Elías.
La presente ilustración nos lo muestra en el momento en que envía un rayo contra los mensajeros de Ochozias.

LIBRO CUARTO DE LOS REYES
1, 9-14

9. Entonces envió el rey un capitán de cincuenta hombres con sus correspondientes cincuenta soldados; el cual subió hasta *(el profeta)* y he aquí que éste que estaba sentado sobre la cumbre del monte, escuchó como el capitán se le dirigía, diciendo: «Varón de Dios, el rey ha dicho: *Desciende*».

10. Elías le respondió y dijo al capitán de los cincuenta: «Si yo soy varón de Dios, baje fuego del cielo y te consuma a ti y a tus cincuenta». Y descendió fuego del cielo *(un rayo)* y le consumió a él y a los cincuenta soldados que le acompañaban.

11. Ochozias *(Occias)* volvió a enviar contra él otro capitán de cincuenta con sus cincuenta hombres, el cual tomó la palabra y dijo: «Varón de Dios, así ha dicho el rey: *Desciende inmediatamente*».

12. Elías respondió: «Si soy varón de Dios, baje fuego del cielo y te consuma a ti y a tus cincuenta». Descendió fuego del cielo y le consumió a él y a los cincuenta soldados que le acompañaban.

13. Occias volvió a enviar por tercera vez un capitán de cincuenta con sus cincuenta hombres. Este tercer capitán subió, y llegado, dobló sus rodillas ante Elías, le suplicó y le dijo: «Varón de Dios, te ruego que mi vida y la de estos cincuenta siervos, sea preciosa a tus ojos. Bien sé que fuego del cielo bajó y consumió a los dos primeros capitanes de cincuenta, con sus cincuenta hombres. Mi vida, sea pues, preciosa a tus ojos».

14. Entonces el ángel de Yahvé dijo a Elías: «Desciende con él; no le tengas miedo». Levantóse pues y fue con el rey.

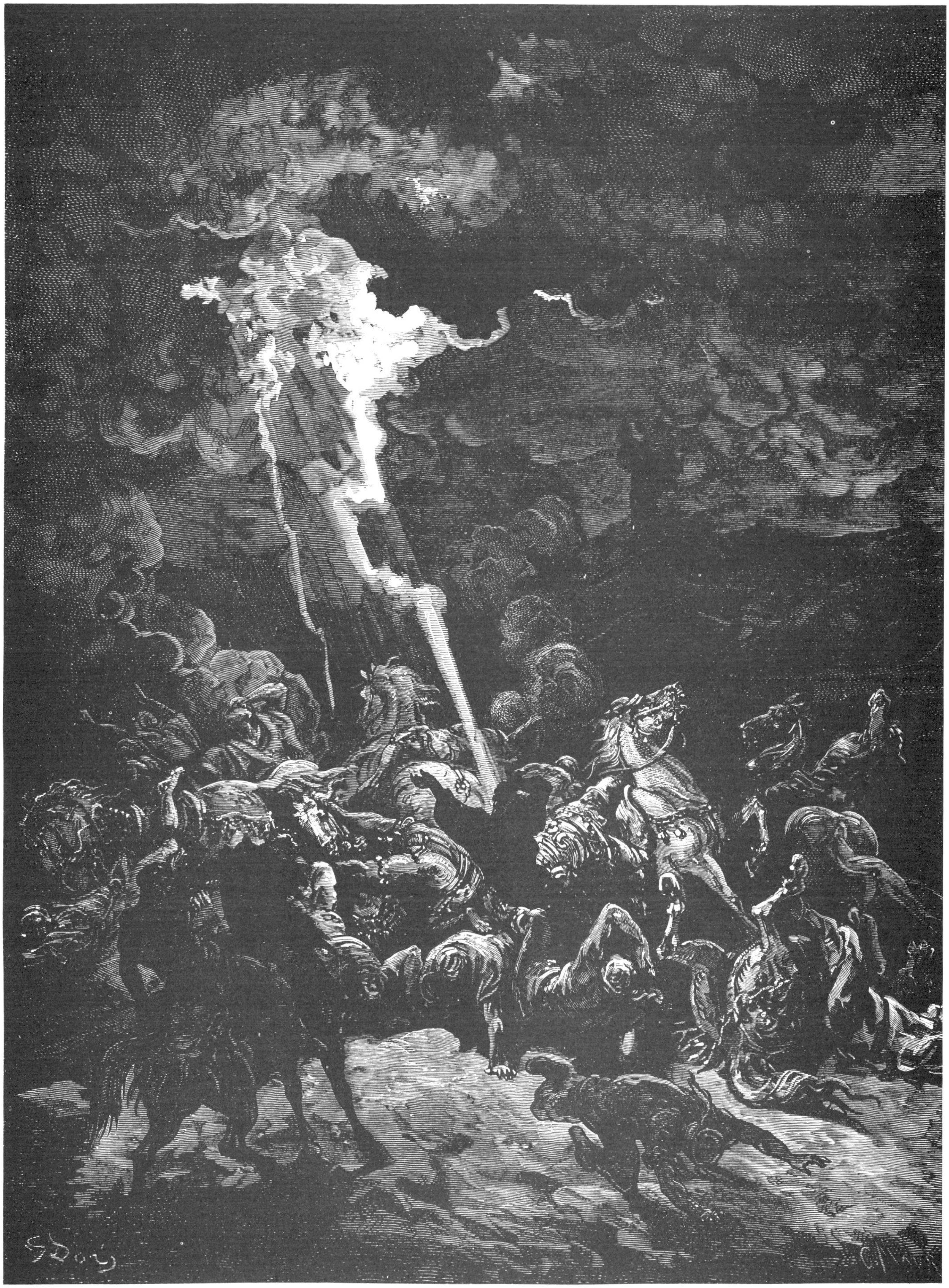

Seguimos avanzando en el texto del Libro de Los Reyes.

La lámina de Doré a la que ahora añadiremos el pasaje bíblico correspondiente, nos presenta el momento en que: Jehú manda precipitar a Jezabel.

LIBRO CUARTO DE LOS REYES
9, 27-33

27. Al ver esto Ococías, rey de Judá, echó a huir por el camino de la casa del huerto. Pero Jehú lo persiguió, exclamando: «¡Herid también a éste en el carro!» *(así sucedió)* en la subida de Gur, donde murió.

28. Sus siervos lo llevaron en un carro a Jerusalén, y lo sepultaron en su sepulcro, junto a sus padres, en la ciudad de David.

29. Ococías había comenzado a reinar sobre Judá el año undécimo de Joram, hijo de Acab.

30. Después entro Jehú en Jesreel. Cuando Jezabel lo supo se pintó los ojos con estibio, adornóse la cabeza y se asomó a la ventana. Y al entrar Jehú por la puerta, le gritó: «¿Le ha ido bien a Zambrí, que mató a su señor?»

31. Mas él, alzando el rostro hacia la ventana, y preguntó: «¿Quién es de mi partido, quién?» Y miraron hacia él dos o tres eunucos.

32. A los cuales ordenó de inmediato: «¡Arrojadla abajo! ¡Arrojadla!» Arrojáronla, y su sangre salpicó el muro y los caballos. Y él mismo la holló.

33. Luego entró, y después de haber comido y bebido, dijo: «Mirad por esa maldita y dadle sepultura, que al fin es hija de un rey».

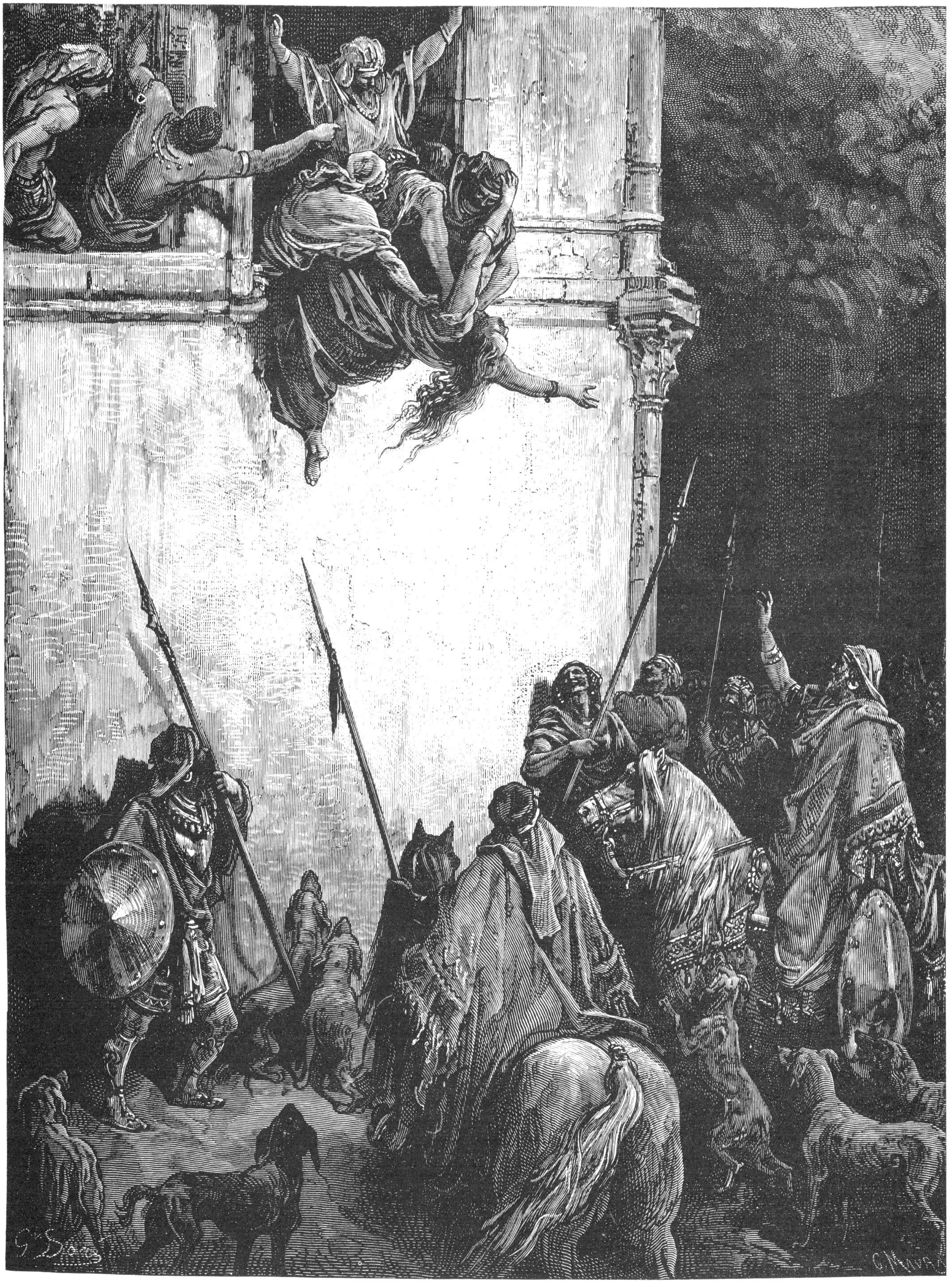

Continuamos analizando a través de los grabados maestros de Gustavo Doré, los pasajes más sobresalientes de los Libros de Los Reyes.

Y seguimos, asimismo, con ese personaje singular llamado Jehú. En la presente lámina podemos ver a los compañeros de Jehú en el momento de encontrar algunos despojos de la pérfida Jezabel; más concretamente la cabeza y sus extremidades superiores.

Añadamos, pues, a la imagen magistral de Doré, los textos sagrados que le corresponden.

LIBRO CUARTO DE LOS REYES
9, 34-37

34. Después entró Jehú (como ya hemos contemplado en el pasaje bíblico anteriormente comentado) y tras haber saciado su sed y su apetito, dijo a los que estaban a su entorno: «Mirad por esa maldita y dadle sepultura, que al fin y al cabo es hija de rey».

35. Fueron pues para enterrarla, pero no hallaron de ella mas que la calavera, los pies y las palmas de las manos, por lo cual quedaron asombrados.

36. Volvieron junto a Jehú para comunicarle la noticia. Entonces Jehú les dijo: «Palabra de Yahvé es ésta, que El pronunció por boca y labios de su siervo Elías tesbita, diciendo: *En los campos de Jesreel devorarán los perros la carne de Jezabel...*

34. ... *Y será el cadáver de Jezabel como el estiércol abonando la superficie de la tierra de los campos de Jesreel; de suerte que no dirán más, ¡Esta es Jezabel!*»

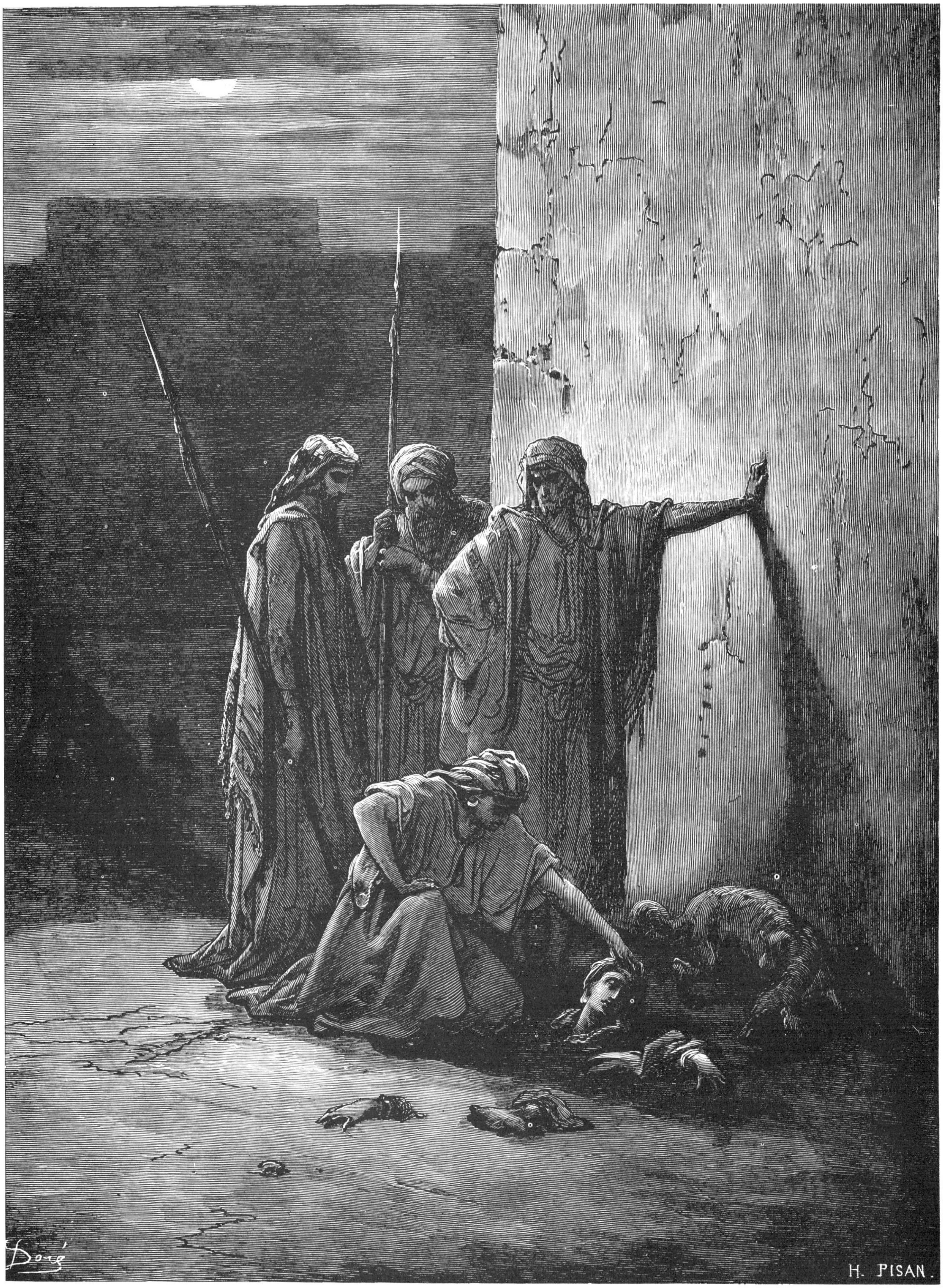
Doré
H. PISAN.

Por lo que a las ilustraciones de Doré se refiere, estamos llegando al final de los comentarios circunscritos a los Libros de los Reyes.

Pero antes de pasar a otras secuencias importantes de las sagradas escrituras, vamos a presentar ahora otro personaje conocido: Nabucodonosor.

En la presente lámina se refleja el instante en que: Nabucodonosor manda dar muerte a los hijos de Sedecías delante de su padre.

LIBRO CUARTO DE LOS REYES
25, 1-7

1. El año noveno de su reinado, el día diez del mes décimo llegó el rey de Babilonia, él y todo su ejército, contra Jerusalén y asentó su campamento delante de la ciudad, levantando terraplenes en derredor de la misma forma y manera que...

2. ...la ciudad quedó sitiada hasta el año undécimo del rey Sedecías.

3. El día nueve del mes cuando era grande el hambre de la ciudad y no había ya pan para los habitantes del pueblo ni nada de lo necesario...

4. ...abrieron una brecha en la ciudad, y toda la gente de guerra huyó de noche por el camino de la puerta entre los dos muros, situada cerca del jardín del rey, mientras los caldeos tenían rodeada la ciudad. Sedecías se dirigió hacia Arabá...

5. ...pero el ejército de los caldeos persiguió al rey. Le alcanzaron en los llanos de Jericó, y todo su ejército se dispersó, abandonándole.

6. Tomaron, pues, prisionero a Sedecías y lo llevaron ante el rey de Babilonia, a Reblá, donde le sentenciaron.

7. Degollaron a los hijos de Sedecías en su presencia; a Sedecías le sacaron los ojos, le ataron con cadenas de bronces y se lo llevaron a Babilonia.

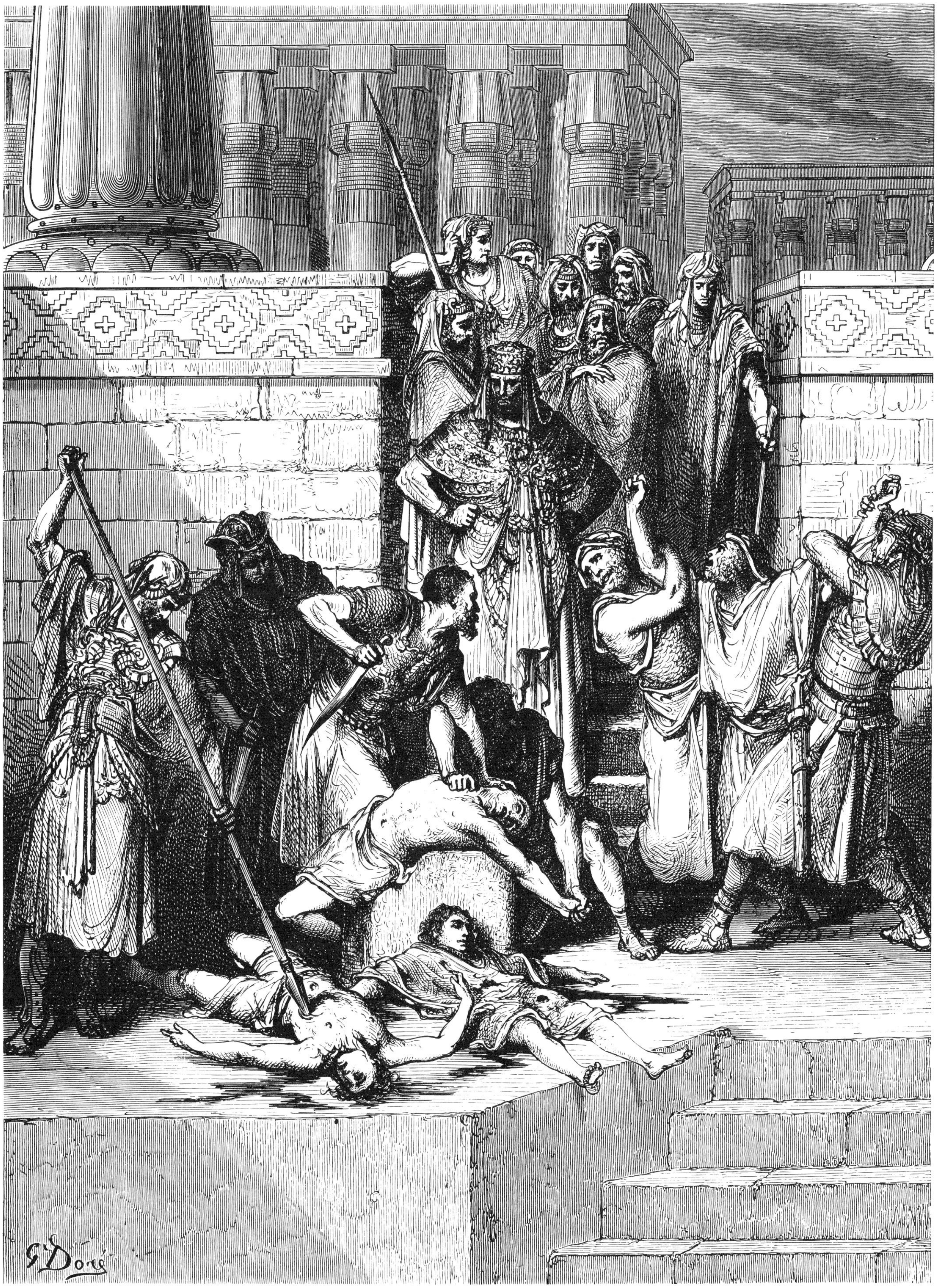
G. Doré

Estrenamos (apresurémonos a decir que ese «estrenamos» debe entrecomillarse), y es estreno por lo que al acontecer de nuestros comentarios e ilustraciones, libro: el de Esdras.

La presente lámina nos presenta a Ciro, en el momento de efectuar la entrega de los vasos del Templo de Jerusalén.

LIBRO DE ESDRAS, 1, 5-11

5. *Y en todo lugar donde habiten restos de Judá han de ser ayudados por los vecinos de su lugar con plata, oro, bienes, ganado y dones preciosos para la casa de Dios que está en Jerusalén* –había dicho Ciro–. Y entonces se levantaron los jefes de las casas paternas de Judá y Benjamín, los sacerdotes y los levitas, con todos aquellos cuyo espíritu había movido Dios, y subieron para edificar la Casa de Yahvé, que está en Jerusalén.

6. Y todos sus vecinos les ayudaron con objetos de plata, oro, con bienes, ganado y dones preciosos, a más de todos los presentes voluntarios.

7. El rey Ciro hizo sacar los utensilios de la Casa de Yahvé que Nabucodonosor había llevado de Jerusalén y depositado en la casa de su dios.

8. Ciro, rey de Persia, los hizo sacar por mano de Mitridates, tesorero, y después de hacer inventario de ellos los dio a Sesbasar, príncipe de Judá.

9. He aquí el inventario de ellos: Treinta fuentes de oro, mil fuentes de plata, veintinueve cuchillos...

10. ..., treinta copas de oro, cuatrocientas diez copas de plata de segundo orden y mil otros utensilios.

11. Todos los objetos de oro y plata eran cinco mil cuatrocientos. Sesbasar llevó todo ello consigo cuando los cautivos volvieron de Babilonia a Jerusalén.

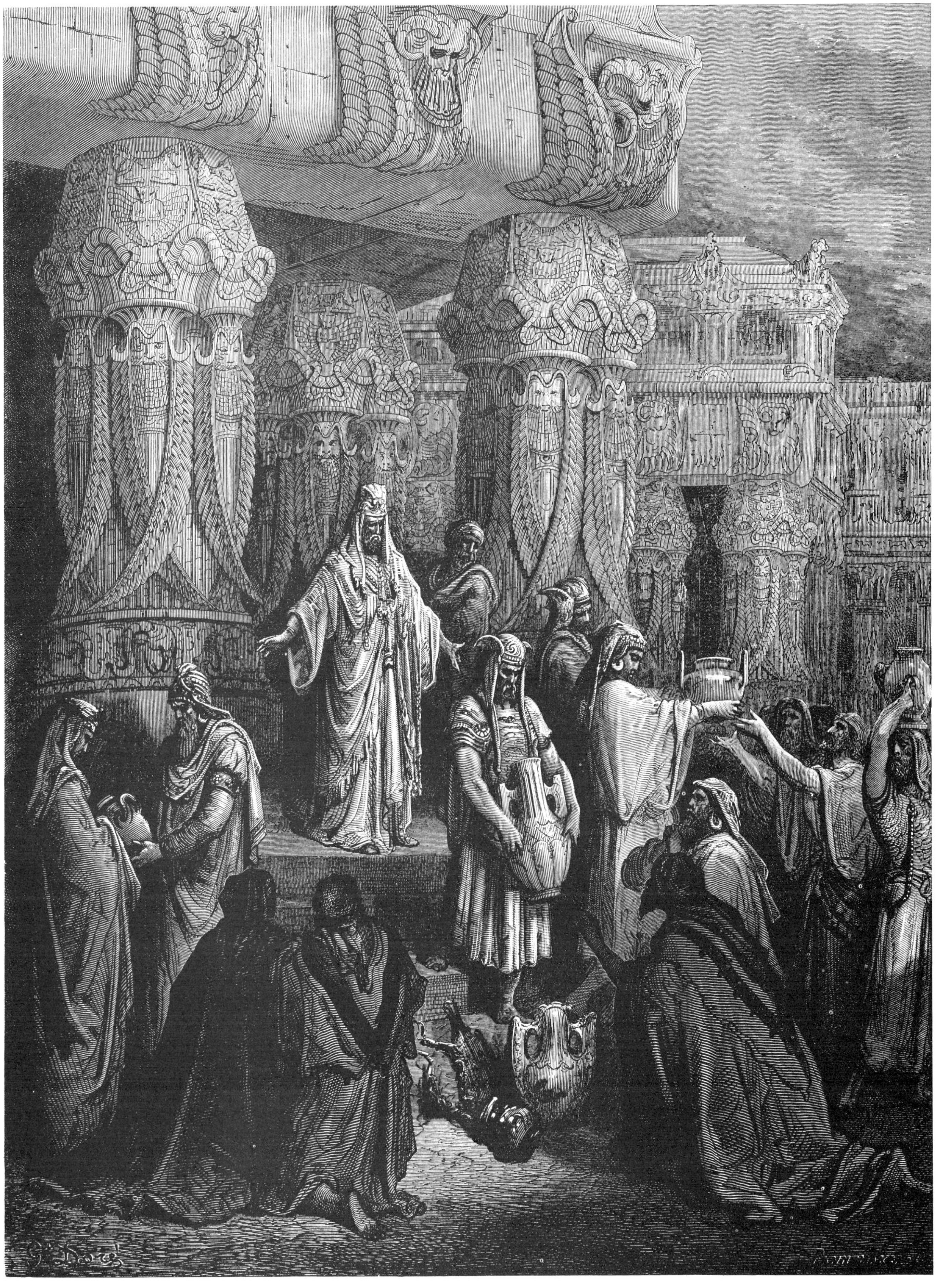

Ciro se propone recomponer buena parte de las tropelías y atrocidades cometidas por Nabucodonosor y otros.

Una de las obras más importantes emprendidas por Ciro, fue la reconstrucción del Templo.

De lo que tenemos una magnífica escena en la presente lámina de Doré, que completaremos con las secuencias bíblico-literarias que le corresponden.

LIBRO DE ESDRAS, 3, 7-11

7. Dieron dinero a los canteros y a los carpinteros, y también comida, bebida y aceite a los sidonios y tirios, para que trajesen maderas de cedro desde el Líbano por mar a Joppe, según lo dispuesto por Ciro, rey de Persia.

8. En el año segundo de su llegada a la Casa de Yahvé, a Jerusalén, en el mes segundo, Zorobabel, hijo de Salatiel, Jesúa, hijo de Josadac, y el resto de sus hermanos, los sacerdotes y levitas, y todos los que habían venido de la cautividad a Jerusalén, pusieron manos a la obra, y entregaron a los levitas, de veinte años para arriba, la dirección de los trabajos de la Casa de Yahvé.

9. Entonces Jesúa, con sus hijos y hermanos, Cadmiel con sus hijos, los hijos de Judá y los hijos de Henadad, con sus hijos y sus hermanos levitas, asumieron unánimemente el cargo de dirigir a los que trabajaban en la Casa de Dios.

10. Cuando los obreros echaron los fundamentos del Templo de Yahvé, asistieron los sacerdotes, revestidos de sus ornamentos, y con las trompetas, y los levitas, hijos de Asaf, con címbalos, para alabar a Yahvé, según las disposiciones de David, rey de Israel.

11. Cantaron, alabando y confesando a Yahvé: «Porque El es bueno; porque es eterna su misericordia para con Israel». Y todo el pueblo prorrumpió en grandes voces de alabanza a Yahvé, porque se estaban echando los cimientos de la Casa de Yahvé.

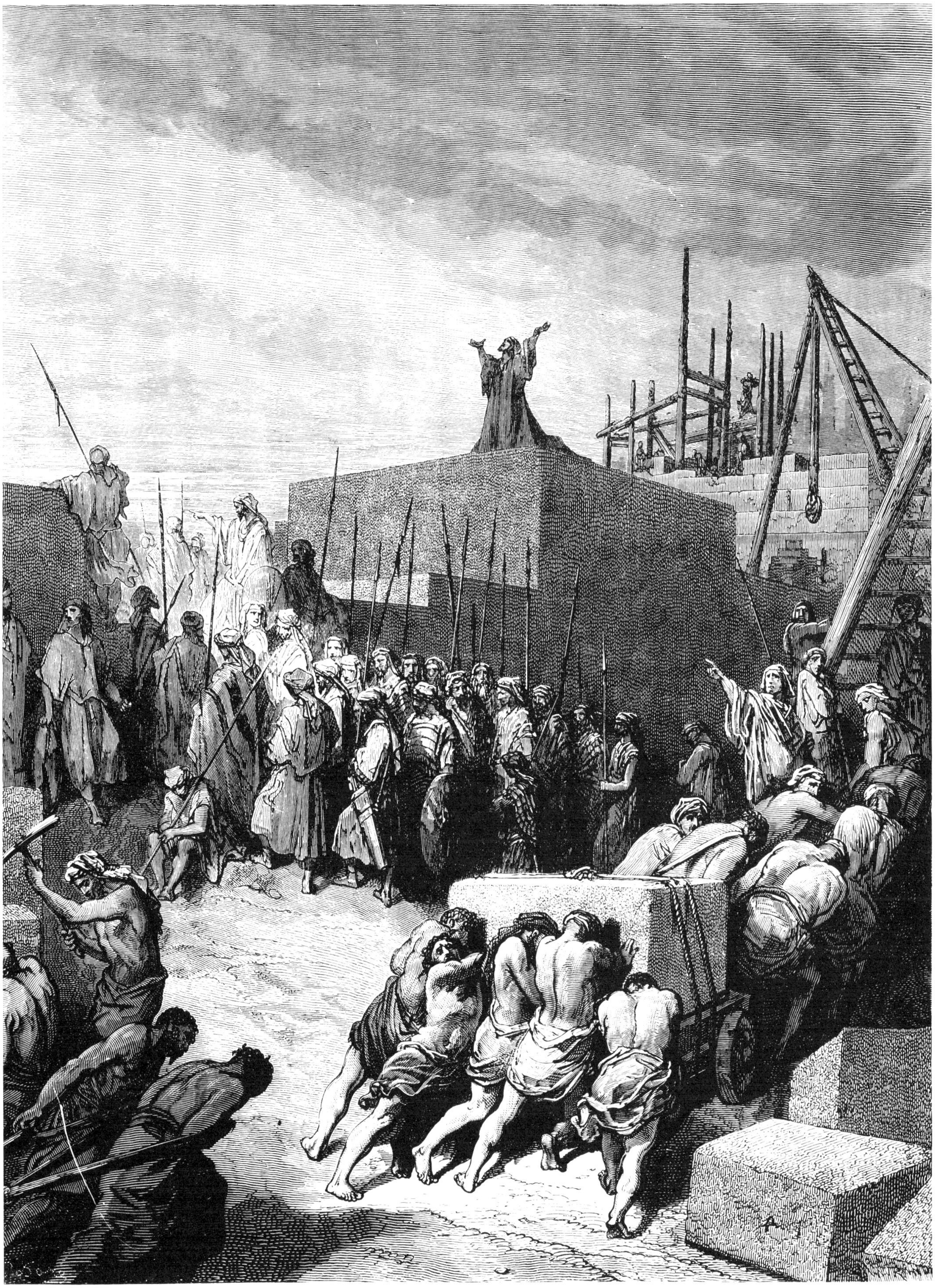

Si bien ahora nos adentramos en el Libro de Nehemías, seguimos hablando de Esdras.

Esta secuencia corresponde al momento en que Esdras mostró los textos de la Ley.

Doré reproduce el instante con su maestría y perfección acostumbradas.

LIBRO DE NEHEMIAS, 8, 1-8

1. Llegado el mes séptimo, los hijos de Israel estaban ya en sus ciudades. Entonces congregóse todo el pueblo como un solo hombre en la plaza que está enfrente de la puerta del Agua, y dijeron a Esdras, el escriba, que trajese el Libro de la Ley de Moisés, que Yahvé había prescrito a Israel.

2. Trajo, pues, el sacerdote Esdras la ley ante la asamblea, hombres y mujeres, y ante todos los que tenían inteligencia para escuchar. Era el día primero del séptimo mes.

3. Leyó en él delante de la plaza que está delante de la puerta del Agua, desde el alba hasta el mediodía, ante los hombres y mujeres y los que eran capaces de entender; y todo el mundo escuchaba atentamente la lectura del Libro de la Ley.

4. El escriba Esdras estaba de pie sobre una tribuna de madera que se había hecho para aquella ocasión, y junto a él, a su derecha, estaban Matatías, Semá, Anayá, Urías, Helcías, y Maasías, y a su izquierda, Fadaías, Misael, Malquías, Hasum, Hasbadana, Zacarías y Mesullam.

5. Abrió Esdras el Libro, a vista de todo el pueblo, por estar él más alto que todo el pueblo; y cuando lo abrió, se puso de pie todo el pueblo.

6. Esdras bendijo a Yahvé, el gran Dios. Y todo el pueblo, levantando las manos, respondió: «¡Amén, Amén!», e inclinándose se postraron ante Yahvé, rostro en tierra.

7. Y Jesuá, Baní, Serebías, Jamín, Acub, Sabetai, Hodías, Maasías, Kelitá, Azarías, Josabad, Hanán, Falaías y los levitas, explicaban la Ley al pueblo, permaneciendo éste de pie en su lugar.

8. Leían en el Libro, en la Ley de Dios, clara y distintamente explicando el sentido, de manera que se entendiera y comprendiese lo leído.

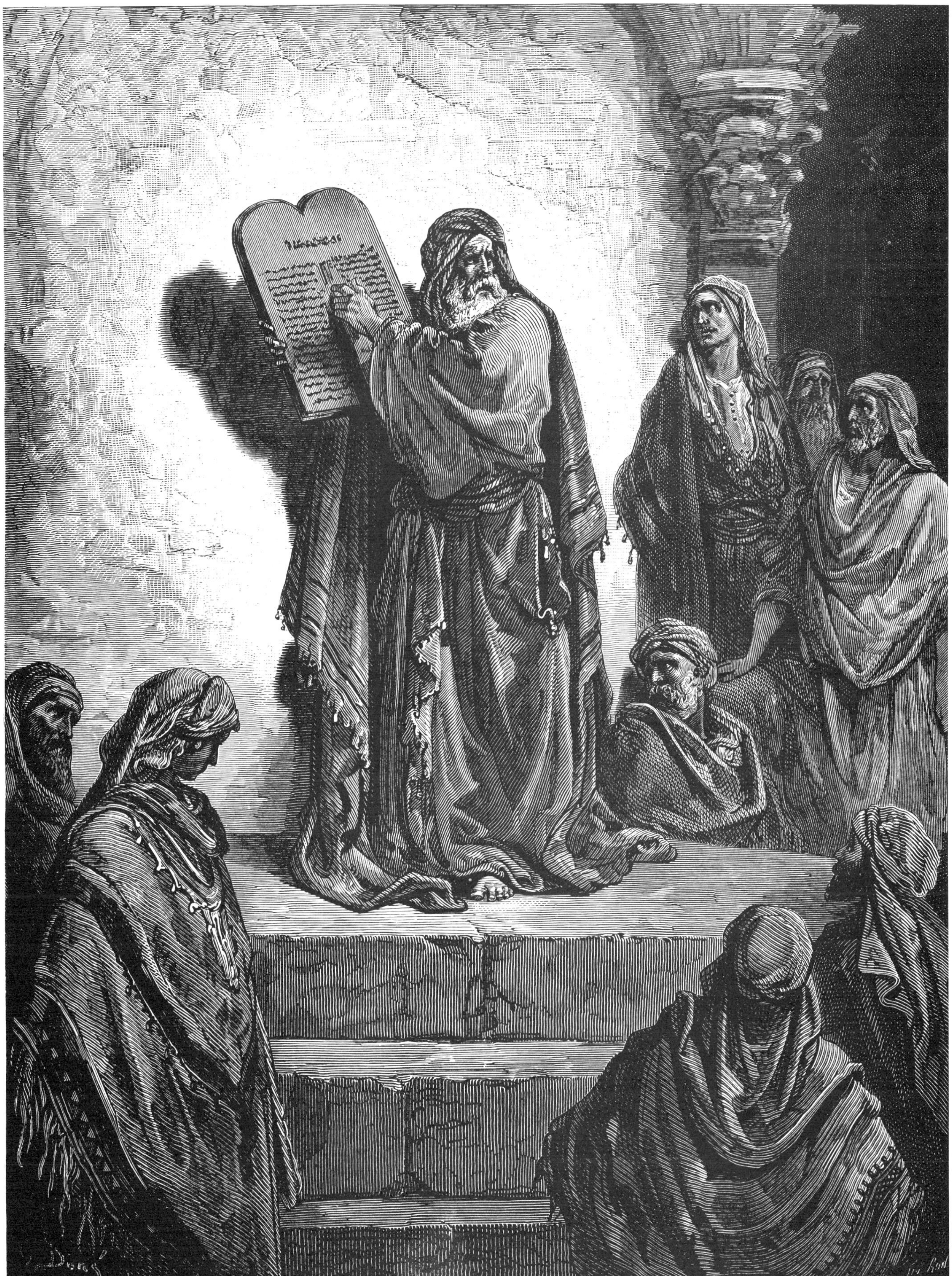

Un nuevo libro de los que componen el Antiguo Testamento se abre ahora ante nosotros: el de Tobías.

Y nos centramos en el episodio en que el propio Tobías es salvado por un Angel del Señor.

Dicha escena es la que reproduce Gustavo Doré, y a la que nosotros añadiremos los textos bíblicos que le son consecuentes.

LIBRO DE TOBIAS, 6, 2-8

2. Partió Tobías, seguido del perro, e hizo su primera parada a la vera del río Tigris. Cuando salió para lavarse los pies, he aquí que un pez enorme se lanzó sobre él para devorarlo.

3. Viéndolo Tobías se asustó mucho dando un sonoro grito; exclamando: «¡Señor, Señor, que me embiste! ¡Quiere devorarme!»

4. Díjole de repente un Angel del Señor: «Agárralo de las agallas y tira de él hacia ti!» Hízolo, y arrastrando, lo sacó del agua a lo seco, y el pez empezó a palpitar a sus pies.

5. Habló, entonces, de nuevo el Angel: «Desentraña ese pez, y guarda su corazón, la hiel y el hígado; pues todas esas cosas son muy necesarias para fabricar útiles remedios».

6. Lo hizo exactamente como le había dicho el Angel, y asó *(parte de)* la carne del pez, que llevaron para el camino. Después salaron el resto para que les sirviese hasta llegar a Rages, ciudad de los medos.

7. Entonces Tobías preguntó al Angel: «Dime, te ruego, hermano mío Azarías, ¿qué virtud curativa tienen estas partes del pez que me has mandado guardar?»

8. A lo que el Angel respondió: «Si pones sobre las brasas un pedacito del corazón del pez, su humo ayuhenta todo género de demonios, ya sea del hombre, de la mujer, de tal manera que no se acercan más a ellos».

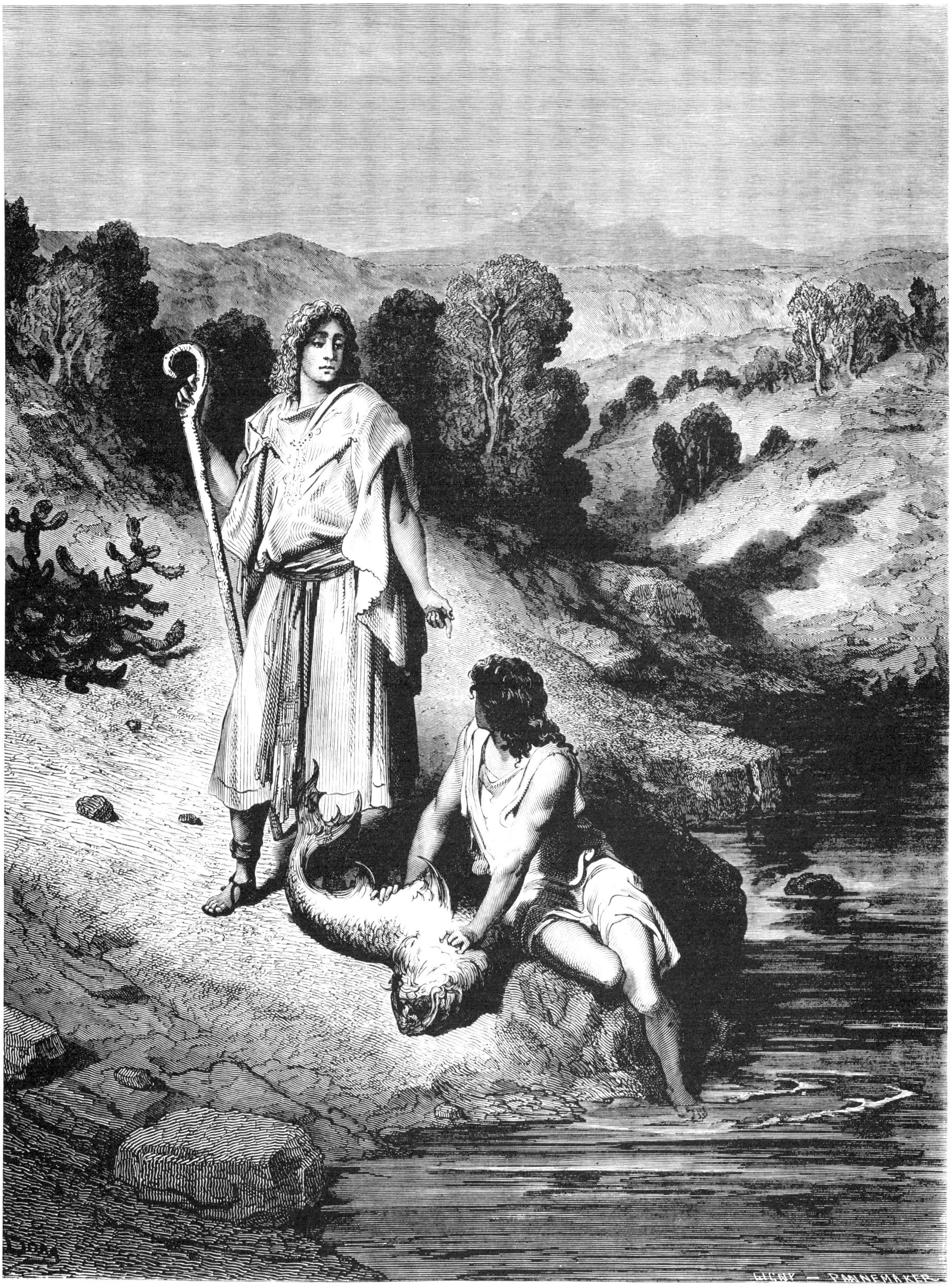
PANNEMAKER

La presente lámina nos ofrece una visión extraordinaria del instante en que: la familia de Tobías ve desaparecer al ángel Rafael.

Completemos dicha ilustración con el texto bíblico que le corresponde.

LIBRO DE TOBIAS, 12, 10-21

10. Mas los que cometen pecado e iniquidad, son enemigos de su propia alma.

11. Por eso voy a manifestaros la verdad, sin encubriros lo que ha estado oculto.

12. Cuando tú orabas con lágrimas en los ojos y enterrabas los muertos y dejabas tu comida y escondías de día los muertos en tu casa y los sepultabas de noche, yo presentaba tu oración al Señor.

13. Y por lo mismo que eras acepto a Dios, fue necesario que la tentación te probase.

14. Ahora el Señor me envió a sanarte, a ti, y a librar del demonio a Sara, mujer de tu hijo.

15. Porque yo soy el ángel Rafael, uno de los siete que asistimos delante del Señor.

16. Cuando como en sueños hubieron escuchado aquella palabras, quedaron turbados, y temblando cayeron en tierra sobre su rostro.

17. Pero el ángel les dijo: «La paz sea con vosotros, no temáis...

18. ...Pues cuando yo estaba con vosotros, estaba por voluntad de Dios. Bendecid, pues, a El y cantad sus alabanzas...

19. ... Y vosotros creed por cierto que yo comía y bebía con vosotros; mas yo me sustento de un manjar invisible y de una bebida que no puede ser vista por los hombres...

20. ... Ya es tiempo de que me vuelva al que me ha enviado: vosotros, empero, bendecid a Dios, y pregonad todas sus maravillas».

21. Dicho esto desapareció de su vista, y no pudieron ya verlo más.

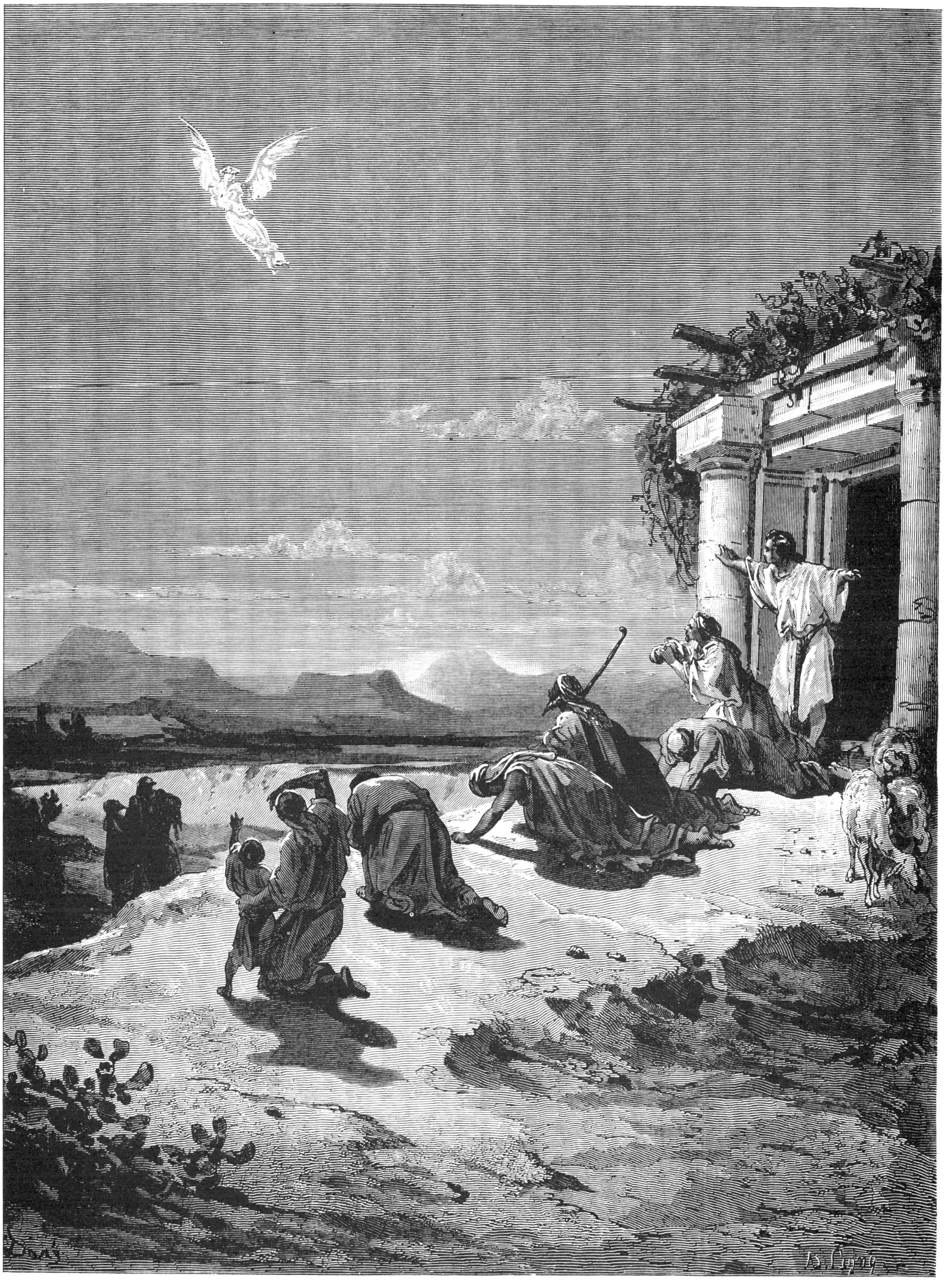

Estamos ahora en el Libro de Judith.

Y la secuencia a la que añadiremos los correspondientes textos sagrados, es aquella en la que Judith da muerte a Holofernes.

Vemos la referida secuencia en la presente ilustración.

LIBRO DE JUDITH, 13, 2-9

2. Cuando se hizo tarde, se retiraron prontamente los criados a sus alojamientos; fuese también Vagao, después de cerrar las puertas de la cámara. Todos estaban tomados del vino...

3. ... y Judith quedaba sola en la cámara.

4. Holofernes estaba tendido en la cama, durmiendo en sueño profundo como consecuencia del exceso de vino que le había producido una extraordinaria embriaguez.

5. Judith había dicho a su criada que aguardase en el exterior de la cámara.

6. Entonces ella *(Judith)*, estando de pie delante de la cama, oró con lágrimas, y moviendo apenas los labios, y dijo...

7. «Dame valor y fuerza, Señor, Dios de Israel, y echa en esta hora una mirada propicia sobre la obra de mis manos, para que ensalces, como lo tienes prometido, tu ciudad de Jerusalén; y ponga yo por obra lo que he pensado ejecutar con tu asistencia».

8. Dicho esto, se arrimó al pilar que estaba a la cabecera de la cama de Holofernes, descolgó el alfanje que colgaba de él...

9. ...,y habiéndolo desenvainado, asió a Holofernes por los cabellos de la cabeza, y dijo: «Señor Dios, dame valor en este momento»; y dándole dos golpes en la cerviz, le cortó la cabeza.

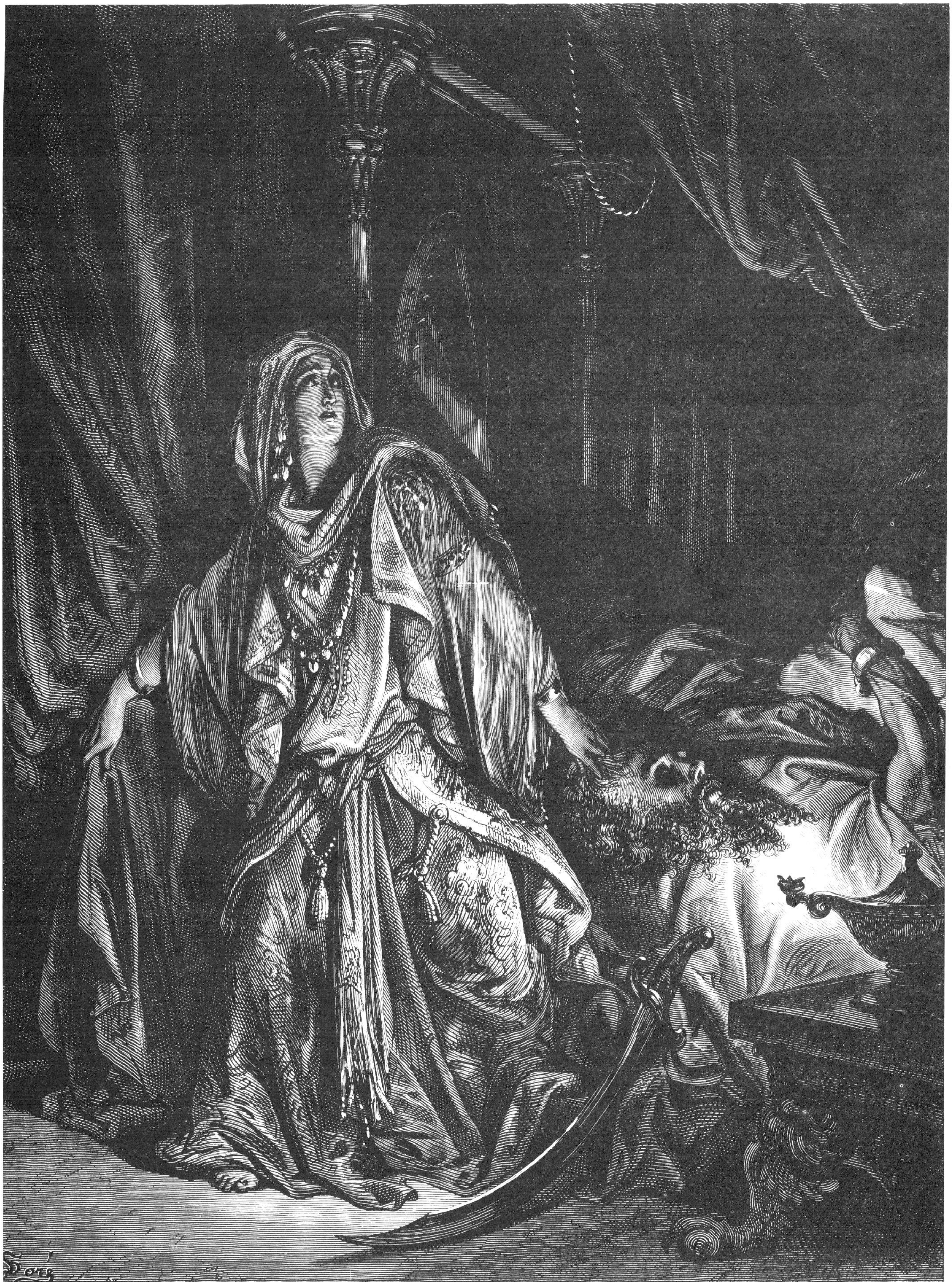
PANNEMAKER

Judith ya ha consumado la acción letal.

Acto seguido, la mujer, asiendo la cabeza de Holofernes por los cabellos, con una mano, y sosteniéndola por la barbilla con la otra, la mostró a todos.

Esta es la lámina a la que seguidamente dotaremos de su contenido bíblico-literario.

LIBRO DE JUDITH, 13, 10-17

10. Luego desprendió las cortinas de los pilares y volcó en tierra su cadáver hecho un tronco.

11. Inmediatamente salió para entregar la cabeza de Holofernes a su criada, mandándole que la metiese en un talego.

12. Después se fueron las dos, según costumbre, como para ir a la oración, y atravesando el campamento y rodeando el valle, llegaron a la puerta de la ciudad.

13. Judith, desde lejos, gritó a los centinelas de la muralla: «¡Abrid las puertas, porque Dios está con nosotros y ha mostrado su poder en favor de Israel!»

14. Luego que los centinelas reconocieron su voz, llamaron a los ancianos de la ciudad.

15. Y vinieron corriendo a ella todos, desde el menor hasta el mayor, porque ya no esperaban que ella volviese.

16. Encendieron luminarias, y situáronse todos alrededor de Judith. Entonces la mujer, alzándose en un sitio elevado, mandó guardar absoluto silencio; y cuando todos hubieron enmudecido, habló de esta manera:

17. «Alabad al Señor, Dios nuestro, que no ha desamparado a los que esperaban en El. Por medio de mí, esclava suya, ha cumplido la promesa de mostrar su misericordia para con la casa de Israel, y por mi mano ha quitado la vida esta noche al enemigo de su pueblo». Y sacando del talego la cabeza de Holofernes, la mostró, diciendo: «Ved aquí la cabeza de Holofernes, jefe del ejército de los asirios, y he aquí el cortinaje dentro del cual estaba acostado en su embriaguez, y donde el Señor, nuestro Dios, le ha degollado por mano de una mujer».

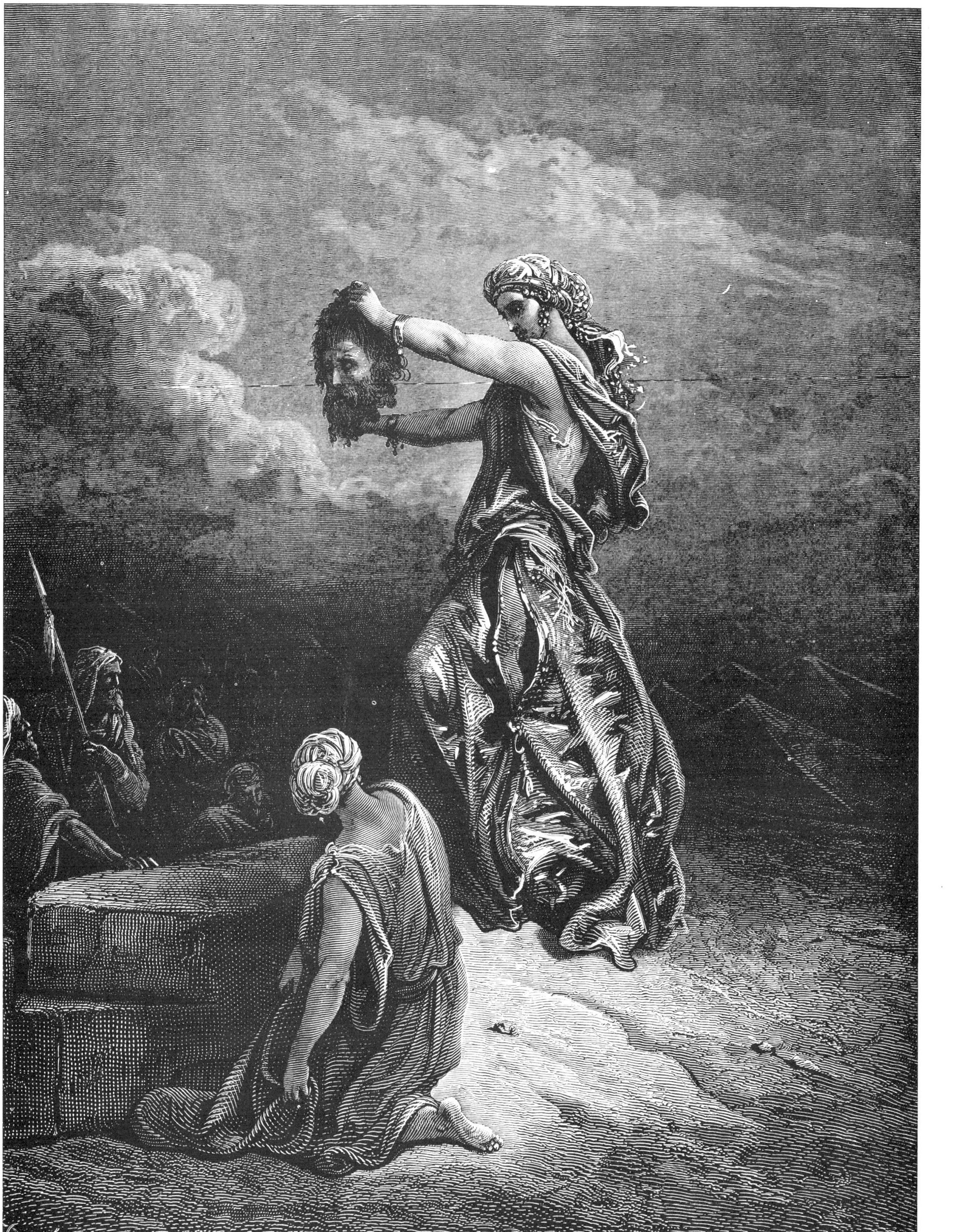

PANNEMAKER-DOMS. Sc.

Un nuevo Libro del Antiguo Testamento se abre ahora ante nosotros: el de Esther.

Esther, joven judía de la tribu de Benjamín, deportada a Babilonia, fue reina de los persas y salvó de una matanza a sus hermanos de raza. *El Libro de Esther* (siglo II a. de C.), es un relato edificante, que recuerda un exterminio del que los judíos lograron salvarse milagrosamente.

La estampa de Doré, se refiere a la secuencia bíblica, en que la reina Vasthi rehúsa obedecer las órdenes de Asuero.

LIBRO DE ESTHER, 1, 1-12

1. En tiempos de Asuero –que reinó desde la India hasta Etiopía en ciento veinte provincias–...

2. ... En aquel tiempo en que el rey Asuero se sentaba sobre su trono real en Susa, la capital...

3. ..., el año tercero de su reinado, dio un festín a todos sus príncipes y ministros, estando en su presencia también *(los jefes)* del ejército de los persas y de los medos, y los grandes y gobernadores de las provincias.

4. Con tal motivo hizo delante de ellos ostentación de la riqueza y magnificencia de su reino y del pomposo esplendor de su grandeza, durante mucho tiempo, *(a saber)*, durante ciento ochenta días.

5. Pasados éstos, el rey dio a todo el pueblo, grandes y chicos, un festín en el patio del jardín del palacio real.

6. Había toldos blancos, verdes y azules, sujetos con cordones de lino fino y de púrpura a anillos de platas y a columnas de mármol. Divanes de oro y plata descansaban sobre un pavimento de pórfido, de mármol y nácar.

7. Se bebía en vasos de oro, y el vino abundaba como era costumbre en los dispendios reales y a la liberalidad del rey.

8. Según órdenes reales cada uno bebía sin que nadie le obligase, pues Asuero había mandado a sus intendentes que actuaran conforme al gusto de cada uno.

9. También la reina Vasthi dio un festín a las mujeres en el palacio real de Asuero.

10. El día séptimo, el rey cuyo corazón estaba alegre a causa del vino, mandó a Mehumán, Biztá, Harboná, Bigtá, Abagtá, Setar y Carcás, los siete eunucos que servían delante del rey Asuero...

11. ...que condujesen a su presencia a la reina Vasthi, con la diadema real, para mostrar a la gente y a los grandes su belleza, pues era de extremada hermosura.

12. La reina Vasthi, empero, desacató la orden que el rey había mandado por medio de los eunucos, por lo cual el rey se irritó mucho, encendiéndose en él la cólera.

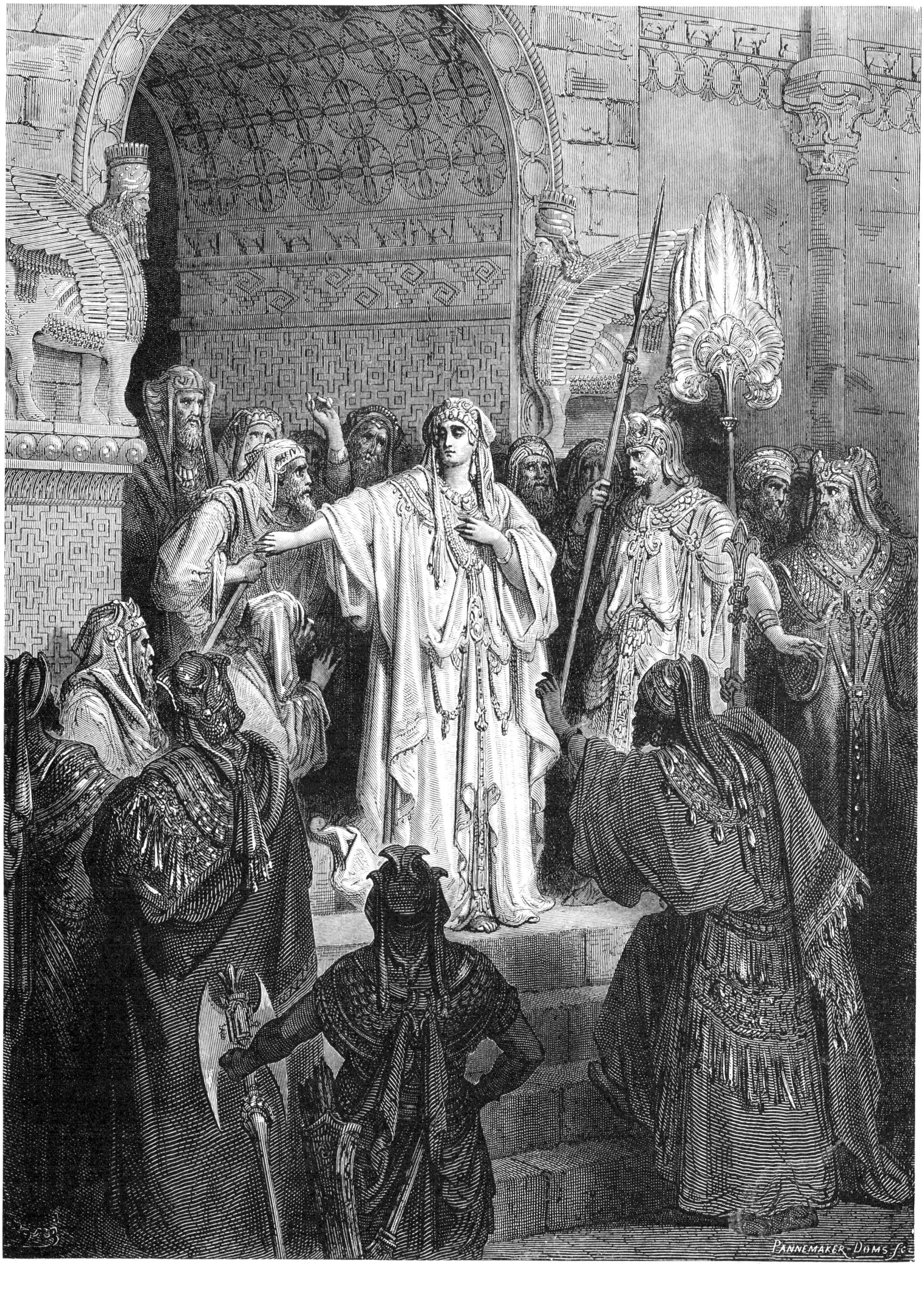
PANNEMAKER-DOMS sc.

Del libro de Esther, presentamos ahora el dibujo de Doré que refleja el instante en que se produce: el triunfo de Mardoqueo.

Añadámosle seguidamente los textos bíblicos que le corresponden.

LIBRO DE ESTHER, 6, 1-11

1. Aquella noche el rey no pudo dormir y mandó traer el libro de las memorias, las crónicas. Y cuando fueron leídas delante del rey...

2. ..., hallóse escrito como Mardoqueo había denunciado a Bigtán y Teres, los dos eunucos del rey que tenían la guardia de la puerta y habían tratado de matar al rey Asuero.

3. El rey preguntó: «¿Qué honra y qué distinción se ha conferido a Mardoqueo por esto?» Respondieron los servidores del rey, los que le servían: «No le fue conferida ninguna».

4. Luego dijo el rey: «¿Quién está en el patio?»

5. Contestaron sus servidores: «Es Amán el que espera en el patio». Y dijo el rey: «¡Que entre!»

6. Cuando Amán entró el rey le dijo: «¿Qué debe hacerse con un hombre al que el rey quiere honrar?»

7. Repuso Amán: «Para ese hombre traiga el rey galas reales como las que viste él».

8. Y agregó: «Y póngase una corona sobre su cabeza».

9. Replicó el rey a Amán: «¡Toma inmediatamente el traje y mi caballo, y hazlo así con Mardoqueo el judío, al que deseo honrar, y que está sentado a la puerta del rey!»

10. Y añadió: «¡No omitas nada de lo que has dicho!»

11. Tomó, pues, Amán, el traje y el caballo y vistió a Mardoqueo, y lo hizo pasear por la plaza de la ciudad, pregonando delante de él: «¡Así se hace con el hombre al que el rey quiere honrar!»

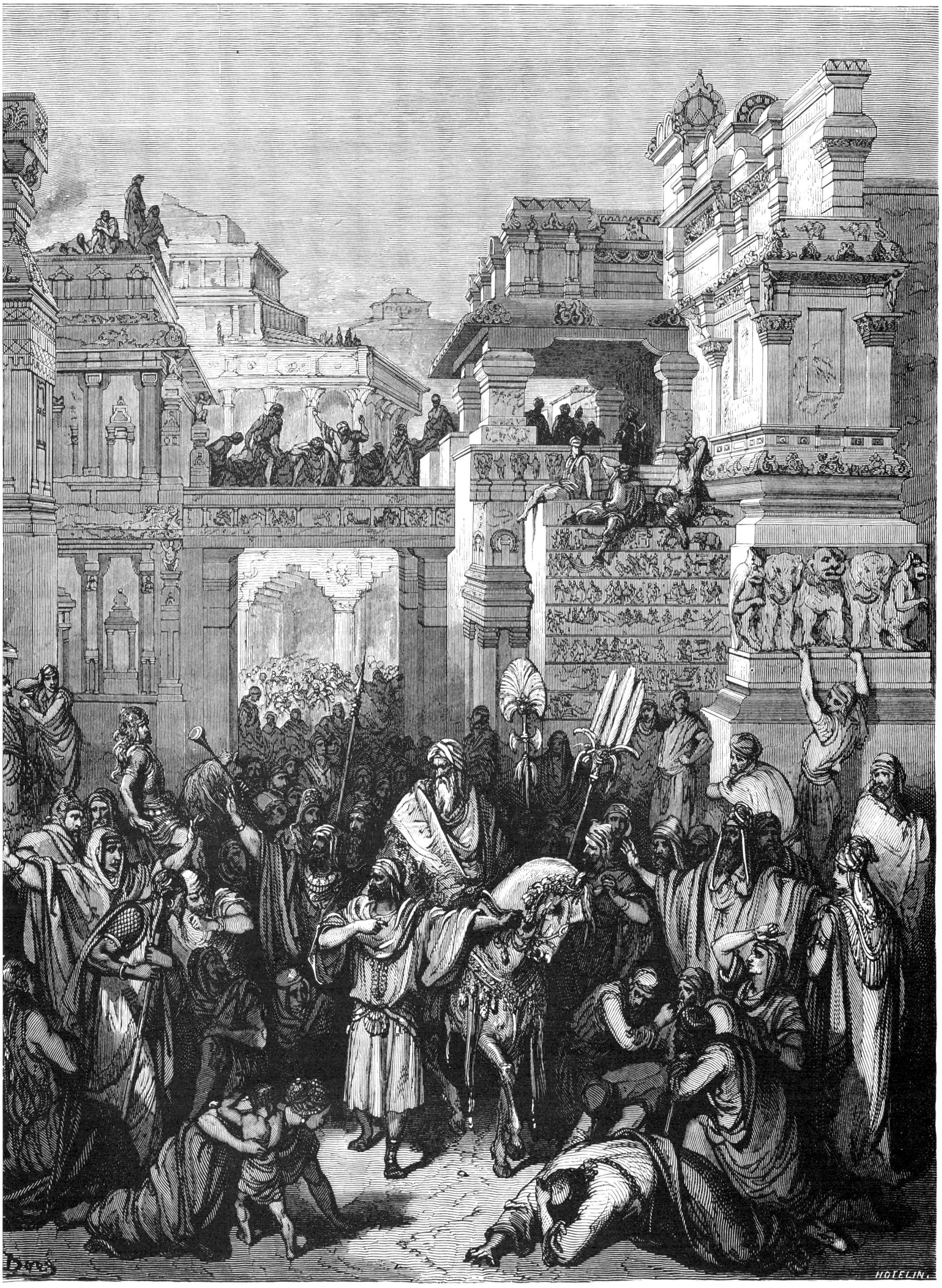
HOTELIN.

Sin abandonar el libro de Esther pasamos a otro de sus importantes capítulos.

Doré nos muestra el momento en que Esther confunde a Amán.

Estos son los textos correspondientes:

LIBRO DE ESTHER, 7, 1-10

1. Fueron, pues, el rey y Amán al banquete de la reina Esther.

2. El rey, mientras bebía, preguntó a Esther: «¿Cuál es tu petición?»

3. Respondió la reina: «Si he hallado gracias a tus ojos, y si es de tu agrado, sea concedida la vida mía –ésta es la petición mía y la de mi pueblo–, éste es mi deseo...

4. ... Porque estamos vencidos, para ser entregados a la ruina y a que nos maten y exterminen».

5. Respondió el rey Asuero: «¿Quién es y dónde está el que pretende hacer eso contigo y con tu pueblo?»

6. Repuso ella: «El enemigo es este malvado Amán». Con esto, Amán se sobrecogió de terror delante del rey y de la reina.

7. Entonces montó el rey en cólera, y fue al jardín del palacio. Amán, entretanto, se quedó para rogar a Esther por su vida, pues veía que el rey había resuelto exterminarle.

8. Cuando el rey volvió del jardín, Amán se hallaba caído sobre el diván de Esther. El rey, enfurecido, dijo: «¿Aún pretendías violentar a la reina en mi casa?»

9. Entonces habló uno de los eunucos: «En casa de Amán está todavía la horca preparada por éste para Mardoqueo, el que habló en provecho del rey».

10. Y exclamó el rey: «¡Colgadle a él mismo de ella!»

11. Colgaron, pues, a Amán, en la horca que éste había preparado para Mardoqueo y se apaciguó la ira del rey.

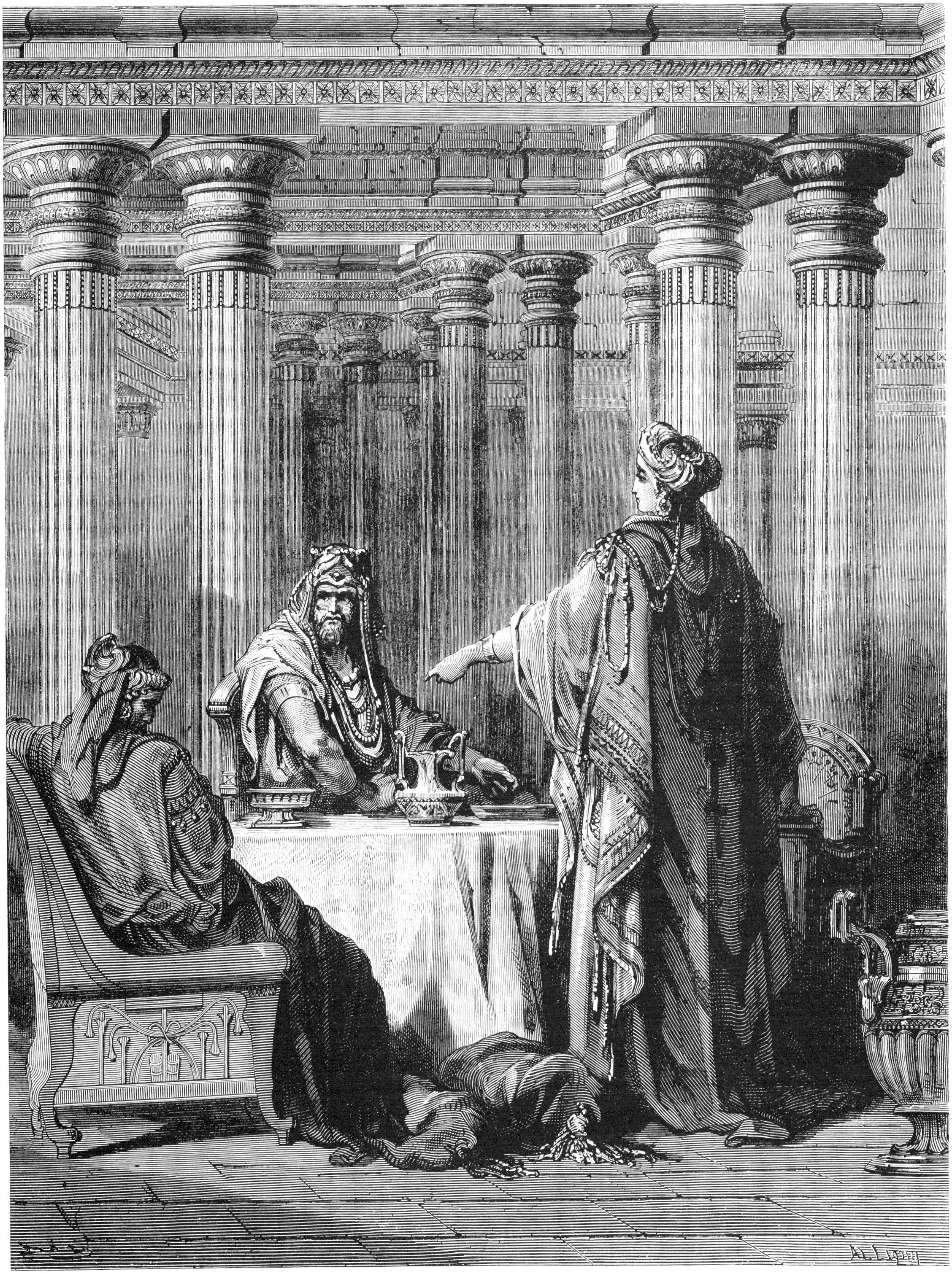

Doré nos pinta ahora con mano mágica el desvanecimiento de Esther.
Completaremos la lámina del genial ilustrador con los textos bíblicos que le son inherentes.

LIBRO DE ESTHER, 8, 1-6

1. Aquel mismo día el rey Asuero dio a la reina Esther la casa de Amán, el enemigo de los judíos; y Mardoqueo fue presentado al rey pues Esther había dado a conocer su parentesco.

2. Entonces el rey tomó su anillo de sellar, como correspondía a todos los reyes, y lo dio a Mardoqueo, hecho éste que produjo una intensa emoción en Esther causándole un pequeño desvanecimiento. Luego, Esther, puso a Mardoqueo sobre la casa de Amán.

3. Esther, muy emocionada todavía, volvió a hablar con el rey y, echándose a sus pies y con lágrimas en los ojos, le rogó que frustrase la malicia de Amán agapita y los planes que éste tramara contra los judíos.

4. Y extendió el rey hacia Esther el cetro de oro, de modo que Esther pudo levantarse. Y puesta en pie delante del rey, dijo:

5. «Si es del agrado del rey y he hallado gracia ante sus ojos; si la propuesta conviene al rey y si soy agradable a sus ojos, pido que sean invalidadas por escrito las cartas inspiradas por Amán, hijo de Hamedata, agapita, las cuales escribió para exterminar a todos los judíos».

6. Respondió el rey Asuero a la reina Esther: «He aquí que he dado la casa de Amán a Esther, y él mismo ha sido colgado en una horca por haber extendido su mano contra los judíos. Escribid, pues, vosotros, en nombre del rey, lo que os parezca bien respecto de los judíos, y selladlo con el anillo del rey; pues carta escrita en nombre del rey y sellada con el anillo real no puede ser revocada».

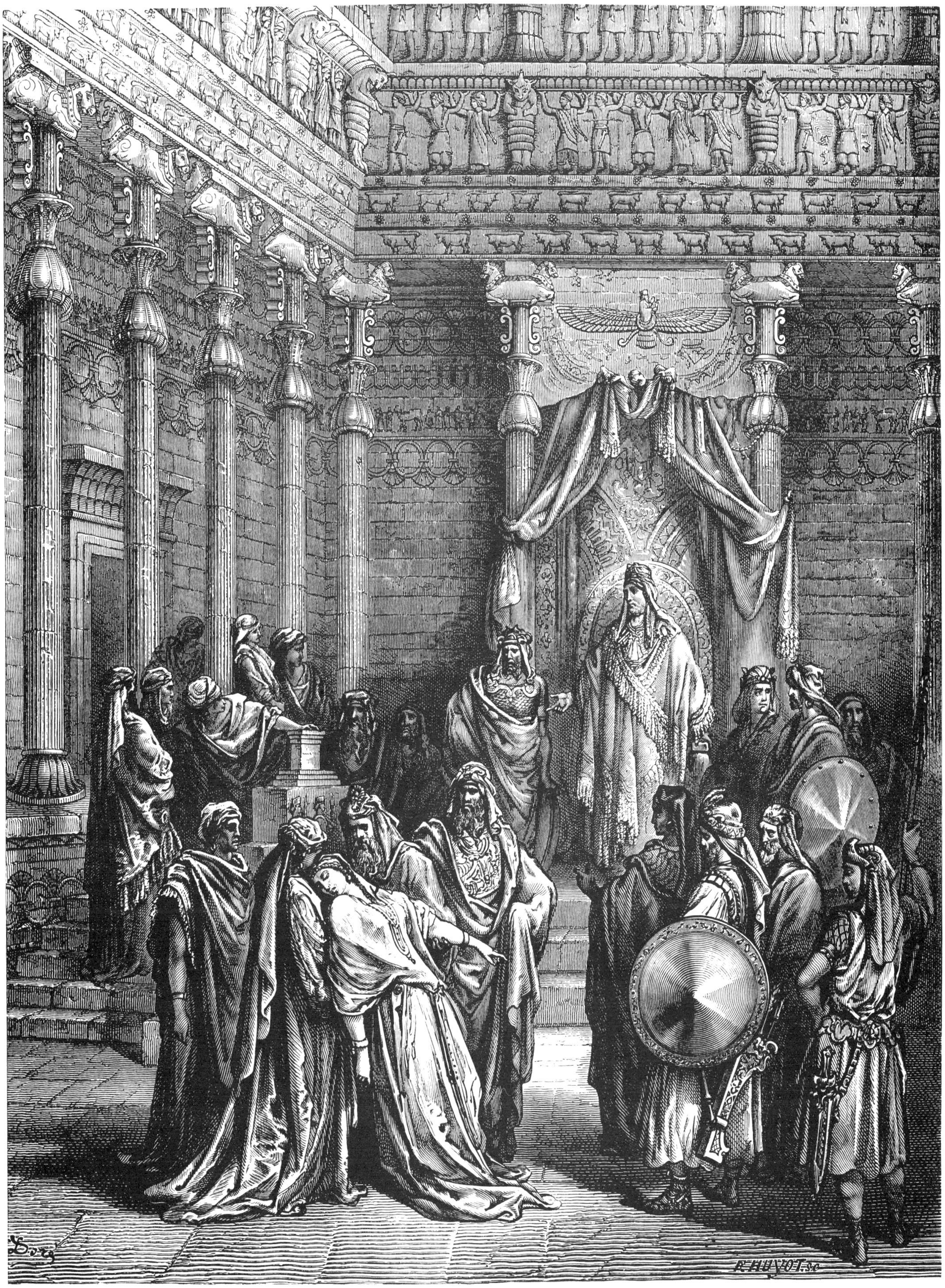
Doré
P. HUYOT sc

Conforme avanzamos en el devenir de los sagrados escritos, van sucediéndose, uno tras de otro, los libros que conforman el Antiguo Testamento: el que ahora recibimos es el de Job.

El Libro de Job, compuesto en el siglo V a. de J.C., se basa en la vida del propio Job (es tan evidente como obvio), personaje de la tradición judía. Este vasto poema constituye una obra maestra de la poesía oriental; propone sin resolverlo el intrigante problema del mal; la existencia de justos desgraciados y de malvados felices. Ante este misterio que la razón no puede penetrar, el Libro constituye una invitación a la fe heroica. A Dios no se le justifica, se le rinde reverencia.

La presente lámina de Doré nos muestra el justo instante en que Job es privado de sus bienes.

LIBRO DE JOB, 1, 13-18

13. Ahora bien, mientras un día sus hijos y sus hijas estaban comiendo y bebiendo en casa de su hermano mayor...

14. ..., llegó un mensajero a Job y le dijo: «Estaban los bueyes arando, y las asnas paciendo junto a ellos...

15. ... cuando cayeron sobre ellos los sabeos, y se los llevaron pasando a cuchillo a los siervos. Y sólo yo he escapado para traerte esta mala noticia».

16. Todavía estaba éste hablando, cuando llegó otro que dijo: «Fuego de Dios ha caído del cielo, que abrasó a las ovejas y a los siervos, devorándolos; sólo yo he podido escapar para traerte esta mala noticia».

17. Todavía estaba éste hablando, cuando llegó un tercero que dijo: «Los caldeos, divididos en tres cuadrillas, cayeron sobre los camellos y se los llevaron, pasando a cuchillo a los siervos; y sólo yo he escapado para traerte esta mala noticia».

18. Aún estaba éste hablando cuando hizo acto de presencia un cuarto mensajero, ante Job, que le dijo: «En tanto tus hijos y tus hijas estaban comiendo y bebiendo vino en casa de tu hermano mayor, sobrevino del otro lado del desierto un gran viento, que sacudió las cuatro esquinas de la casa, la cual cayó sobre los jóvenes, que quedaron muertos; y sólo yo he escapado para traerte esta mala noticia». Job, tras escuchar todo aquello, se postró en tierra, adoró al Dios de Israel y dijo: «Desnudo salí de las entrañas de mi madre y desnudo volveré allá. Yahvé lo ha dado, Yahvé lo ha quitado. ¡Sea bendito el nombre de Yahvé!»

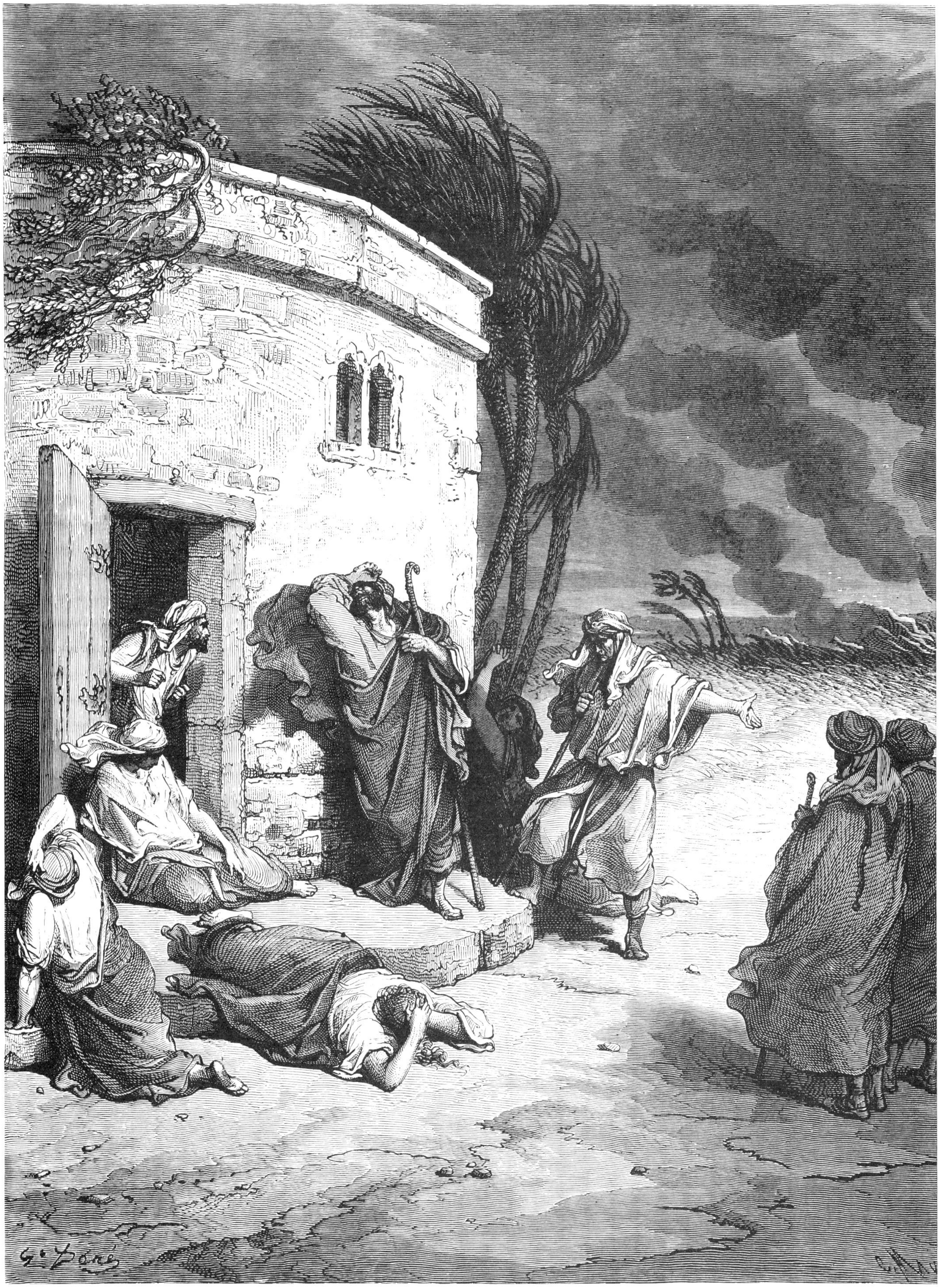
G. Doré

Job, tras la espeluznante ruina sufrida, que acepta con profunda resignación que sólo se halla y que sólo tienen los fieles devotos del Señor, vese abocado a una realidad verdaderamente caótica.

Esta imagen patetiza la situación del hombre y corresponde al pasaje bíblico: Job en su estercolero.

Añadamos a renglón seguido los textos que le son inherentes.

LIBRO DE JOB, 2, 7-13

7. Salió, pues, Satanás de la presencia de Yahvé e hirió a Job con una úlcera maligna desde la planta de los pies hasta la coronilla de la cabeza.

8. Entonces éste, sentado sobre la ceniza de su estercolero, tomó un casco de teja para rasparse con él la podredumbre.

9. Su mujer le dijo: «¿Todavía perseveras en tu rectitud? ¡Maldice a Dios, y muérete!»

10. Mas Job le dijo: «Hablas lo mismo que una mujer necia. Si hemos aceptado el bien de parte de Dios, ¿no hemos de aceptar también el mal?» En todo esto no pecó Job con sus labios.

11. Cuando los tres amigos de Job, Elifaz temanita, Bildad suhita y Sofar namamita, supieron toda esta calamidad que le había sobrevenido, vinieron cada uno de su lugar, porque habían concertado ir a darle el pésame y consolarlo.

12. Mas cuando desde lejos alzaron los ojos no lo reconocieron; por lo cual levantaron su voz y lloraron; y rasgando cada uno su manto, esparcieron polvo por el aire sobre sus cabezas...

13. ..., y quedaron con él sentados en tierra siete días y siete noches, sin hablarle palabra, pues veían que su dolor era muy grande.

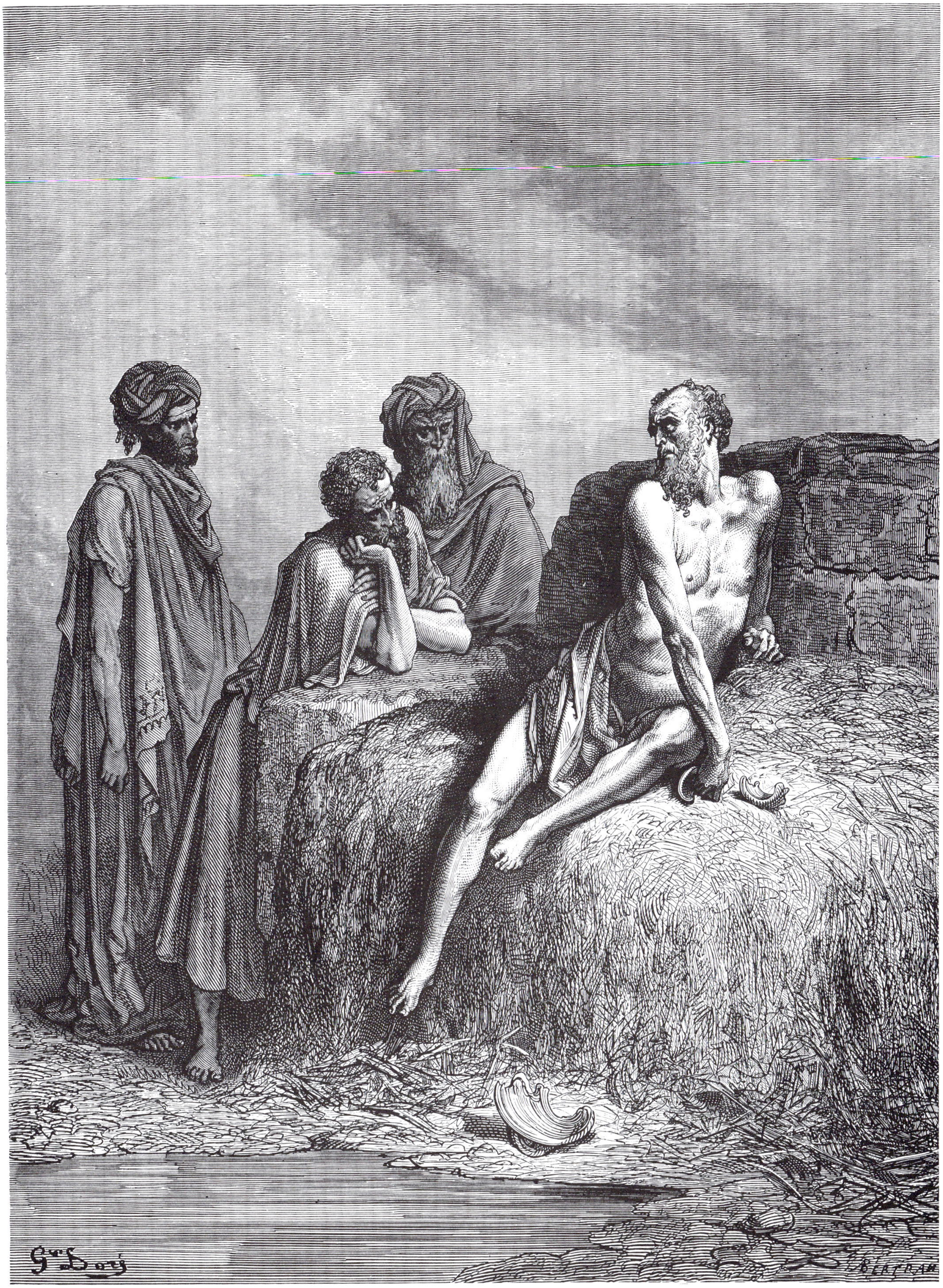

Conforme vamos avanzando hacia el final –de esta serie de exposiciones bíblicas y comentarios (a través de las magníficas ilustraciones de Gustavo Doré)– de los escritos del Antiguo Testamento, van surgiendo uno tras otro los postreros Libros de este maravilloso compendio. Ahora, pues, comentaremos algunos pasajes del Libro correspondiente a Isaías.

Pongamos pues los textos correspondientes a la primera imagen.

Doré nos muestra al profeta Isaías en plena oración, en completa entrega a su Señor Yahvé.

ISAIAS, 1, 8-16

Visión de Isaías, hijo de Amós, acerca de Judá y Jerusalén en los días de Ocías, Joarán, Acaz y Ezequías, reyes de Judá.

8. Y la hija de Sión queda como cabaña de viña,
como choza de melonar,
como ciudad sitiada.

9. Si Yahvé de los ejércitos
no nos hubiera dejado un pequeño resto,
seríamos como Sodoma
y semejantes a Gomorra.

10. ¡Oíd la palabra de Yahvé,
príncipes de Sodoma!
¡Escuchad la ley de nuestro Dios,
oh pueblo de Gomorra!

11. ¿De qué me sirve la multitud de vuestros
sacrificios?,
dice Yahvé.
Harto estoy de los holocaustos de carneros
y del sebo de animales cebados.

12. ¡Y venís a presentaros delante de mí!
¿Quién os ha pedido que holléis mis atrios?

13. No traigáis más vanas ofrendas;
abominable es para Mí el incienso;
no aguanto más las neomenias
ni los sábados, ni las asambleas solemnes;
son asambleas solemnes con crimen.

14. Mi alma aborrece vuestras neomenias
y vuestras fiestas; me son una carga,
cansado estoy de soportarlas.

15. Cuando extendéis vuestras manos,
cierro ante vosotros mis ojos,
y cuando multiplicáis las oraciones,
no escucho;
están manchadas de sangre.

16. Lavaos, purificaos; quitad de ante mis ojos
la maldad de vuestras obras;
cesad de obrar mal.

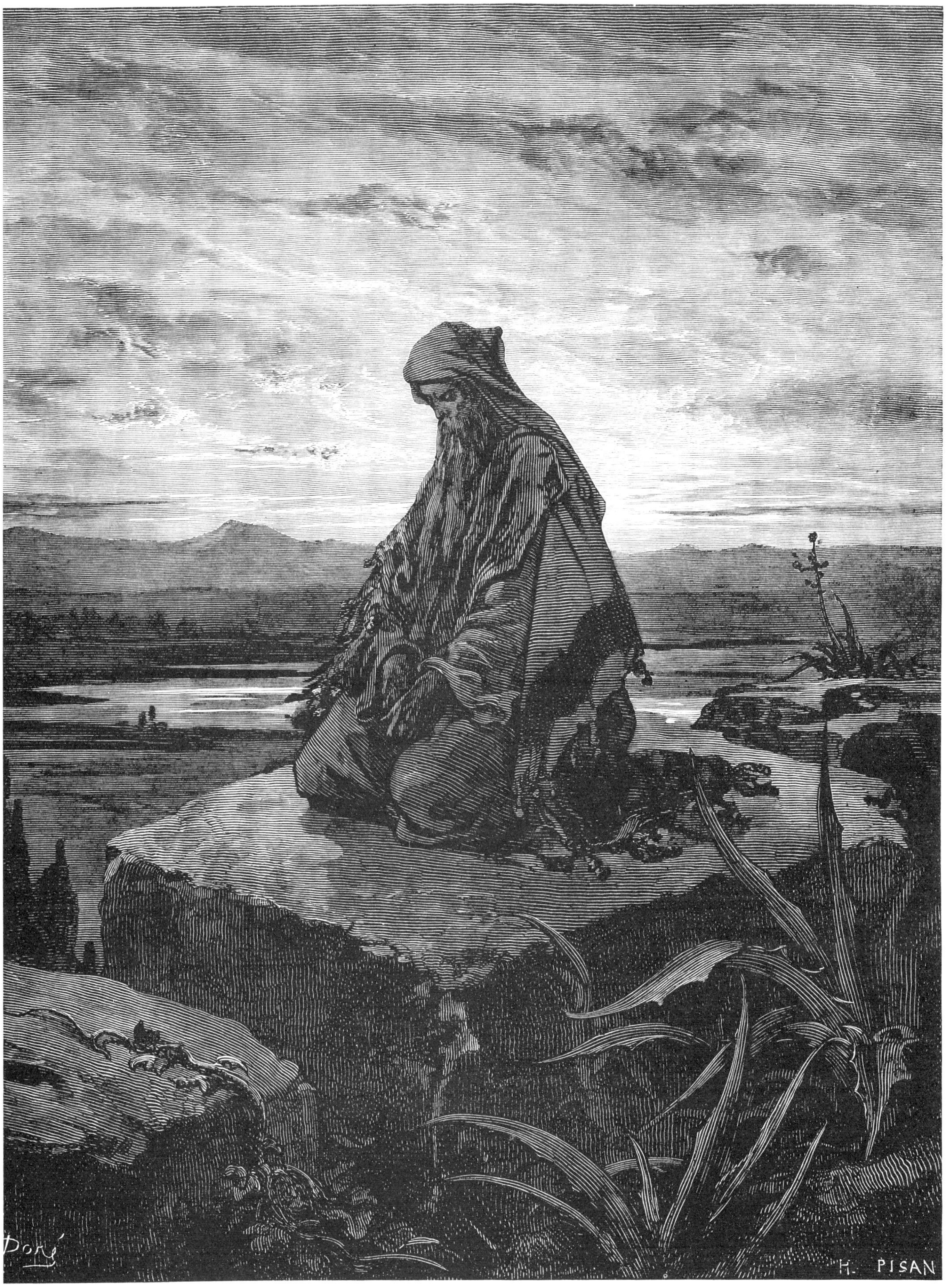
Doré
H. PISAN

Seguimos con el Libro de Isaías.
El profeta, en uno de sus sueños, vio a Babilonia derrumbándose; la vio destruida.

ISAIAS, 13, 11-22

11. Entonces castigaré al mundo por su malicia,
y a los impíos por su iniquidad;
acabaré con la arrogancia de los soberbios
y abatiré la altivez de los opresores.

12. Haré que los hombres sean más escasos
que el oro fino,
y los hijos de Adán
más raros que el oro de Ofir.

13. Por eso sacudiré los cielos,
y la tierra se moverá de su lugar,
por el furor de Yahvé de los ejércitos,
en el día de su ardiente ira.

14. Entonces cual gracia perseguida,
y como ovejas sin redil,
se dirigirá cada uno a su pueblo,
y huirá cada cual a su tierra.

15. Todos cuantos fueren hallados
serán traspasados,
y todos los que cayeren presos
morirán a cuchillo.

16. Sus niños serán estrellados ante sus ojos,
saqueadas sus casas
y violadas sus mujeres.

17. He aquí que suscitaré contra ellos a los medos
que no buscan plata
ni son codiciosos con el oro.

18. Con sus arcos matarán a los jóvenes,
no tendrán piedad del fruto del seno,
y sus ojos no se compadecerán de los niños.

19. Entonces Babilonia, la joya de los reinos,
gloria y orgullo de los caldeos,
vendrá a ser como Sodoma y Gomorra,
ciudades destruidas por Dios.

20. Nunca jamás será habitada,
ni poblada de generación en generación;
no alzará allí el nómada su tienda,
ni harán en ella majada los pastores.

21. Se guarecerán allí las fieras del desierto;
los búhos llenarán sus casas;
se instalarán allí las avestruces,
y los sátiros harán allí sus danzas.

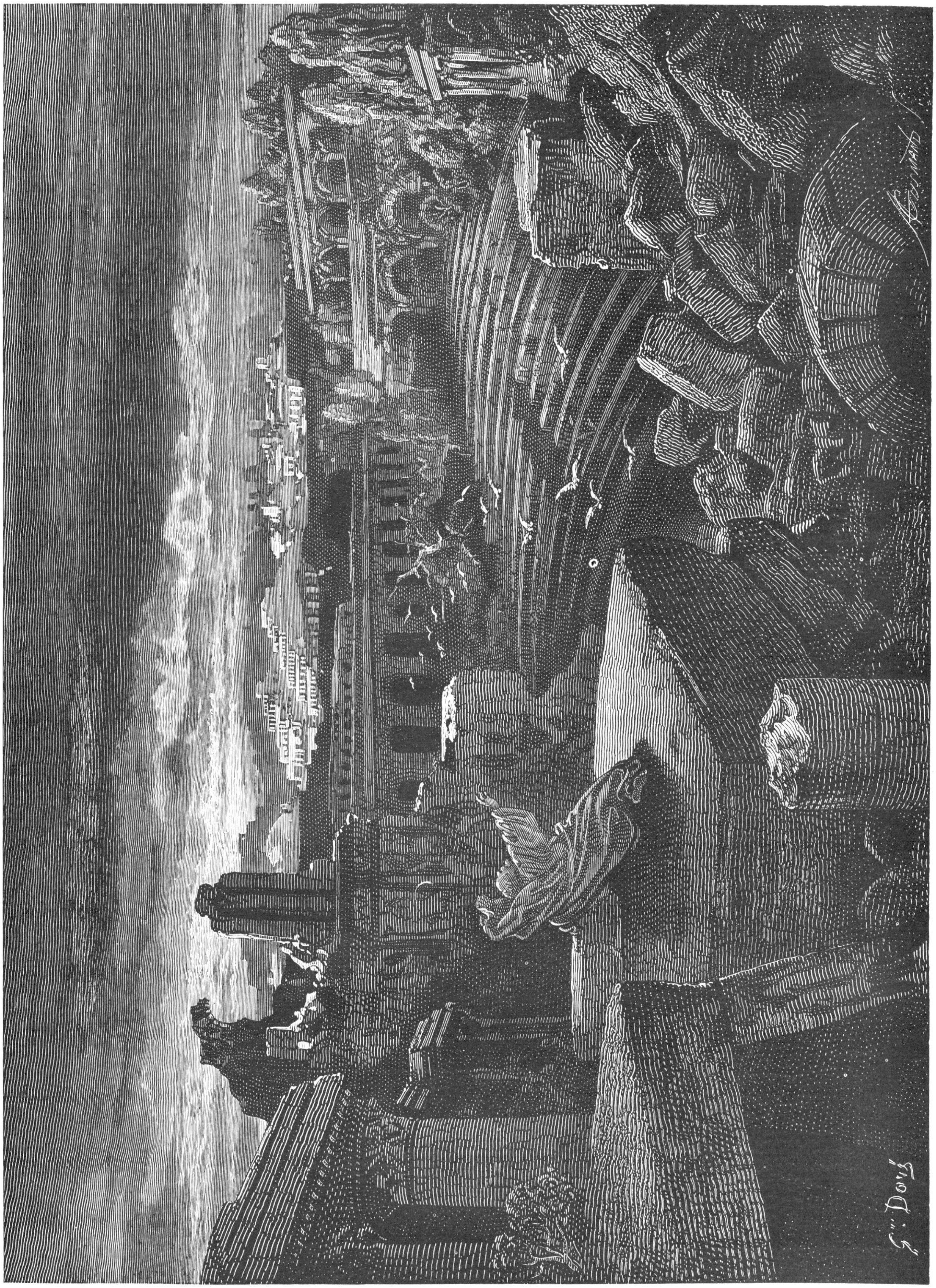

Estamos frente a una nueva visión (ensueño) del profeta.

ISAIAS, 27, 6-13

6. En los días venideros se arraigará Jacob,
Israel echará vástagos flores
y llenará con sus frutos
la faz de la tierra.

7. ¿Acaso El le hirió
como hirió a los que le herían?
¿O le mató de la misma manera
que fueron muertos sus matadores?

8. Expulsándole con clemencia,
contendiste con él.
Con un fuerte soplo
en un día de viento solano lo expulsaste.

9. Por tanto, con esto será expiada
la culpa de Jacob;
y éste es todo su fruto;
el perdón de su pecado,
cuando haya hecho pedazos,
como piedra de cal,
todas las piedras de los altares,
y no vuelvan a levantarse las ascheras
ni las imágenes del sol.

10. Pues la ciudad fuerte
ha sido convertida en soledad,
en morada desesperada y abandonada, desamparada,
como el desierto.
Y en aquel día Yahvé castigará
con su espada cortante, grande y fuerte,
a Leviathán, la serpiente huidiza,
a Leviathán, la serpiente tortuosa,
y matará el dragón que está en el mar.

11. Se secan sus armas y son quemadas;
vienen mujeres y les prenden fuego.

12. En aquel día Yahvé sacudirá la cosecha
desde el curso del río hasta el torrente de Egipto;
y vosotros, ¡oh, hijos de Israel!,
seréis recogidos uno por uno.

13. Y sucederá aquel día
que sonará la gran trompeta;
y vendrán los perdidos
en la tierra de Asiria,
y los exiliados que vivan en el país de Egipto;
y se posternarán ante Yahvé
en el monte santo, en Jerusalén.

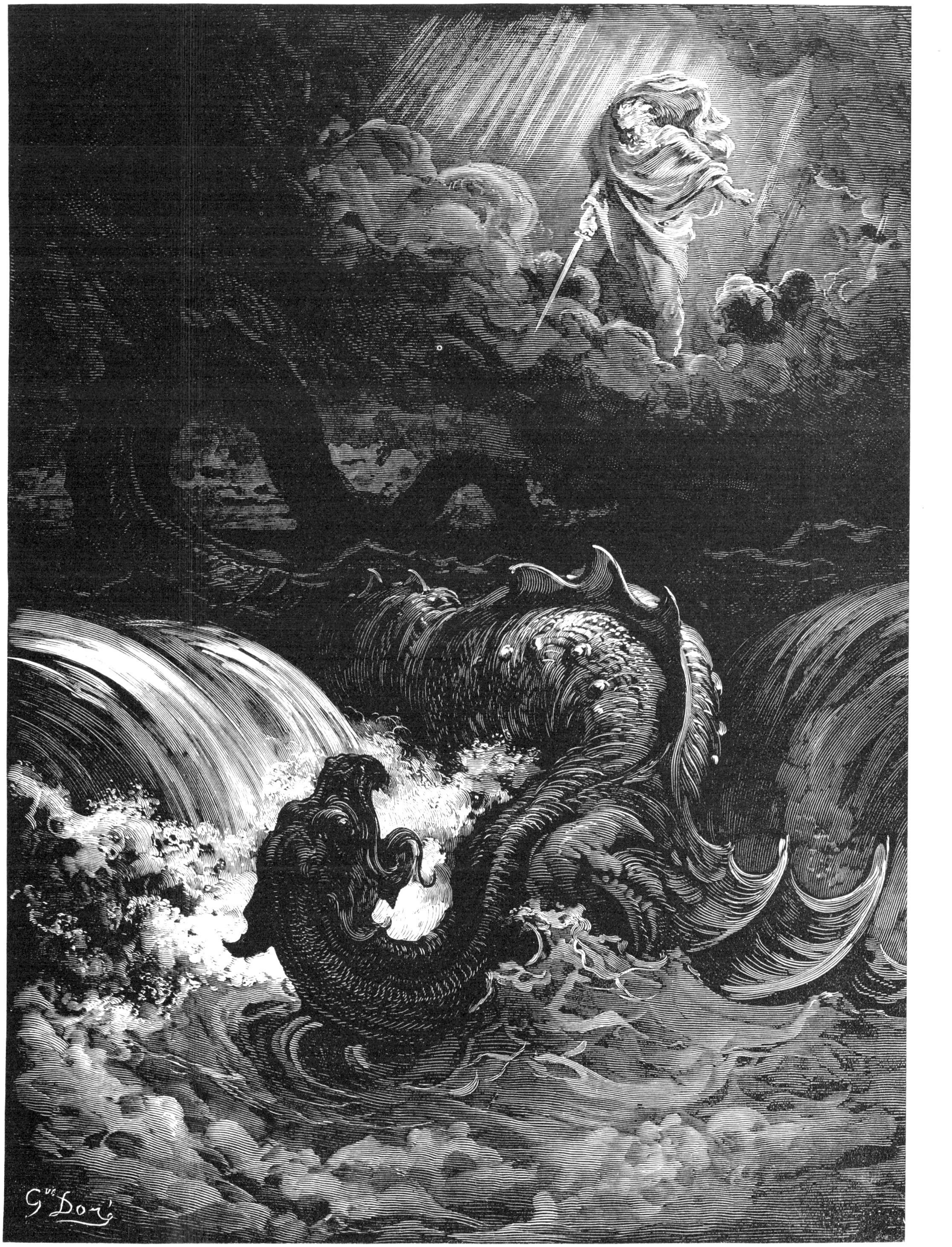
Gve Doré

Estamos frente a un nuevo Libro y ante un nuevo profeta: Jeremías.
Doré nos ofrece la secuencia bíblica en que Baruch escribe las profecías de Jeremías.

Vamos a enumerarlas seguidamente.

JEREMIAS, 36, 1-8

1. El año cuarto de Joakim, hijo de Josías, rey de Judá, recibió Jeremías esta palabra de Yahvé:

2. «Toma el rollo de un libro y escribe en él todas las palabras que Yo te he dicho contra Israel, contra Judá y contra todos los pueblos, desde el día en que comencé a hablarte, desde los días de Josías hasta el día de hoy.

3. Cuando oigan los de la casa de Judá todas las desgracias que pienso hacerles, se convertirán tal vez cada uno de su mal camino y Yo les perdonaré su culpa y su pecado».

4. Llamó, pues, Jeremías a Baruch, hijo de Nerías, y dictándole Jeremías escribió Baruch en el rollo del libro todas las palabras que Yahvé le había dicho.

5. Después dio Jeremías a Baruch esta orden: «Yo estoy encerrado y no puedo ir a la Casa de Yahvé...

6. ... Ve, pues, tú y lee al pueblo, en el Templo del Señor, en un día de ayuno, las palabras que Yahvé me ha dictado y yo a ti. Léelas también a todo Judá, y a los que vienen de sus ciudades...

7. ..., por si tal vez sus súplicas lleguen a la presencia de Yahvé y se conviertan cada cual de su mal camino; porque grande es la ira y la indignación que Yahvé ha manifestado contra este pueblo».

8. Hizo Baruch todo lo que había mandado el profeta Jeremías, y leyó en el Templo del Señor el libro de las palabras de Yahvé.

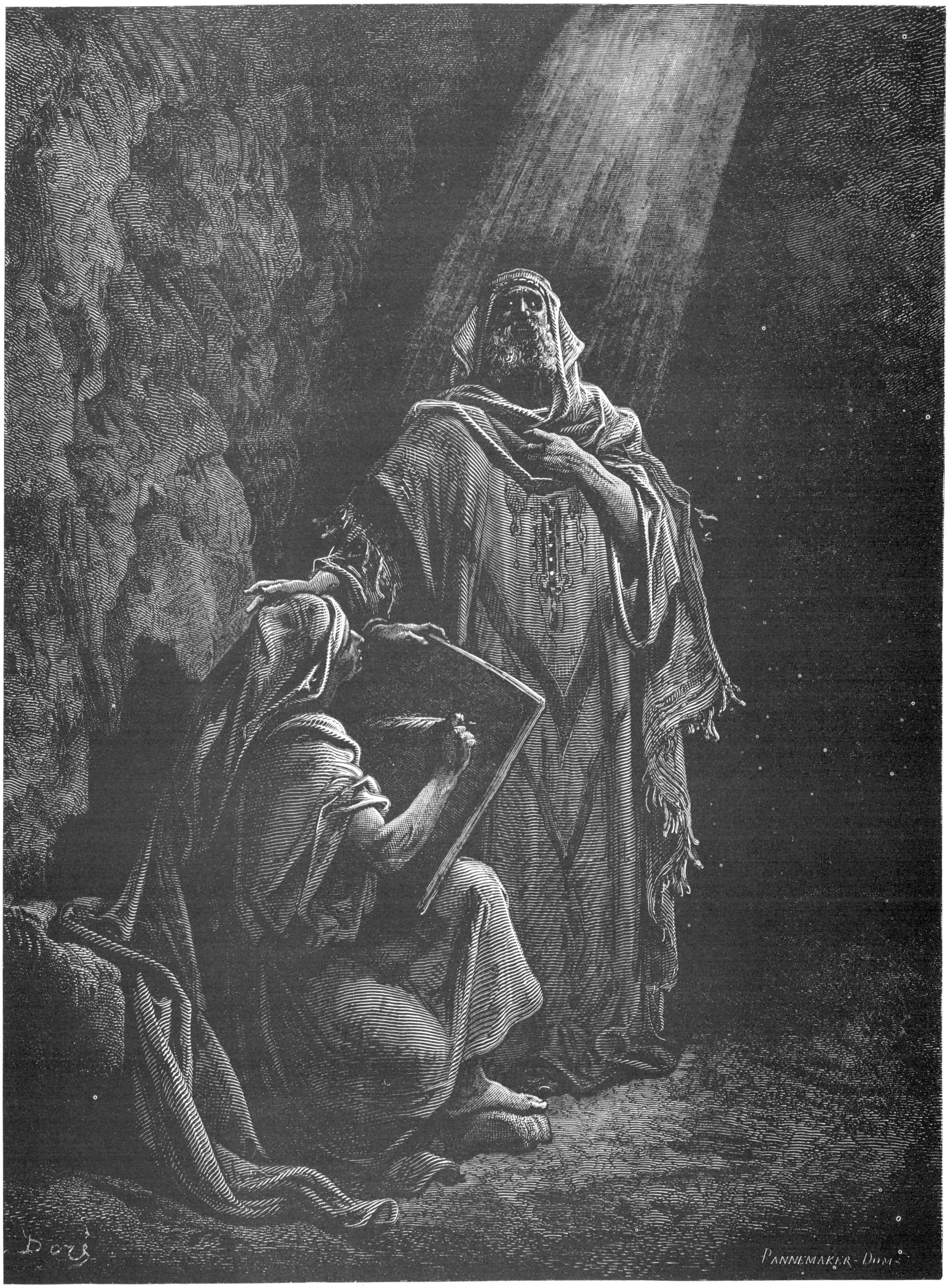
Doré

Continuamos avanzando en los textos del Libro del profeta Jeremías.

Jerusalén ha recibido la lluvia de la ruina y sus moradores expresan el duelo y sentimiento que tal circunstancia les ha producido. Evidentemente, la consternación es total y absoluta en la ciudad.

Así nos lo manifiesta Doré en el presente grabado al que agregaremos los textos que le son comunes.

JEREMIAS, 39, 3-9

3. Entraron todos los generales del rey de Babilonia y se sentaron cerca de la puerta media: Nergalsarezer, Samgarnebo, Sarsequim, Rabsarts, Rabmag, con todos los demás jefes del rey de Babilonia.

4. Al verlos Sedecías, rey de Judá, y todos los guerreros, huyeron, y salieron de noche de la ciudad, por el camino del jardín del rey, por la puerta que está entre los dos muros; y se encaminaron hacia el Arabá.

5. Pero los persiguió el ejército de los caldeos, alcanzando a Sedecías en la llanura de Jericó, llevándolo ante Nabucodonosor, rey de Babilonia, quien lo sentenció.

6. El rey de Babilonia hizo matar en Riblá a los hijos de Sedecías, delante de los ojos de éste. El rey de Babilonia hizo también degollar a todos los nobles de Judá.

7. A Sedecías le sacó los ojos y ordenó atarlo con cadenas de bronces, para conducirlo a Babilonia.

8. Los caldeos entregaron a las llamas el palacio del rey y las casas del pueblo, y destruyeron los muros de Jerusalén.

9. Al resto de los habitantes que habían quedado en la ciudad, y a los desertores que se habían pasado a él, como también a los restantes del pueblo que aún quedaban, los deportó a Babilonia Nebuzaradán, capitán de la guardia.

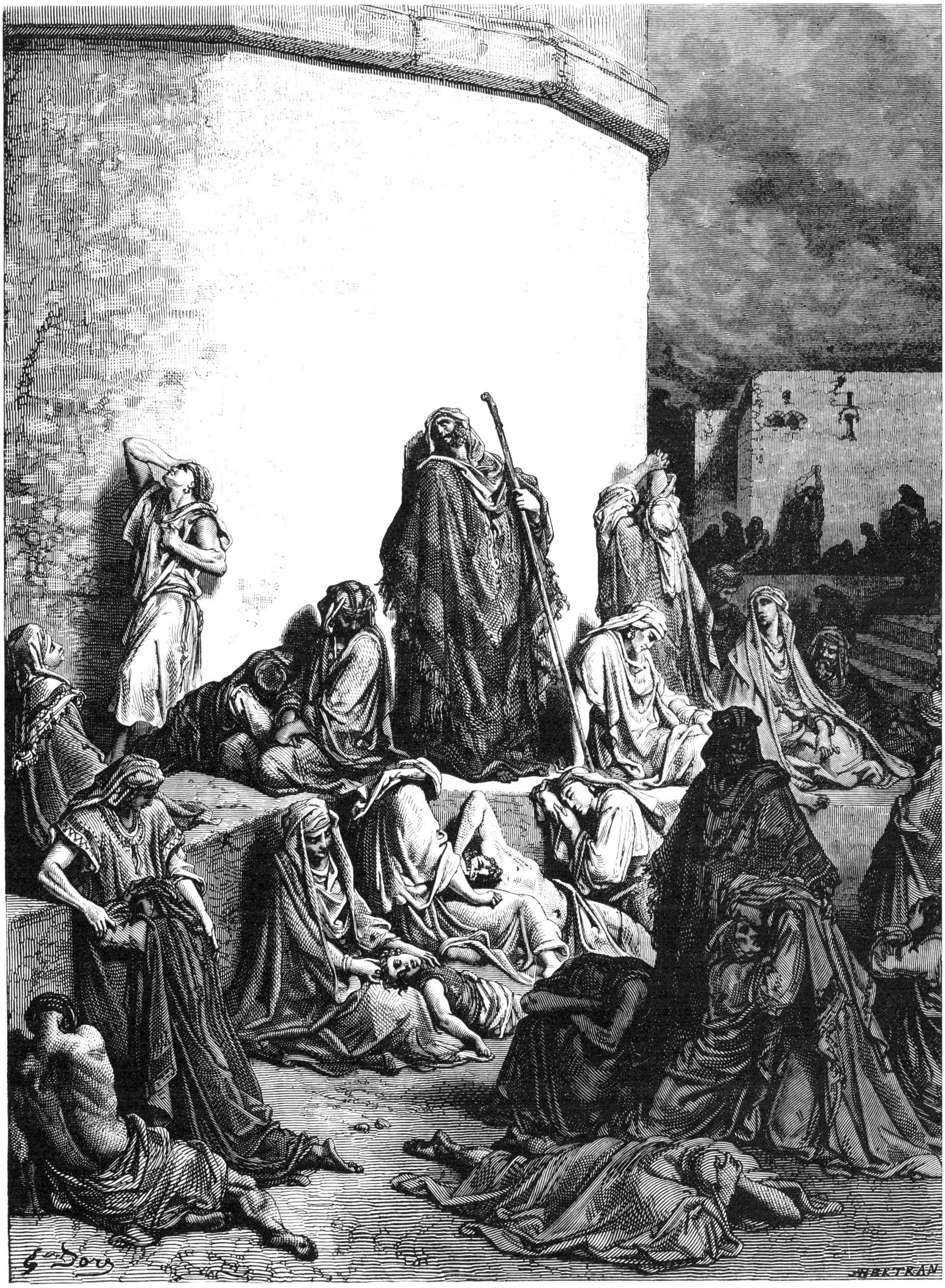

Estamos ahora en el Libro de Baruch, el hombre que transcribía las profecías del profeta Jeremías.

Como queda dicho, Baruch fue discípulo y secretario del profeta Jeremías. Su libro –el *Libro de Baruch*– se considera no inspirado por el judaísmo, por lo que pasa a ser uno de los libros deuterocanónicos de la Biblia católica.

Tenemos a Baruch en la presente lámina en una actitud concentrada y meditativa.

Agreguémosle los textos bíblicos que le son inherentes.

BARUCH, 1, 1-9

1. Estas son las palabras del libro que escribió Baruch, hijo de Nerías, hijo de Masías, hijo de Sedecías, hijo de Sedel, hijo de Helcías, en Babilonia...

2. ... el año quinto, el día siete del mes, en el tiempo en que los caldeos se apoderaron de Jerusalén, la incendiaron y destruyeron.

3. Y leyó Baruch las palabras de este libro en presencia de Jeconías, hijo de Joakim, rey de Judá, y delante de todo el pueblo que había venido a escuchar la lectura del libro.

4. Y delante, también, de los magnates e hijos de reyes, y delante de los ancianos, y delante del pueblo desde el mayor al menor de todos cuantos habitaban en Babilonia, junto al río Sodi.

5. Ellos, oyéndole, lloraban y ayunaban, y oraban ante el Señor.

6. E hicieron una colecta de dinero, según las posibilidades de cada uno.

7. Y la remitieron a Jerusalén, a Joakim, hijo de Helcías, hijo de Salom, sacerdote, y a los sacerdotes, y a todo el pueblo que se hallaba en Jerusalén.

8. Baruch recobró asimismo varios vasos de la Casa del Señor, los robados del Templo, para volverlos al país de Judá, el día diez del mes de Siván; los vasos de plata que había hecho Sedecías, hijo de Josías, rey de Judá.

9. Pero Nabucodonosor había deportado de Jerusalén a Jeconías, a los príncipes, a todos los magnates y al pueblo del país llevándolos cautivos a Babilonia.

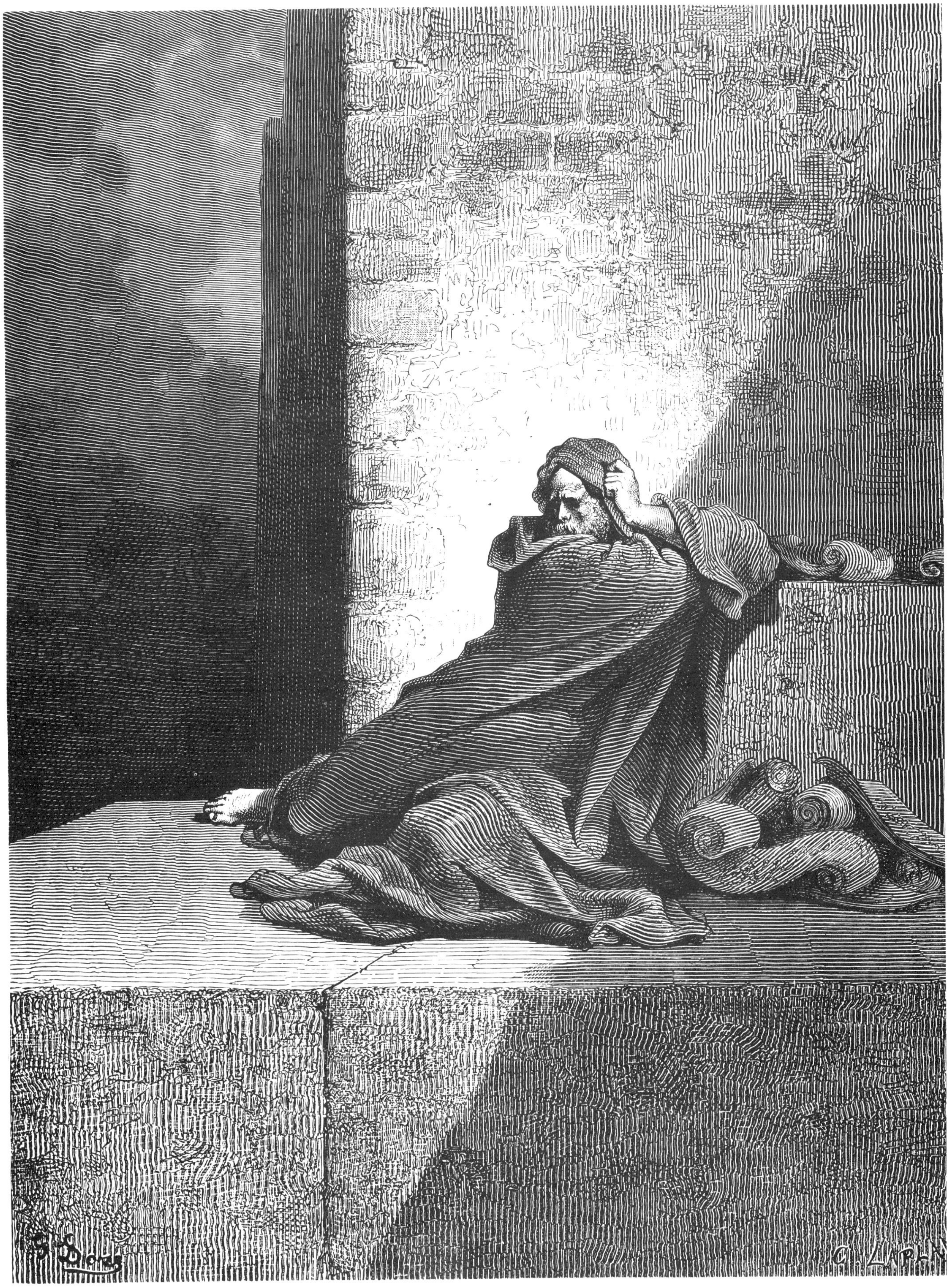

La profusión de los Libros que componen el compendio del Antiguo Testamento surgen ante nosotros conforme a la pauta que establecen las láminas de Doré. Ahora, el que comentaremos brevemente es el de Ezequiel.

Ezequiel fue el tercero de los tres grandes profetas bíblicos. Sacerdote desterrado a Babilona en la primera deportación, en 598 ayudó a los exiliados y les mantuvo en la esperanza de la restauración del pueblo elegido; fue un poeta y un visionario de gran carisma. Sus oráculos, contenidos en el *Libro de Ezequiel*, sirvieron de orientación al judaísmo después del exilio.

La presente lámina nos muestra a Ezequiel profetizando.

EZEQUIEL, 1, 5-14

5. En el medio había la figura de cuatro seres vivientes, cuyo aspecto era éste: tenían semejanza de hombre.

6. Y cada uno tenía cuatro caras, y cada uno cuatro alas.

7. Sus pies eran derechos y las plantas de éstos como la planta del pie de un becerro, y despedían centellas cual bronce bruñido.

8. Tenían manos de hombre por debajo de sus alas a los cuatro lados.

9. Sus alas se tocaban la una con la otra.

10. Sus caras tenían esta forma: cara de hombre (*por delante*), tenían, cada uno de los cuatro, cara de león, a la derecha, cara de toro, a la izquierda; y cara de águila *(atrás)*.

11. Sus caras y sus alas se extendían hacia arriba.

12. Y caminaba, cada cual, cara delante; a donde les llevaba el espíritu allí andaban. Y no mudaban de frente al caminar.

13. Estos animales tenían el aspecto de ascuas encendidas, semejantes a antorchas que como fuego resplandeciente discurrían por en medio de esos seres vivientes; y del fuego salían relámpagos.

14. Y los seres vivientes corrían y volvían cual fulgor de relámpago.

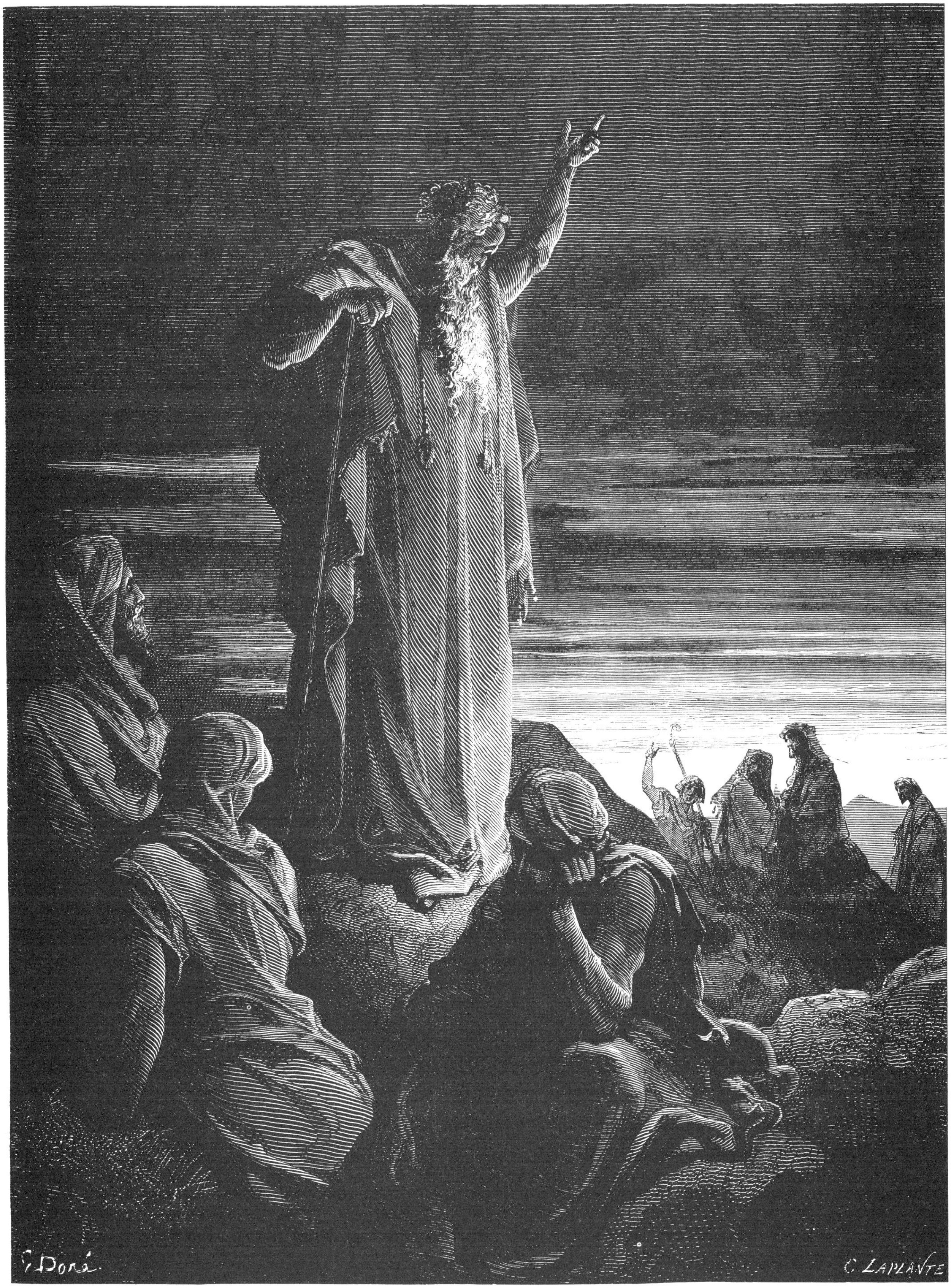
G. Doré.
C. LAPLANTE

Otro libro, otro profeta: Daniel.

El *Libro de Daniel*, compuesto en el 165 a. de J.C., durante la persecución de Antíoco IV Epifanes (revuelta de los Macabeos), estuvo escrito parte en hebreo y parte en arameo. Las narraciones y visiones tienen un sentido oculto, cuyo significado debe buscarse en los acontecimientos contemporáneos del autor; el libro es un mensaje de esperanza para los judíos perseguidos. Con este libro se inició un género literario nuevo: *el género apocalíptico.*

Doré nos muestra una imagen severa y circunspecta de Daniel, que completaremos con un fragmento del texto que corresponde al Cántico de los tres jóvenes.

DANIEL, 3, 51-60

51. Entonces aquellos tres, como si no tuviesen sino una sola boca, alabaron, y glorificaron, y bendijeron a Dios en medio del horno, diciendo:

52. Bendito eres Tú, Señor, Dios de nuestros padres, y digno de ser alabado y glorificado y ensalzado por todos los siglos. Bendito sea tu santo y glorioso Nombre.

53. Bendito eres Tú en el Templo santo de tu gloria, y sobre todo loor, y sobre toda gloria por los siglos.

54. Bendito eres Tú en el trono de tu reino, y sobre todo loor y sobre toda gloria por los siglos.

55. Bendito eres Tú que penetras en los abismos y te sientas sobre querubines, y eres digno de loor y de ser ensalzado por los siglos.

56. Bendito eres en el firmamento del cielo, y digno de loor y de gloria por los siglos.

57. Obras todas del señor, bendecid al Señor; loadle y ensalzadle por los siglos.

58. Angeles del Señor, bendecid al Señor; loadle y ensalzadle por los siglos.

59. Cielos, bendecid al Señor; loadle y ensalzadle por los siglos.

60. Aguas todas que estáis sobre los cielos, bendecid al Señor; loadle y ensalzadle por los siglos.

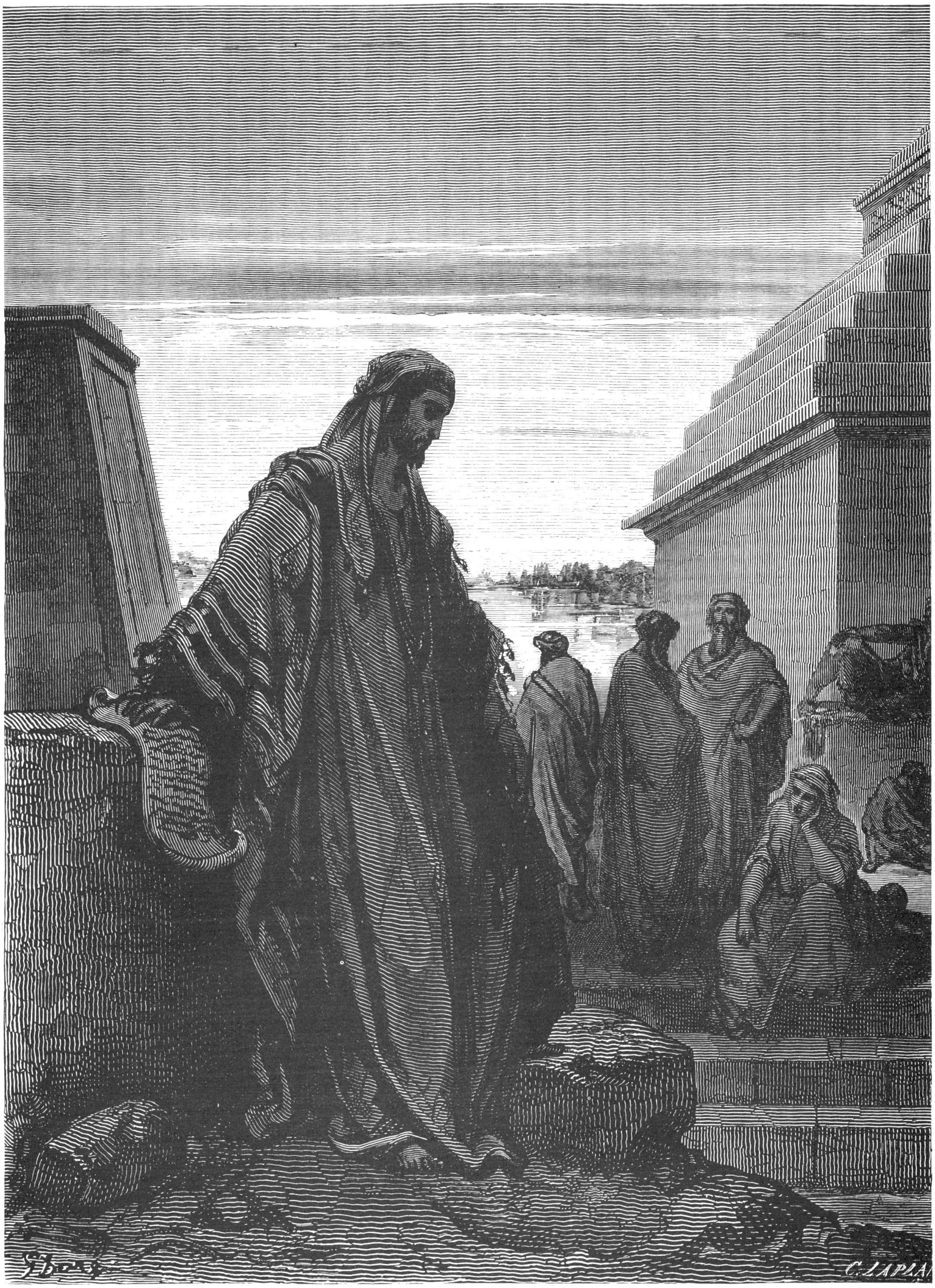

El rey Nabucodonosor hizo una estatua de oro y ordenó a todos que cuando oyeran el sonido de la trompeta se postraran ante ella.

Sus órdenes añadían que aquellos que no cumplieran su mandato serían arrojados a un horno encendido.

Hubo tres muchachos que se negaron a obedecer al monarca y fueron denunciados. *Esta ilustración muestra el castigo que recibieron.*

DANIEL, 3, 14-24

14. Nabucodonosor les habló diciendo: ¿De verdad, Sidraj, Misaj y Abed-Nego, no servís a mis dioses y no adoráis la estatua de oro que yo he alzado?

15. Ahora, pues, aprestaos, y, en oyendo el sonido de las trompetas, las cítaras, las arpas, los salterios, las gaitas y toda suerte de instrumentos músicos, postraos y adorad la estatua que yo he hecho, y si no la adoráis, al instante seréis arrojados a un horno encendido. ¿Y quién será el Dios que os libre de mis manos?

16. Sidraj, Misaj y Abed-Nego respondieron al rey diciendo: Nabucodonosor, no tienes por qué esperar más nuestra respuesta en esto...

17. ... pues nuestro Dios, al que servimos, puede librarnos del horno encendido y nos librará de tu mano.

18. Y si no quisiere, sabe, ¡oh rey!, que no adoraremos a tus dioses ni nos postraremos ante la estatua que has alzado.

19. Lleno entonces de ira Nabucodonosor, demudado el rostro contra Sidraj, Misaj y Abed-Nego, habló, mandando que se encendiese el horno siete veces otro tanto de lo que encenderse solía...

20. ... y mandó a hombres muy robustos de su ejército que atasen a Sidraj, Misaj y Abed-Nego y los echasen al horno de fuego ardiente.

21. Entonces estos varones, atados con sus mantos, túnicas, sus turbantes y sus vestiduras, fueron arrojados al horno ardiente.

22. Y como la orden del rey era apremiante y había mandado encender el horno tanto, las llamas abrasaron a los que habían echado en él a Sidraj, Misaj y Abed-Nego.

23. Y los tres varones cayeron atados en medio del horno encendido.

24. Se paseaban en medio de las llamas, alabando a Dios y bendiciendo al Señor.

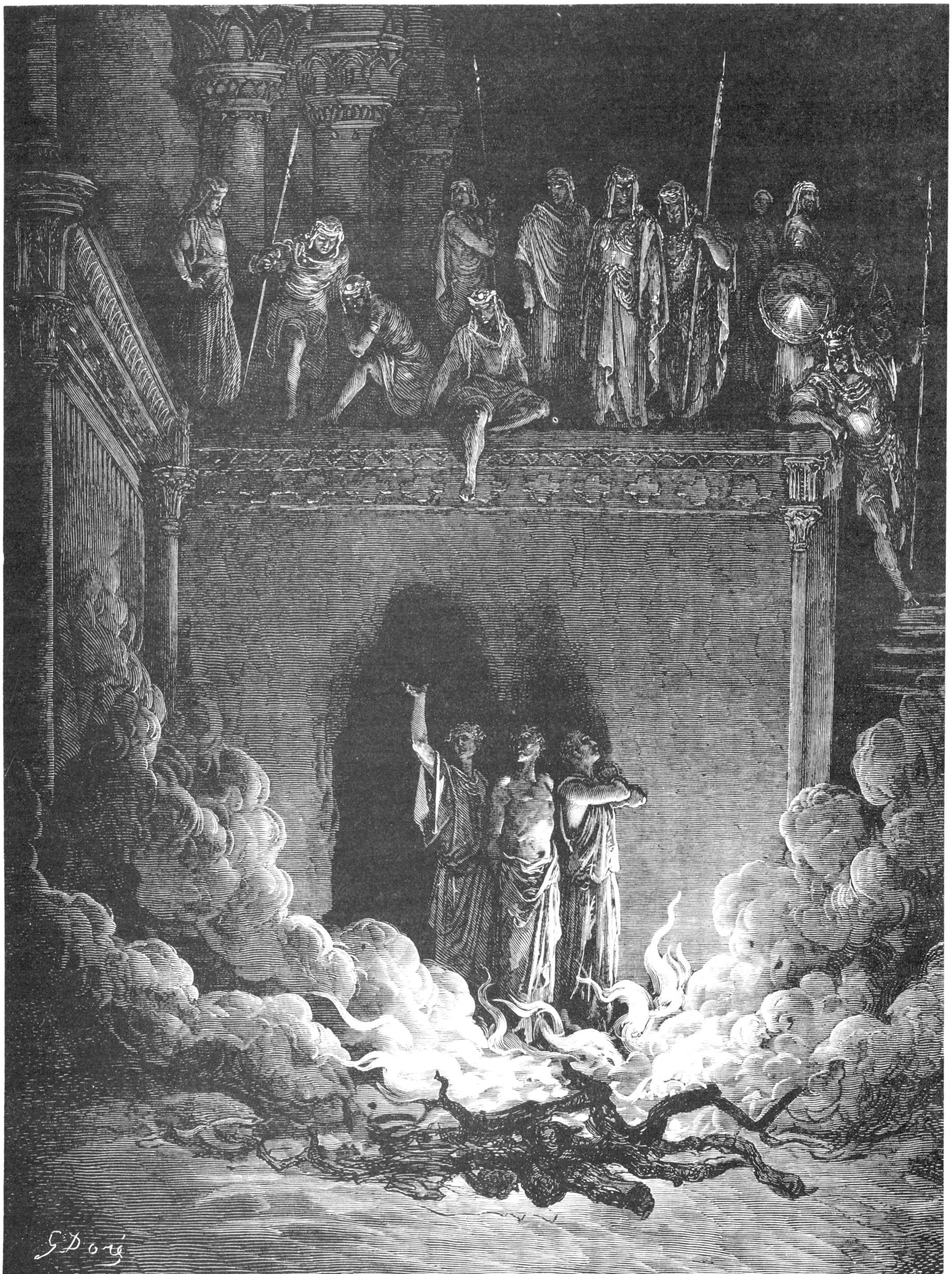
G. Doré

Daniel, como hombre de Dios, da muestras otra vez de su poder interpretando la escritura que ha aparecido en la pared del palacio de Baltasar.

DANIEL, 5, 17-30

17. Respondió entonces Daniel, diciendo al rey: Sean para ti tus dones, ¡oh rey!, y haz a otro tus mercedes. Yo leeré al rey lo escrito y le daré la interpretación.

18. El Dios Altísimo, ¡oh rey!, dio a Nabucodonosor, tu padre, el reino, la grandeza, la gloria y la magnificencia.

19. Por la grandeza que le dio, temblaba ante él y le temían todos los pueblos, naciones y lenguas. Mataba a quien quería, y a quien quería daba la vida; engrandecía a quien quería, y a quien quería le humillaba.

20. Mas, cuando su corazón se ensoberbeció y su espíritu se endureció altivo, fue depuesto del trono de su reino y despojado de su gloria.

21. Fue arrojado de entre los hijos de los hombres, se hizo semejante a las bestias y moró con los asnos salvajes...

22. Y tú, Baltasar, hijo suyo, sabiendo esto, no has humillado tu corazón.

23. Te has alzado contra el Señor de los cielos, has traído ante ti los vasos de su casa y os habéis servido de ellos para beber vino tú y tus grandes, tus mujeres y tus concubinas; has alabado a dioses de plata y oro, de bronce y de hierro, de madera y de piedra, que ni ven ni entienden, y no has dado gloria al Dios que tiene en sus manos tu vida y es el dueño de todos los caminos.

24. Por eso ha mandado Él esta escritura.

25. La escritura es: mené, mené, teqel, ufarsin;...

26. ... y ésta es su interpretación: mené, ha contado Dios tu reino y le ha puesto fin;...

27. ... teqel, has sido pesado en la balanza y hallado falto de peso;...

28. ... ufarsin, ha sido roto tu reino y dado a los medos y persas.

29. Mandó entonces Baltasar vestirle de púrpura, y poner a su cuello el collar de oro, y de pregonar de él que era el tercero en el reino.

30. Aquella misma noche fue muerto Baltasar, rey de los caldeos,...

מנא מנא
תקל ופרסין

Darío, rey de Media, se apoderó del reino de Baltasar. Constituyó en su reino ciento veinte sátrapas que lo gobernasen, y sobre ellos tres presidentes para que lo gobernasen. Entre ellos estaba Daniel.

Viendo éstos que Daniel estaba por encima de ellos y que gozaba de mayor poder, decidieron buscar la manera de desprestigiarle ante el rey. Buscaron y buscaron pero no encontraron otra cosa para acusarle que su amor a Dios.

En esta lámina Daniel es arrojado a los leones por adorar a Dios.

DANIEL, 6, 13-24

13. Llegáronse luego al rey y le hablaron acerca del real edicto: ¿No has firmado tú un decreto mandando que cualquiera que en espacio de treinta días hiciese petición a dios u hombre, fuera de ti, ¡oh rey!, sea arrojado al foso de los leones? Respondió el rey, diciendo: Así es según la ley de Media y de Persia, que no puede revocarse.

14. Entonces respondieron ellos diciendo al rey: Pues Daniel, de los hijos de la cautividad de los judíos, no teniendo cuenta de ti, ¡oh rey!, ni el edicto firmado, tres veces al día hace oración.

15. Al rey, cuando esto oyó, pesóle sobremanera, y se propuso salvar a Daniel, y hasta la puesta del sol estuvo haciendo esfuerzos para librarle.

16. Pero aquellos hombres se reunieron ante el rey y le dijeron: has de saber ¡oh rey!, que es la ley de Media y de Persia que edicto u ordenanza que el rey firma es irrevocable.

17. Mandó entonces el rey que trajeran a Daniel y le arrojaran al foso de los leones. Y hablando el rey a Daniel le dijo: Quiera salvarte tu Dios, a quien perseverante sirves.

18. Trajeron una piedra, que pusieron sobre la boca del foso de los leones y la selló el rey con su anillo y con los anillos de sus grandes para que en nada pudiera mudarse la suerte de Daniel.

19. Fuese luego el rey a su palacio, y se acostó ayuno; no se tocaron ante él instrumentos de música y huyó de sus ojos el sueño.

20. Levantóse, pues, muy de mañana y se fue apresuradamente al foso...

21. ... y acercándose al foso de los leones, llamó con tristes voces a Daniel, y hablando el rey a Daniel, decía: Daniel, siervo del Dios vivo, el Dios tuyo, a quien perseverante sirves, ¿ha podido librarte de los leones?

22. Entonces dijo Daniel al rey: ¡Vive por siempre, oh rey!...

23. ... Mi Dios ha enviado a su ángel, que ha cerrado la boca de los leones para que no me hiciesen mal, porque delante de El ha sido hallada en mí justicia, y aun contra ti, ¡oh rey!, nada he hecho de malo.

24. Púsose entonces muy contento el rey, y mandó que sacasen del foso a Daniel. Este fue sacado del foso, y no hallaron en él herida alguna, porque había tenido confianza en su Dios.

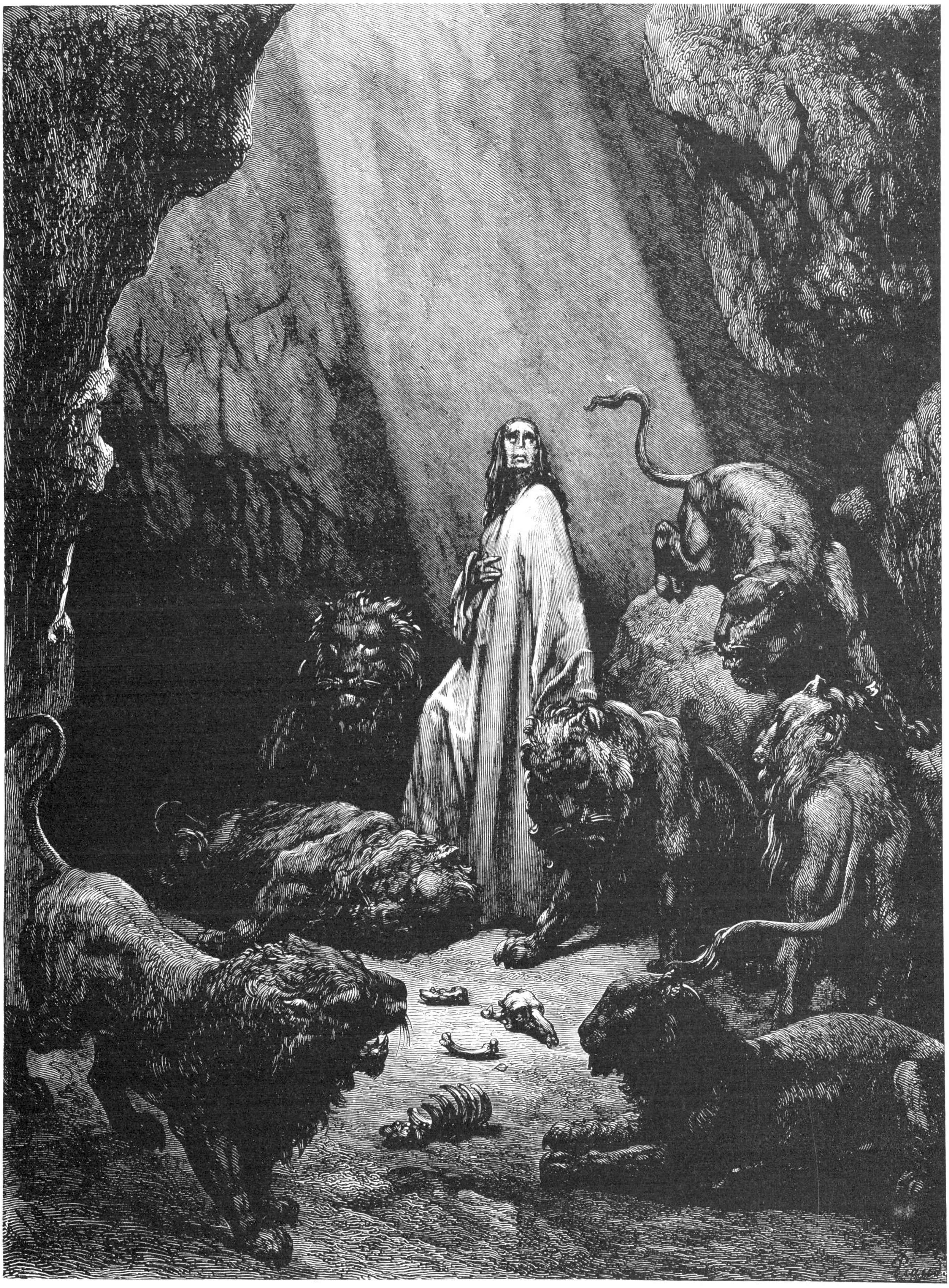

Tras rescatar a Daniel el rey mandó que quienes habían acusado al joven fueran castigados de la misma forma que ellos pretendieron con su amigo.

Luego el monarca escribió que no había otro Dios que el Dios de Daniel, el cual salvaba, y obraba señales y portentos en los cielos y en la tierra.

En esta lámina veremos uno de los sueños del profeta Daniel durante el reinado de Baltasar.

DANIEL, 7, 1-8

1. El año primero de Baltasar, rey de Babilonia, tuvo Daniel un sueño, y vio visiones de su espíritu mientras estaba en su lecho. En seguida escribió el sueño.

2. Yo miraba durante mi visión nocturna, y vi interrumpir en el mar Grande los cuatro vientos del cielo...

3. ... y salir del mar cuatro bestias, diferentes una de otra.

4. La primera bestia era como un león con alas de águila. Yo estuve mirando hasta que le fueron arrancadas las alas y fue levantada de la tierra, poniéndose sobre los pies a modo de hombre, y le fue dado corazón de hombre.

5. Y he aquí que una segunda bestia, semejante a un oso, y que tenía en su boca entre los dientes tres costillas, se estaba a un lado y le dijeron: Levántate a comer mucha carne.

6. Seguí mirando después de esto, y he aquí otra tercera, semejante a un leopardo, con cuatro alas de pájaro sobre su dorso y con cuatro cabezas, y le fue dado el dominio.

7. Seguía yo mirando en la visión nocturna, y vi la cuarta bestia, terrible, espantosa, sobremanera fuerte, con grandes dientes de hierro. Devoraba y trituraba, y las sobras las machacaba con los pies. Era muy diferente de todas las bestias anteriores y tenía diez cuernos.

8. Estando yo contemplando los cuernos vi que salía de entre ellos otro cuerno pequeño, y le fueron arrancados tres de los primeros, y este otro tenía ojos como de hombre y una boca que hablaba con gran arrogancia.

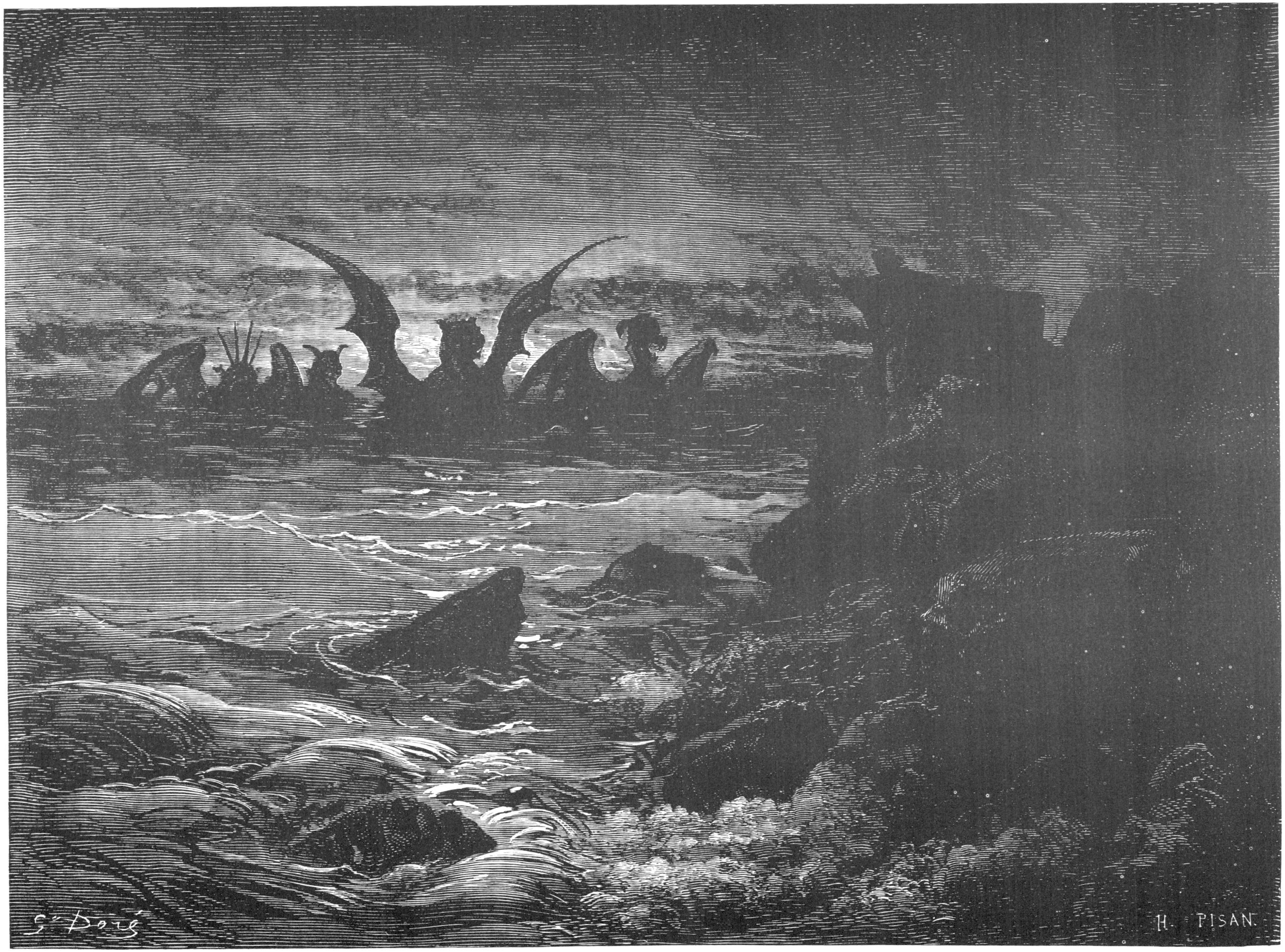
G. Doré
H. PISAN.

En esta lámina se puede ver cómo Susana, mientras toma su baño, es espiada por dos ancianos, que son los que aquel año habían sido designados jueces.

DANIEL, 13, 7-24

7. Hacia el mediodía, cuando el pueblo se había retirado, entraba y se paseaba Susana en el jardín de su marido...

8. ... y, viéndola cada día los dos ancianos entrar y pasearse, sintieron pasión por ella.

9. Y, pervertido su juicio, desviaron sus ojos para no mirar al cielo ni acordarse de sus justos juicios.

10. Ambos estaban heridos de amor por Susana, pero no se lo habían comunicado entre sí...

11. ... porque sentían vergüenza de confesarse uno a otro su pasión y el deseo que tenían de unirse a ella...

12. ... y a porfía buscaban cada día ocasión de verla.

13. Dijéronse, pues, el uno al otro: Vamos a casa, que ya es hora de comer. Y, saliendo, se separaron el uno del otro.

14. Pero, dando la vuelta, vinieron al mismo sitio. Preguntándose la causa, se declararon su pasión, y en común espiaron el momento de poder hallarla sola.

15. Y sucedió que, mientras esperaban el día oportuno, entró Susana al jardín, como el día anterior, acompañada sólo de dos doncellas, para bañarse en el jardín, porque hacía calor.

16. Nadie había allí fuera de los dos ancianos, que, escondidos, la acechaban.

17. Y dijo a las doncellas: Traedme el aceite y los ungüentos y cerrad las puertas, que voy a bañarme.

18. Hicieron ellas como se les había dicho, y, cerrando las puertas del jardín, salieron por la puerta lateral para traer lo que se les había mandado, y no vieron a los ancianos que estaban escondidos.

19. En cuanto salieron las doncellas, se levantaron los ancianos y se precipitaron hacia ella...

20. ... diciéndole: Las puertas están cerradas, nadie nos ve, y nosotros sentimos pasión por ti; consiente, pues, y entrégate a nosotros;...

21. ... de lo contrario, daremos testimonio contra ti de que estabas con un joven y por esto despediste a las doncellas.

22. Rompió a llorar Susana, y dijo: Por todas partes me siento en angustia, porque, si hago lo que proponéis, vendrá sobre mí la muerte, y si no lo hago, no escaparé a vuestras manos.

23. Mas prefiero caer inculpable en vuestras manos a pecar ante el Señor.

24. Y levantando la voz, la levantaron también los dos ancianos contra ella.

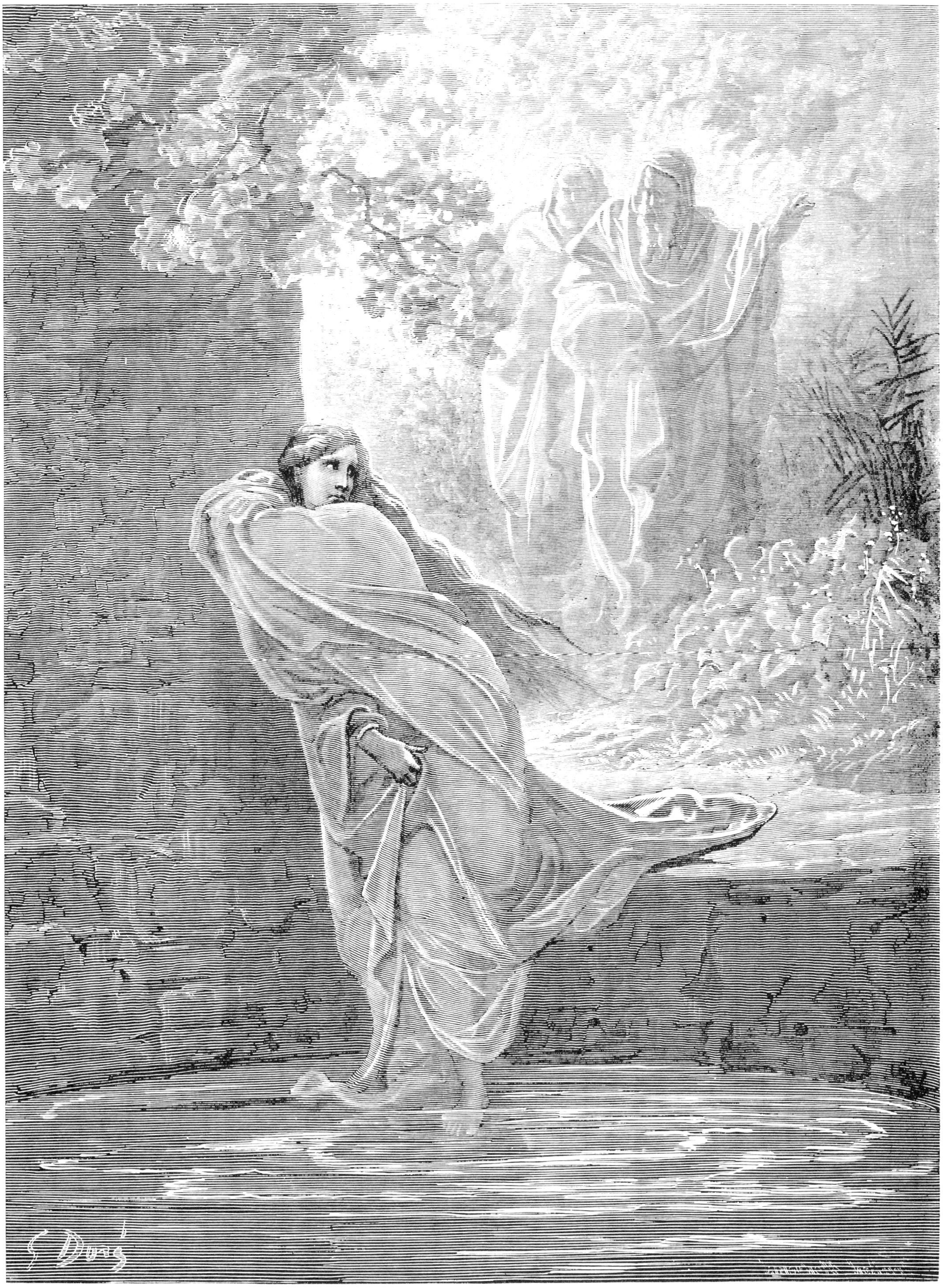

Daniel, una vez más, demuestra que está con Dios, pues defiende a la pobre Susana de los falsos testimonios que contra ella se han presentado.

Susana invoca fervientemente a Yahvé para que la salve y éste manda a Daniel para que demuestre la inocencia de la joven esposa de Joaquín.

En esta lámina nos muestra el momento en que se conoce que los dos ancianos han mentido.

DANIEL, 13, 48-62

48. Y él, puesto en medio de ellos, dijo: ¿Tan insensatos sois, hijos de Israel que, sin inquirir ni poner en claro la verdad, condenáis a esa hija de Israel?

49. Volved al tribunal, porque éstos han testificado falsamente contra ella.

50. Y todo el pueblo a gran prisa se volvió. Los ancianos le dijeron: Ven, siéntate en medio de nosotros y decláranoslo, porque el Señor te ha dado el don de la ancianidad.

51. Díjoles Daniel: Separadlos lejos uno de otro, que voy a interrogarlos.

52. Así que los hubieron separado uno de otro, llamó a uno de ellos y le dijo: Viejo envejecido en la maldad, ahora vienen sobre ti las maldades que tantas veces hiciste,...

53. ... juzgando injustamente, condenando a los inocentes y absolviendo a los culpables, cuando Dios dice: No matarás al inocente y al justo.

54. Dinos, si viste a ésta, ¿bajo qué árboles los viste acariciarse? El contestó: Bajo un lentisco.

55. Replicó Daniel: Muy bien; has mentido contra tu propia cabeza, pues ya el ángel de Dios ha recibido la orden de partirte por medio.

56. Y, haciéndole retirar mandó traer al otro y le dijo: Raza de Canán y no de Judá, la belleza te sedujo y la pasión pervirtió tu corazón.

58. Ahora pues, ¿bajo qué árbol los habéis sorprendido acariciándose mutuamente? Contestó él: Bajo una encina.

59. Díjole Daniel: Muy bien; has mentido tú también contra tu cabeza, pues el ángel de Dios tiene pronta ya la espada para rajarte por medio, para aniquilaros.

60. Y toda la asamblea, levantó la voz bendiciendo a Dios, que salva a los que en El esperan.

61. Y se lanzaron contra los dos viejos, a quienes Daniel había convencido por su propia declaración de haber falsamente testificado.

62. Y, según la ley de Moisés, les hicieron como ellos mismos habían maquinado contra su prójimo. Diéronles muerte, y se salvó en aquel día la sangre inocente.

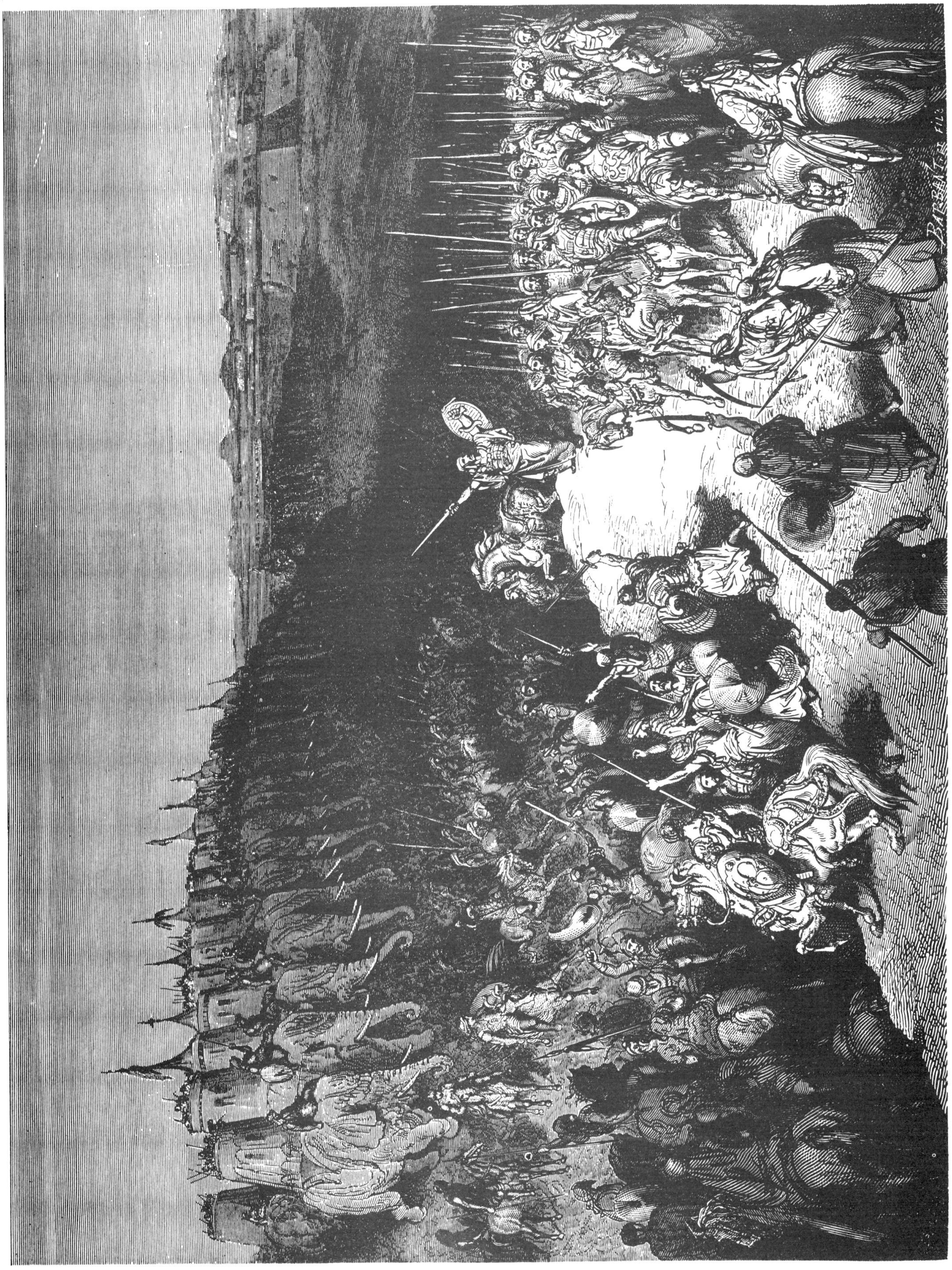

De nuevo damos un salto en el devenir de los sagrados textos, situándonos ahora en el Primer Libro de los Macabeos.

Los dos Libros de los Macabeos narran la historia de la revuelta del pueblo judío para salvaguardar su fe y su independencia.

En esta lámina de Doré vemos como Judas, atravesando el desierto persigue a Timoteo.

PRIMER LIBRO DE LOS MACABEOS
5, 29-43

29. Levantando el campo por la noche se encaminó hacia la fortaleza de Diatema.

30. Al amanecer alzó los ojos y vio una muchedumbre innumerable con escalas y máquinas de guerra dispuesta a atacar y tomar la fortaleza.

31. Entendió Judas que el ataque comenzaba, y oyó que de la ciudad subía al Cielo un gran griterío y sonido de trompetas.

32. Dijo entonces a los de su ejército: «Luchad hoy por vuestros hermanos».

33. Y en tres secciones se dirigieron por la espalda, tocando las trompetas y clamando a Dios en oración.

34. Cuando el ejército de Timoteo se dio cuenta de que era el Macabeo, emprendieron la fuga. Le inflingió una gran derrota, quedando aquel día en el campo hasta ocho mil hombres.

35. Luego se volvió Judas contra Masfa, la atacó, adueñándose de ella, matando a todos sus hombres, tomando sus despojos y entregando la ciudad a las llamas.

36. Partiendo de allí, tomó a Casfor, Maqued y Bosor, con las demás ciudades de Galaad.

37. Después de esto juntó Timoteo otro ejército y vino a acampar enfrente de Rafón, del otro lado del torrente.

38. Envió Judas a explorar el campo, y le trajeron estas noticias: «Se han juntado con Timoteo todos los gentiles de alrededor, y forman un ejército muy grande.

39. Además, han tomado a sueldo a los árabes como auxiliares, y están acampados del otro lado del torrente, prontos a venir contra ti.» Salió Judas al encuentro de ellos.

40. Timoteo había dado instrucciones a sus capitanes: «Si al llegar Judas al torrente le permitiéramos pasar hasta nosotros, no podríamos resistirle porque tiene una fuerza incontrastable;...

41. ... mas si por temor acampara al otro lado del torrente, iremos contra él y le venceremos».

42. Cuando Judas se acercó al torrente, detuvo a los intendentes del ejército y les dio esta orden: «No permitáis que se quede nadie en el campo; que vayan todos a luchar».

43. Y atravesó él primero contra los enemigos, y todo el pueblo en pos de él. Fueron deshechos los gentiles, que tiraron las armas y huyeron al santuario de Carnaím.

— 188 —

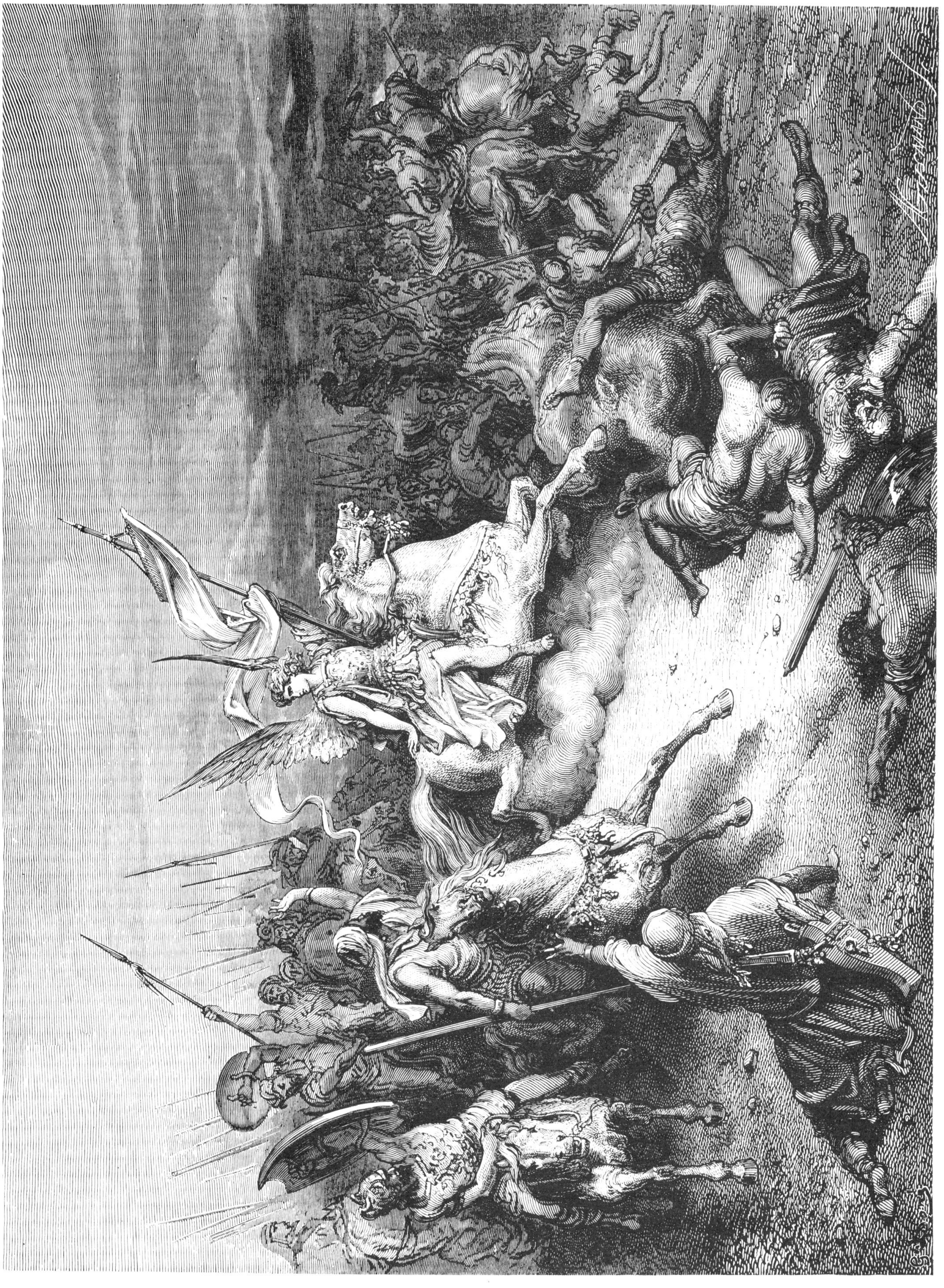

En la lámina que nos ocupa, podremos ver la forma tan especial que tuvo Eleazar, uno de los Macabeos, de morir por unos ideales y para defender a los suyos.

PRIMER LIBRO DE LOS MACABEOS,
6, 31-46

31. ... todos los cuales, llegando por la Idumea, acamparon enfrente de Betsur y la combatieron por largo tiempo con máquinas; pero los cercados hicieron una salida y, luchando valientemente les prendieron fuego.

32. Judas levantó el cerco que tenía puesta a la ciudadela y vino a acampar junta a Betzacaría, enfrente del campamento del rey.

33. Este se levantó de madrugada y, moviendo el campo a toda prisa, se dirigió por el camino de Betzacaría. Dispuestas las fuerzas para la batalla, dio con las cornetas la señal de atacar.

34. Los elefantes, a los que habían emborrachado con zumo de uvas y moras para excitarlos a la pelea...

35. ... fueron distribuidos por las falanges, colocando al lado de cada elefante mil hombres protegidos con cotas de malla y con yelmos de bronce en la cabeza, y a más quinientos caballos escogidos...

36. ... precedían a la bestia dondequiera que iba y la acompañaban sin apartarse de ella.

37. Sobre éstas iban montadas fuertes torres de madera, bien protegidas y sujetas al elefante, y en cada una dos o tres hombres valerosos, que combatían desde las torres, y su indio conductor.

38. El resto de la caballería lo colocó a la derecha y a la izquierda, en las dos alas del ejército, para hostigar al enemigo y proteger las falanges.

39. En cuanto el sol comenzó a brillar sobre los escudos de oro y bronce, brillaron los montes con ellos y resplandecían como llamas de fuego.

40. Una parte del ejército del rey se desplegó en los montes altos, otra en el llano, y todos iban con paso seguro y buen orden.

41. Los judíos quedaron espantados al oír el estruendo de tal muchedumbre, el marchar de aquella masa y el chocar de sus armas. Era a la verdad un ejército extremadamente grande y poderoso.

42. Se acercó Judas con el suyo, se trabó la lucha, y cayeron del ejército del rey seiscientos hombres.

43. Eleazar, hijo de Savarán, vio una de las bestias protegidas con coraza regia que superaba a todas las otras, y pareciéndole que debía ser la del rey,...

44. ... se propuso salvar a su pueblo y hacerse un nombre eterno.

45. Lleno de valor, corrió por en medio de la falange hacia ella, matando a derecha y a izquierda y haciendo que todos se apartasen de él.

46. Llegado al elefante, se puso debajo de él y le hirió. Cayó el elefante encima de él y allí mismo murió.

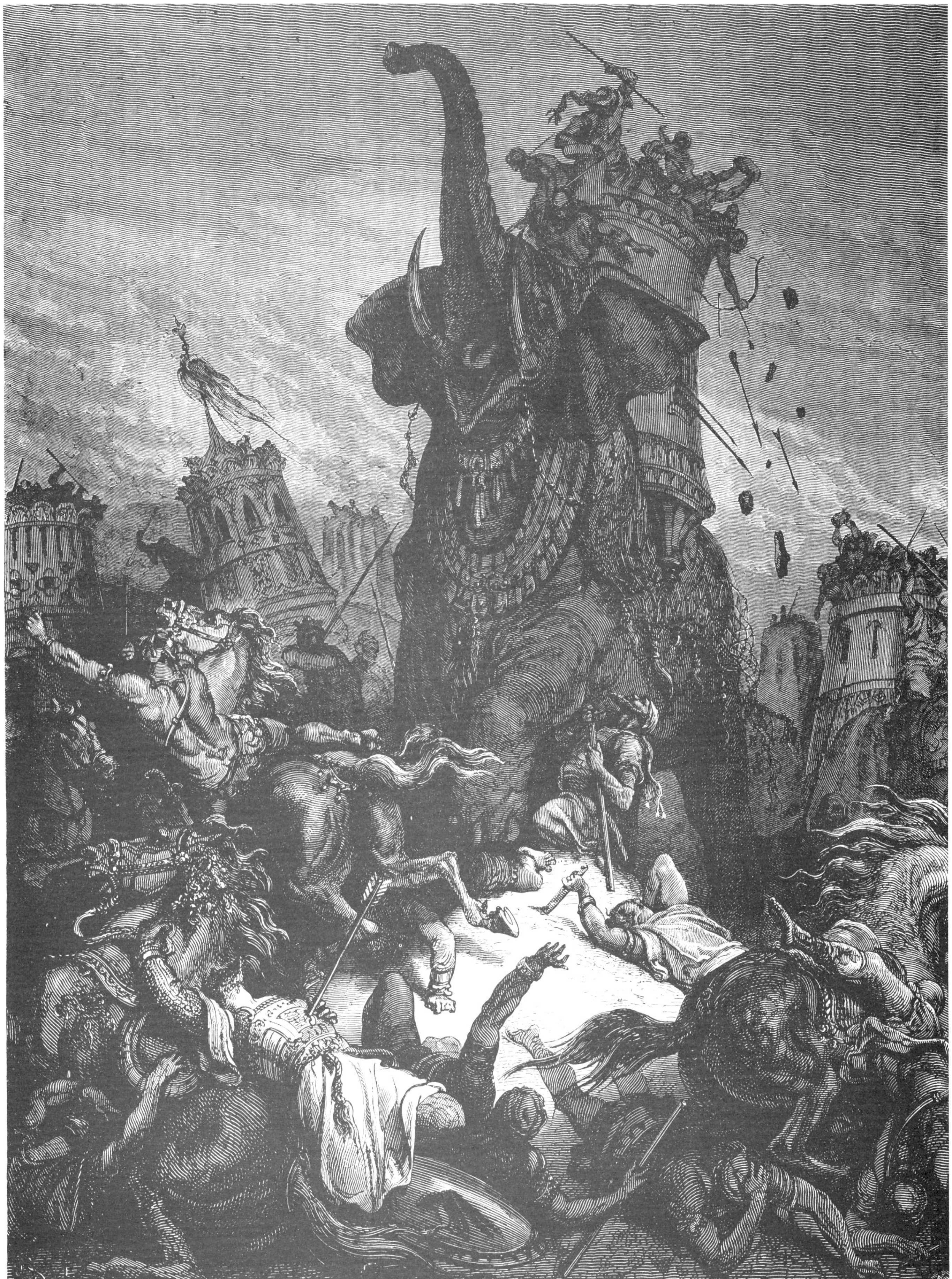

Muerto Judas, se reunieron todos sus amigos y le dijeron a Jonathan que le habían elegido a él para que sucediera a su hermano.

Jonathan aceptó el mando y continuó la labor de Judas.

Doré plasma en esta lámina a Jonathan destruyendo el templo de Dagón.

PRIMER LIBRO DE LOS MACABEOS,
10, 74-84

74. Cuando Jonathan oyó las bravatas de Apolonio, se llenó de indignación; y escogiendo diez mil hombres, salió de Jerusalén, llevando consigo a Simón, su hermano.

75. Acampó frente a Jope, que le cerró las puertas, porque había en ella una guarnición de Apolonio. Pero la atacaron,...

76. ... y atemorizados los ciudadanos, le abrieron las puertas, quedando Jonathan dueño de Jope.

77. Así que Apolonio tuvo noticias del suceso, sacó al campo tres mil caballos y una poderosa fuerza de infantería,...

78. ... y siguió el camino de Azoto, fingiendo pasar de largo frente a Jope, pero se volvió en seguida a la llanura, muy confiado en la numerosa caballería que tenía. Jonathan salió contra él hacia Azoto, y se trabó la lucha.

79. Apolonio había dejado emboscados mil caballos.

80. Supo Jonathan la acechanza que detrás de sí tenía, y aunque unos y otros cercaron el campo y estuvieron lanzando flechas contra el pueblo desde la mañana hasta la noche,...

81. ... el pueblo se mantuvo firme, según las órdenes de Jonathan, hasta que la caballería se fatigó.

82. Luego movió Simón sus fuerzas y atacó la falange, y como la caballería estaba ya agotada, los derrotaron y pusieron en fuga.

83. La caballería se dispersó por la llanura, huyendo hacia Azoto, y se refugiaron en el templo de Dagón, su ídolo, para salvarse,.

84. Jonathan prendió fuego a Azoto y a las ciudades cercanas, se apoderó de sus despojos y dio a las llamas el templo de Dagón, abrasando a los que en él se habían refugiado.

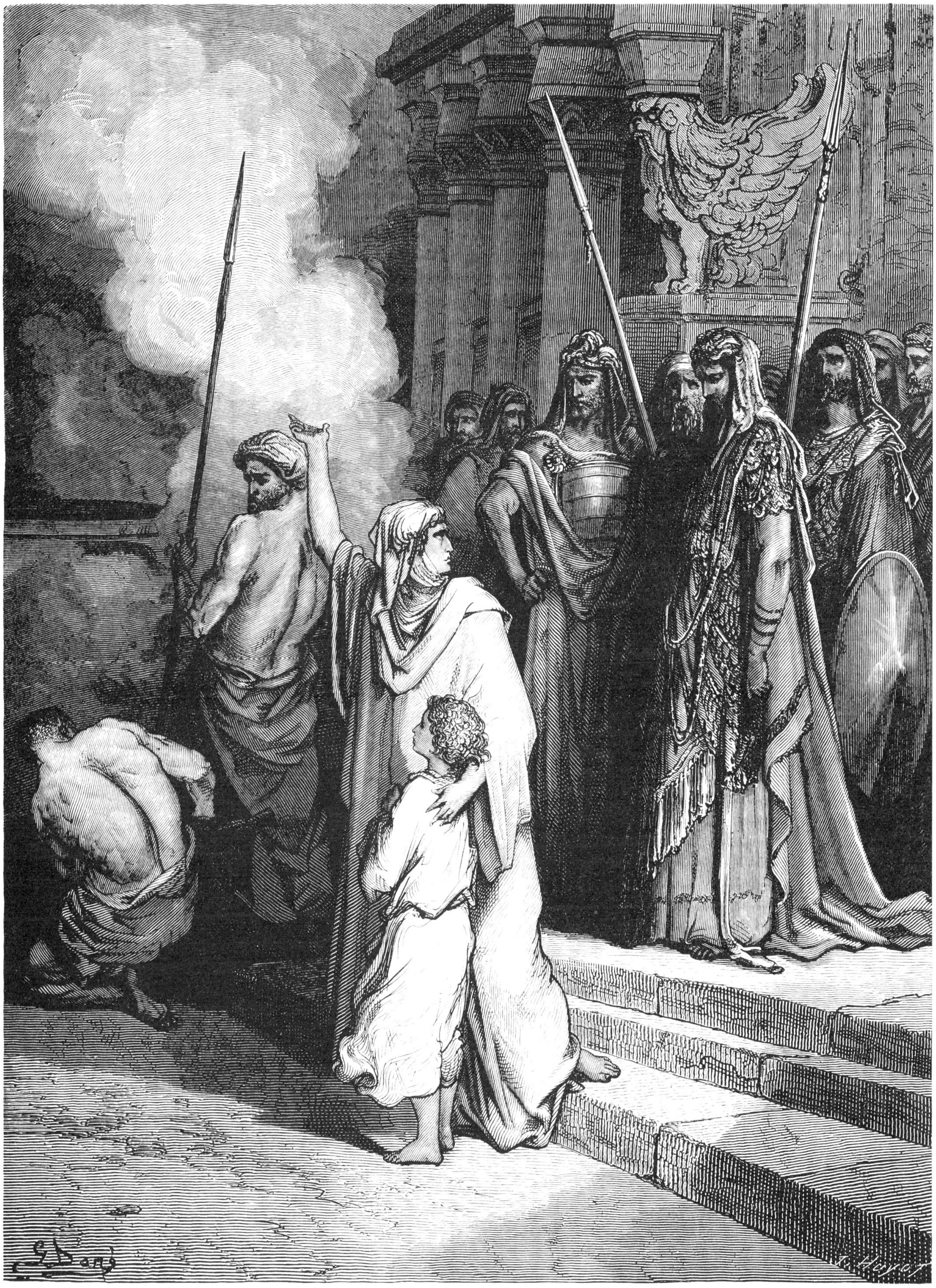

Pasamos ya a la segunda parte del Libro de los Macabeos en la que se continúan contando, tal y como se ha dicho al empezar la Primera Parte, las luchas por la independencia del pueblo judío.
Veremos ahora de qué forma fue Heliodoro expulsado del templo.

SEGUNDO LIBRO DE LOS MACABEOS,
3, 16-28

16. Nadie podía mirar el rostro del sumo sacerdote sin quedar traspasado, porque su aspecto y su color demudado mostraban la angustia de su alma.

17. El temor que se reflejaba en aquel varón y el temblor de su cuerpo revelaban a quien lo miraba la honda pena de su corazón.

18. Los ciudadanos salían en tropel de sus casas para acudir a la pública rogativa en favor del lugar santo, que estaba a punto de ser profanado.

19. Las mujeres, ceñidos los pechos de saco, llenaban las calles, y las doncellas, recogidas, concurrían unas a las puertas del templo, otras sobre los muros, algunas miraban furtivamente por las ventanas,...

20. ... y todos, tendidas las manos al cielo, oraban.

21. Era para mover a compasión ver la confusa muchedumbre postrada en tierra y la ansiedad del sumo sacerdote, lleno de angustia.

22. Todos invocaban al Dios omnipotente, pidiendo que los depósitos fuesen con plena seguridad conservados intactos a los depositantes.

23. Heliodoro, por su parte, dispuesto a consumar su propósito, estaba ya acompañado de su escolta junto al gazofilacio,...

24. ... cuando el Señor de los espíritus y Rey de absoluto poder hizo de él gran muestra a cuantos se habían atrevido a entrar en el templo. Heridos a la vista del poder de Dios, quedaron impotentes y atemorizados.

25. Se les apareció un jinete terrible. Montaba un caballo adornado de riquísimo caparazón, que, acometiendo impetuosamente a Heliodoro, lo coceó con las patas traseras. El que lo montaba iba armado de armadura de oro.

26. Aparecieron también dos jóvenes fuertes, llenos de majestad, magníficamente vestidos, los cuales, colocándose uno a cada lado de Heliodoro, lo azotaban sin cesar, descargando sobre él fuertes golpes.

27. Al instante, Heliodoro, caído en el suelo y envuelto en tenebrosa obscuridad, fue recogido y puesto en una litera.

28. Y el que hacía poco, con mucho acompañamiento y con segura escolta, entraba en el gazofilacio, era ahora llevado, incapaz de auxiliarse a sí mismo, habiendo experimentado manifiestamente el poder de Dios;...

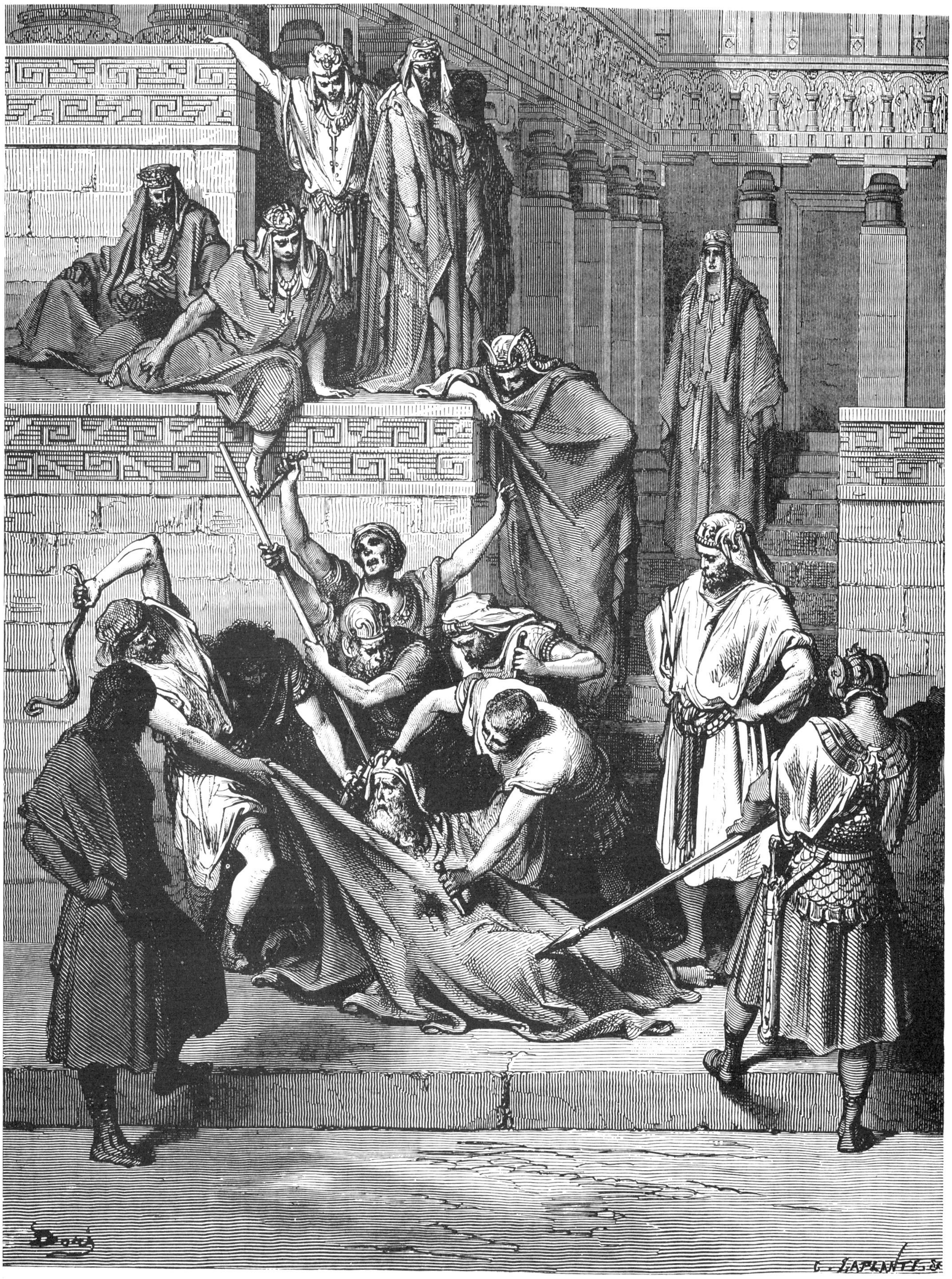

Heliodoro se recuperó del castigo recibido gracias a que Onías, el sumo sacerdote, ofreció sacrificios de propiciación.

Poco después fueron introduciéndose costumbres extranjeras. Los sacerdotes ya no se ocupaban del servicio del altar, mostrando poca estima por el templo y descuidando los sacrificios. A causa de ello les vino una gran calamidad y todo cuanto habían hecho, sus envidias y odios, se volvieron contra ellos.

Muchos fueron los robos y sacrilegios cometidos en Jerusalén. Excitada la muchedumbre e inflamada en cólera, se amotinó el pueblo contra el que tanto mal había esparcido.

A causa de estos actos fue entablado juicio contra Menelao, quien prometiendo mucho oro consiguió el perdón. Fue absuelto, pero se castigaron a los que tan impetuosamente habían pretendido defender lo justo. *Sin tardanza fueron al injusto castigo los que habían tomado la defensa de la ciudad, del pueblo y de los vasos sagrados. Pero hasta los tirios, horrorizados de la maldad, les hicieron magníficos funerales.*

SEGUNDO LIBRO DE LOS MACABEOS,
5, 1-4

1. Por este tiempo preparó Antíoco su segunda expedición contra Egipto;...

2. ... y por espacio de casi cuarenta días, por toda la ciudad aparecieron en el aire carreras de jinetes vestidos con túnicas doradas, armados de lanzas, a semejanza de cohortes,...

3. ... y escuadrones de caballos en orden de batalla, ataques y cargas de una y otra parte, movimiento de escudos, multitud de lanzas, espadas desenvainadas, lanzamiento de dardos, brillar de armaduras de oro y corazas de todo género.

4. Por lo cual todos rogaban que tales apariciones fuesen de buen presagio.

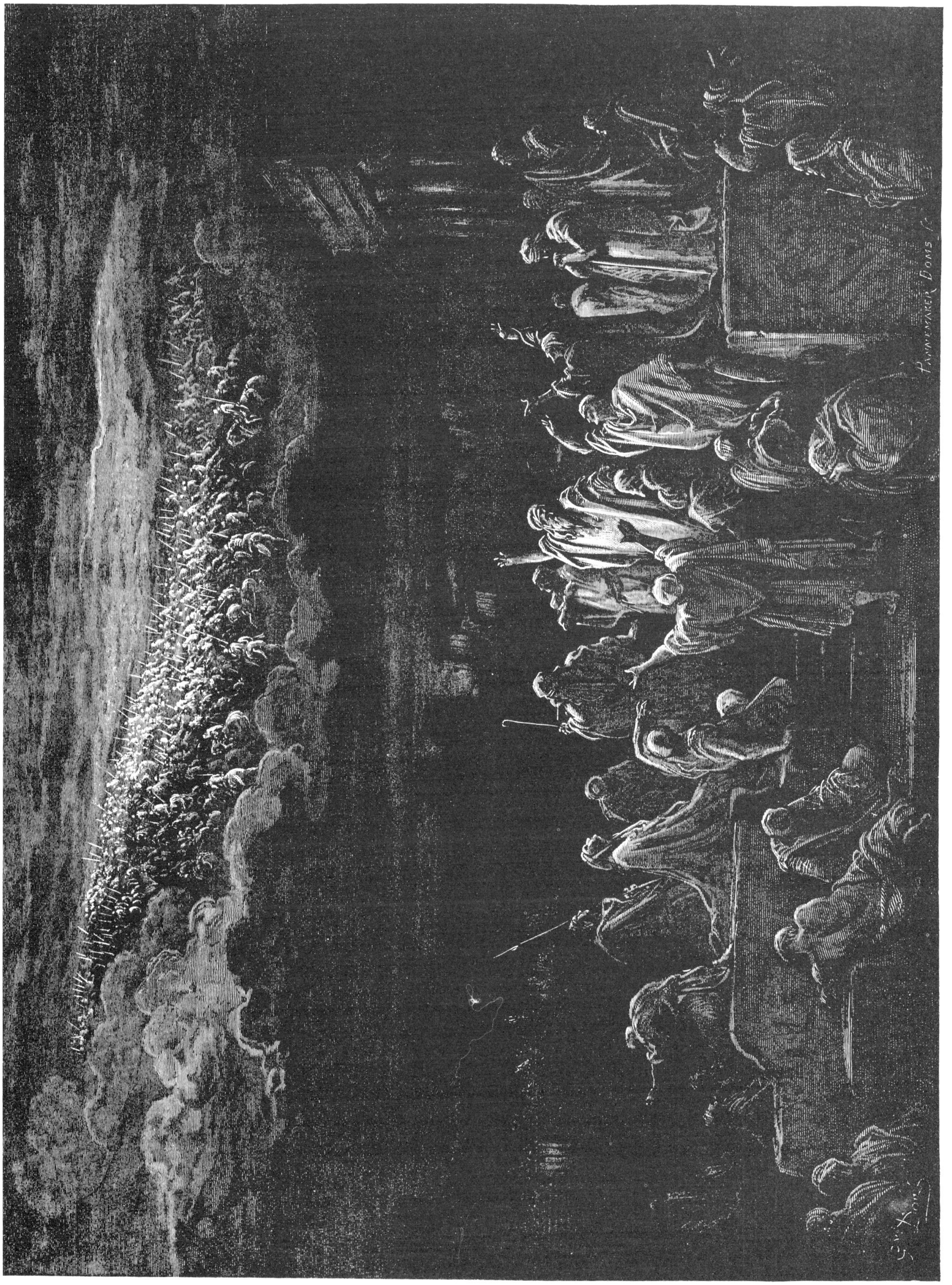

Doré nos muestra en esta bellísima lámina cómo tuvo lugar la muerte del anciano Eleazar.

SEGUNDO LIBRO DE LOS MACABEOS, 6, 21-31

21. Los que presidían el inicuo sacrificio, por la amistad que de antiguo tenían con aquel varón *(Eleazar),* tomándole aparte, le exhortaban a traer cosas de las permitidas, preparadas por él, para simular que había comido las sacrificadas, según mandato del rey.

22. Haciendo así se libraría de la muerte, y por la antigua amistad hacían con él este acto de humanidad.

23. Pero él elevándose a más altas consideraciones, dignas de su edad, de la nobleza de su vejez, de su bien ganada y respetada canicie y de la ejemplar vida que desde niño había llevado, digna en todo de las leyes santas establecidas por Dios, respondió diciendo que cuanto antes le enviasen al Hades;...

24. ... que era indigno de su ancianidad simular, no fuera que pudiesen luego decir los jóvenes que Eleazar, a sus noventa años, se había paganizado con los extranjeros.

25. «Mi simulación –dijo–, por amor de esta corta y perecedera vida, los induciría a error y echarían sobre mi vejez una afrenta y un oprobio;...

26. ... pues aunque al presente lograra librarme de los castigos humanos, de las manos del Omnipotente no escaparé ni en vida ni en muerte.

27. Por lo cual animosamente entregaré la vida y me mostraré digno de mi ancianidad,...

28. ... dejando a los jóvenes un ejemplo noble para morir valientemente y generosamente por nuestras venerables y santas leyes». Diciendo esto, tomó el camino del suplicio,...

29. ... conducido por aquellos mismos que poco antes se mostraban humanos para con él, pero que ahora, enfurecidos a causa de las palabras proferidas, le azotaban, teniéndole por insensato.

30. Estando para morir de los azotes, exhaló un gemido y dijo: «El Señor santísimo ve bien que, pudiendo librarme de la muerte, doy mi cuerpo a los crueles azotes; pero mi alma los sufre gozosa por el temor de Dios».

31. Así acabó la vida, dejando con su muerte, no sólo a los jóvenes, sino a todos los de su nación, un ejemplo de nobleza y una mejora de virtud.

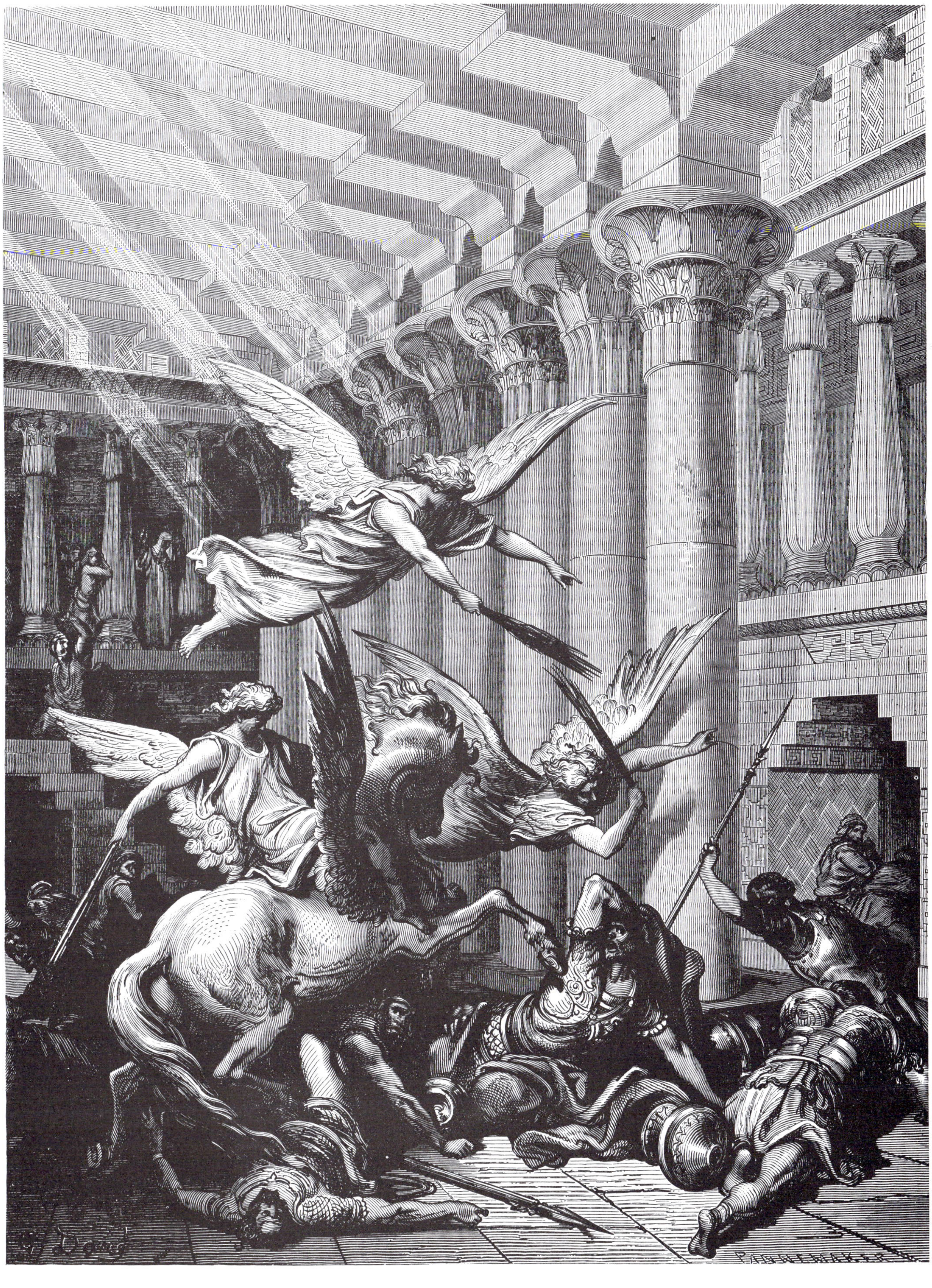

Tras este episodio acontecido con Eleazar, se narra lo ocurrido a los siete hermanos con su madre. Todos ellos fueron presos y forzados por el rey a comer carnes de puerco.

En esta ilustración podemos ver la constancia de la madre de los siete muchachos, que en ningún momento desfallece y que en todo instante está junto a ellos para animarles a seguir con los preceptos de Dios.

SEGUNDO LIBRO DE LOS MACABEOS, 7, 27-41

27. ... e inclinándose hacia el niño, burlándose *(la madre)* del cruel tirano, en lengua patria le dijo así...

28. ... Ruégote, hijo, que mires al cielo y a la tierra y veas cuanto hay entre ellos y entiendas que de la nada lo hizo todo Dios, y todo el humano linaje ha venido de igual modo.

29. No temas a este verdugo, antes muéstrate digno de tus hermanos y recibe la muerte, para que en el día de la misericordia me seas devuelto con ellos».

30. Estando aún explicándole esto, dijo el joven: «¿Qué esperas? No obedezco el decreto del rey, sino los mandamientos de la Ley dada a nuestros padres por Moisés...

37. Yo, como mis hermanos, entrego mi cuerpo y mi vida por las leyes patrias, pidiendo a Dios que pronto se muestre propicio a su pueblo y que tú, a fuerza de torturas y azotes, confieses que sólo El es Dios.

38. En mí y en mis hermanos se aplacará la cólera del Omnipotente, que con encendida justicia vino a caer sobre toda nuestra raza».

39. Furioso el rey se ensañó con éste más cruelmente que contra los otros, llevando muy a mal la burla que de él hacía.

40. Así murió limpio de toda contaminación, enteramente confiado en el Señor.

41. La última en morir fue la madre.

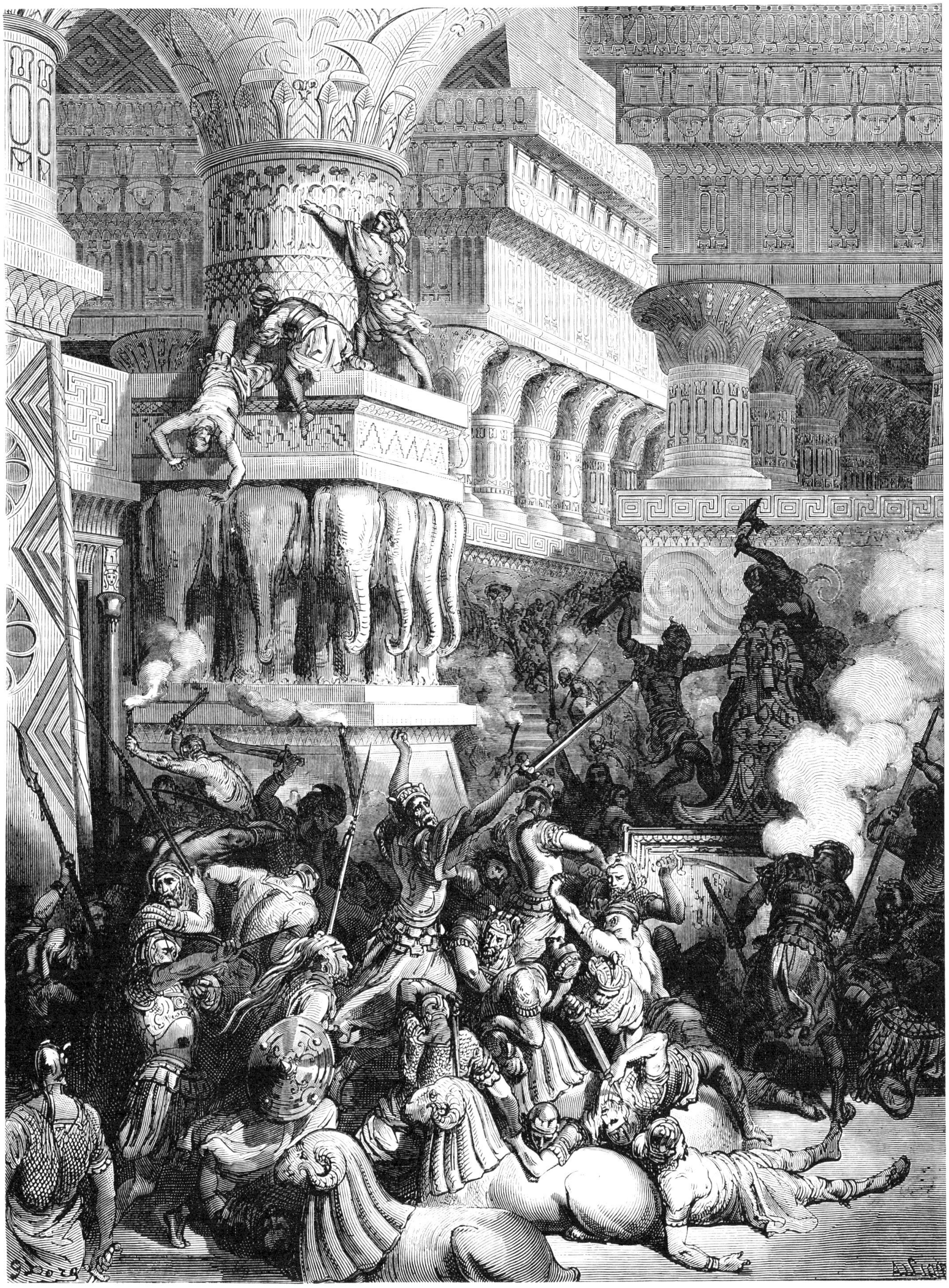

En esta ilustración Doré nos refleja el fin de Antíoco.

SEGUNDO LIBRO DE LOS MACABEOS,
9, 1-7

1. Acaeció por aquel tiempo que Antíoco hubo de retirarse en desorden de Persia.

2. Había entrado en Persépolis con el propósito de saquear el templo y apoderarse de la ciudad. Pero alborotada la muchedumbre, corrió a las armas, obligándole a huir, y, puesto a la fuga por los naturales, hubo de emprender una retirada vergonzosa.

3. Hallándose cerca de Ecbatana, recibió noticia de las derrotas sufridas por Nicanor y Timoteo,...

4. ... y, encendido en cólera, meditaba vengar en los judíos la injuria de los que le habían puesto a la fuga. Con esto dio orden de avanzar sin interrupción, apresurando la marcha, cuando se cernía ya sobre él el juicio divino. Pues en su orgullo había dicho: «En cuanto llegue allí haré de Jerusalén un cementerio de judíos».

5. Pero el Señor, Dios de Israel, que todo lo ve, le hirió con una llaga incurable e invisible. Apenas había terminado de hablar, se apoderaron de él intolerable dolor de entrañas y agudos tormentos interiores,...

6. ... y muy justamente, puesto que habían atormentado con muchas y extrañas torturas las entrañas de otros.

7. Mas no por eso desistió su fiereza; lleno de orgullo y respirando fuego contra los judíos, dio orden de acelerar la marcha. Mas sucedió que, en medio del ímpetu con el que el carro se movía, cayó de él Antíoco, y con tan desgraciada caída, que todos los miembros de su cuerpo quedaron magullados.

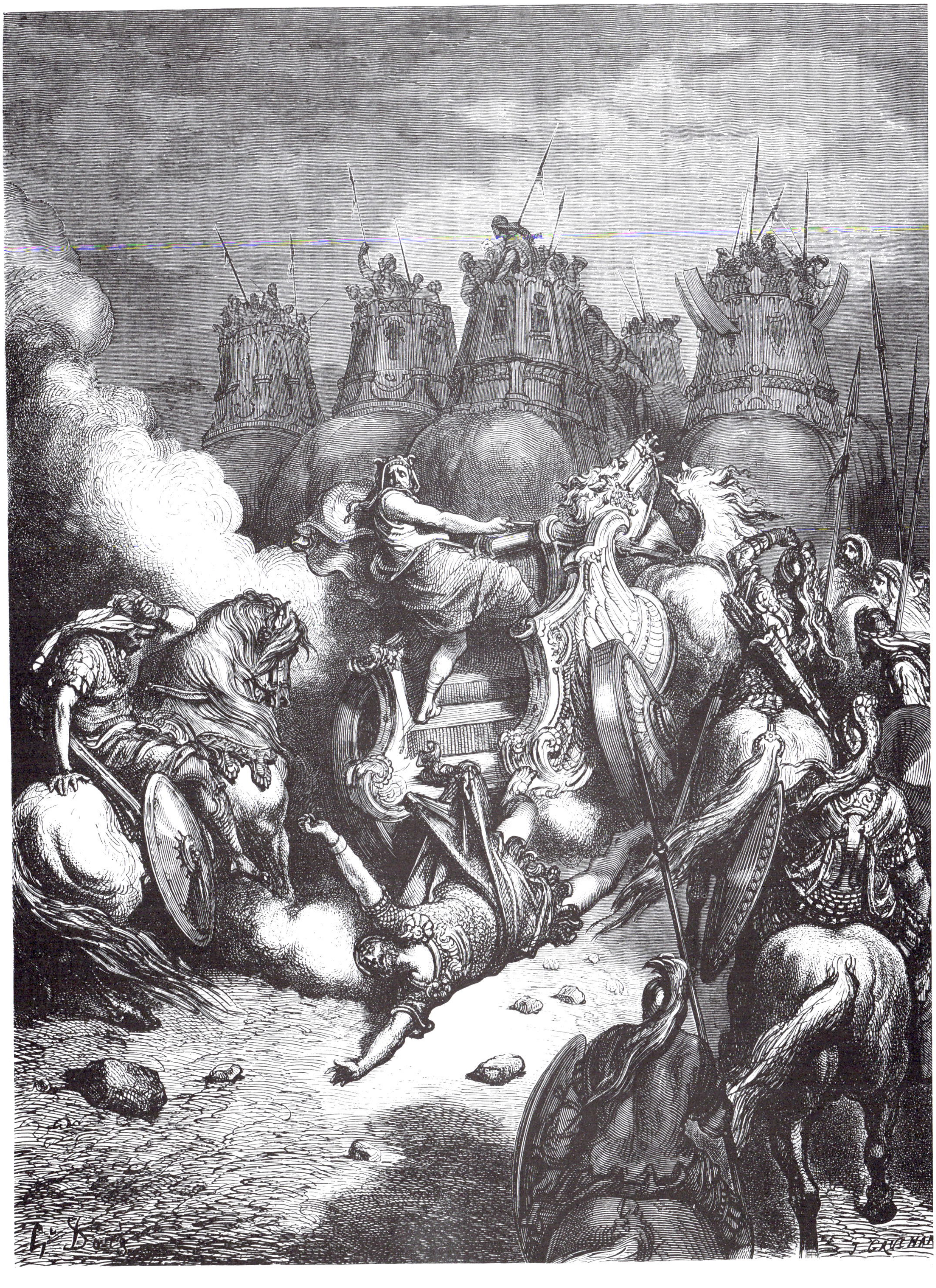

Una vez más se refleja cómo el Señor Dios acude en ayuda de los que le adoran y temen.

SEGUNDO LIBRO DE LOS MACABEOS, 11, 1-11

1. Muy poco tiempo después, Lisias, tutor del rey, pariente suyo y regente del reino, muy apesadumbrado por lo sucedido,...

2. ... juntó alrededor de ochenta mil hombres y toda la caballería y vino contra los judíos, pensando hacer de la ciudad una población griega,...

3. ... someter el templo a tributo, como los santuarios gentiles, y hacer el sumo sacerdocio vendible y anual,...

4. ... sin tener para nada en cuenta el poder de Dios y muy pagado de los millares de sus infantes y caballos y de sus ochenta elefantes.

5. Entrando en Judea, se acercó a Betsur, plaza fuerte situada en un desfiladero y distante de Jerusalén unos ciento cincuenta estadios, y la atacó.

6. Así que los del Macabeo supieron que Lisias estaba atacando la fortaleza, a una con la muchedumbre rogaban al Señor, entre llantos y gemidos, que enviase un buen ángel para salvar a Israel.

7. El mismo Macabeo, tomando sus armas, se adelantaba a los demás para ir en socorro de sus hermanos;...

8. ... y mientras con igual valor todos marchaban llenos de ardimiento, cerca todavía de Jerusalén se les apareció en cabeza un jinete vestido de blanco, armado en armadura de oro y vibrando la lanza.

9. Todos a una bendijeron a Dios misericordioso y se enardecieron, sintiéndose prontos no sólo a atacar a los hombres y a los elefantes, sino a penetrar por muros de hierro.

10. Marchaban en orden de batalla, fiados en aquel auxiliar celestial, señal de la misericordia del Señor hacia ellos,...

11. ... y como leones se lanzaron sobre los enemigos, dejando fuera de combate once mil infantes y mil seiscientos jinetes.

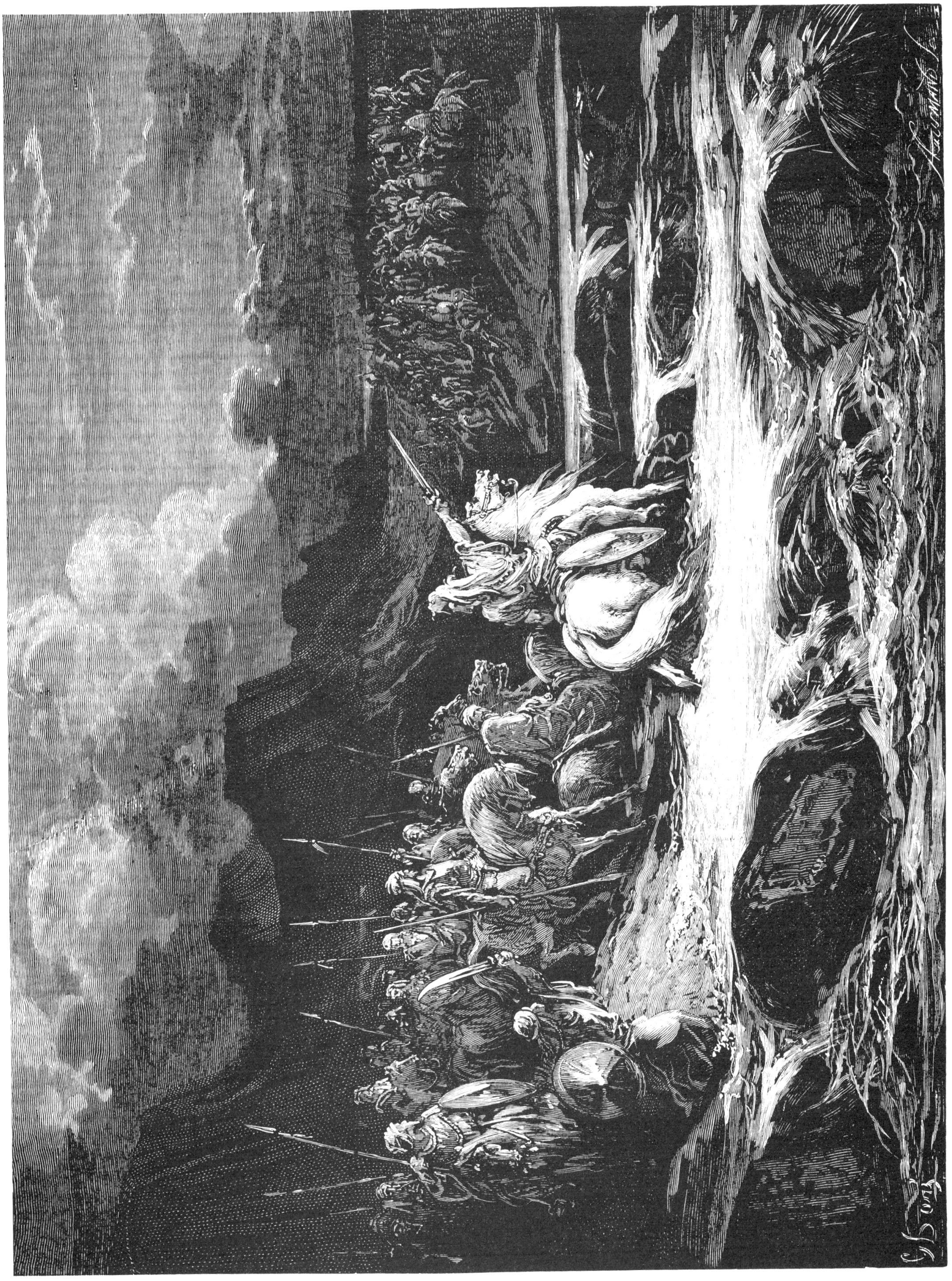

En esta ilustración de Gustavo Doré se nos muestra cómo Judas Macabeo está en presencia de la armada de Nicanor.

SEGUNDO LIBRO DE LOS MACABEOS, 15,12-24

12. He aquí el sueño que había tenido: Onías, que había sido sumo sacerdote, hombre bueno y bondadoso, de venerable aspecto, de suaves maneras, de elegante lenguaje, que desde su niñez se había ejercitado en toda virtud, tenía sus manos, orando por toda la comunidad de los judíos.

13. Aparecióle también otro varón, que se destacaba por la blancura de sus cabellos y por la gloriosa dignidad, nimbado de admirable y magnífica majestad.

14. Onías dijo: «Este es el amador de sus hermanos, que ora mucho por el pueblo y por la ciudad santa: Jeremías, profeta de Dios».

15. Y tendía Jeremías su diestra y entregaba a Judas una espada de oro, diciéndole:...

16. ... «Toma esta espada santa, don de Dios, con la cual triunfarás de los enemigos».

17. Alentados con estas nobles palabras de Judas, capaces de vigorizar exaltar hasta el heroísmo las almas de los más jóvenes, resolvieron no atrincherarse en el campo, sino arrojarse valientemente sobre el enemigo, y luchando con todo valor, decidir la cosa, puesto que se hallaba en peligro la ciudad, la religión y el templo;...

18. ... pues la solicitud que por las mujeres, los hijos, los hermanos y parientes tenían era menor que la que sentían por el templo santo, la más grande y primera de todas las cosas.

19. No era pequeña la ansiedad de los que en la ciudad habían quedado, inquietos como se hallaban por la lucha de fuera.

20. Cuando todos esperaban el futuro desenlace, y los enemigos se acercaban dispuestos en orden de batalla, y los elefantes colocados en lugares oportunos, y la caballería en las alas,...

21. ... al ver el Macabeo la muchedumbre que se acercaba, el variado aparato de las armas, la fuerza de los elefantes, apostados en lugares convenientes, levantando las manos al cielo, invocó al Señor, hacedor de prodigios. Sabía que no por la fuerza de las armas se alcanza la victoria, sino que Dios la otorga a los que juzga dignos de ella.

22. La invocación fue como sigue: «Tú Señor, que enviaste un ángel bajo Ezequías, rey de Judá, que mató del ejército de Senaquerib a ciento ochenta y cinco mil hombres,...

23. ... envía ahora, Señor de los cielos, delante de nosotros, un ángel bueno que infunda a éstos temor y temblor.

24. Con la fuerza de tu brazo sean quebrantados los que llegan blasfemando contra tu pueblo santo». Y con esto terminó.

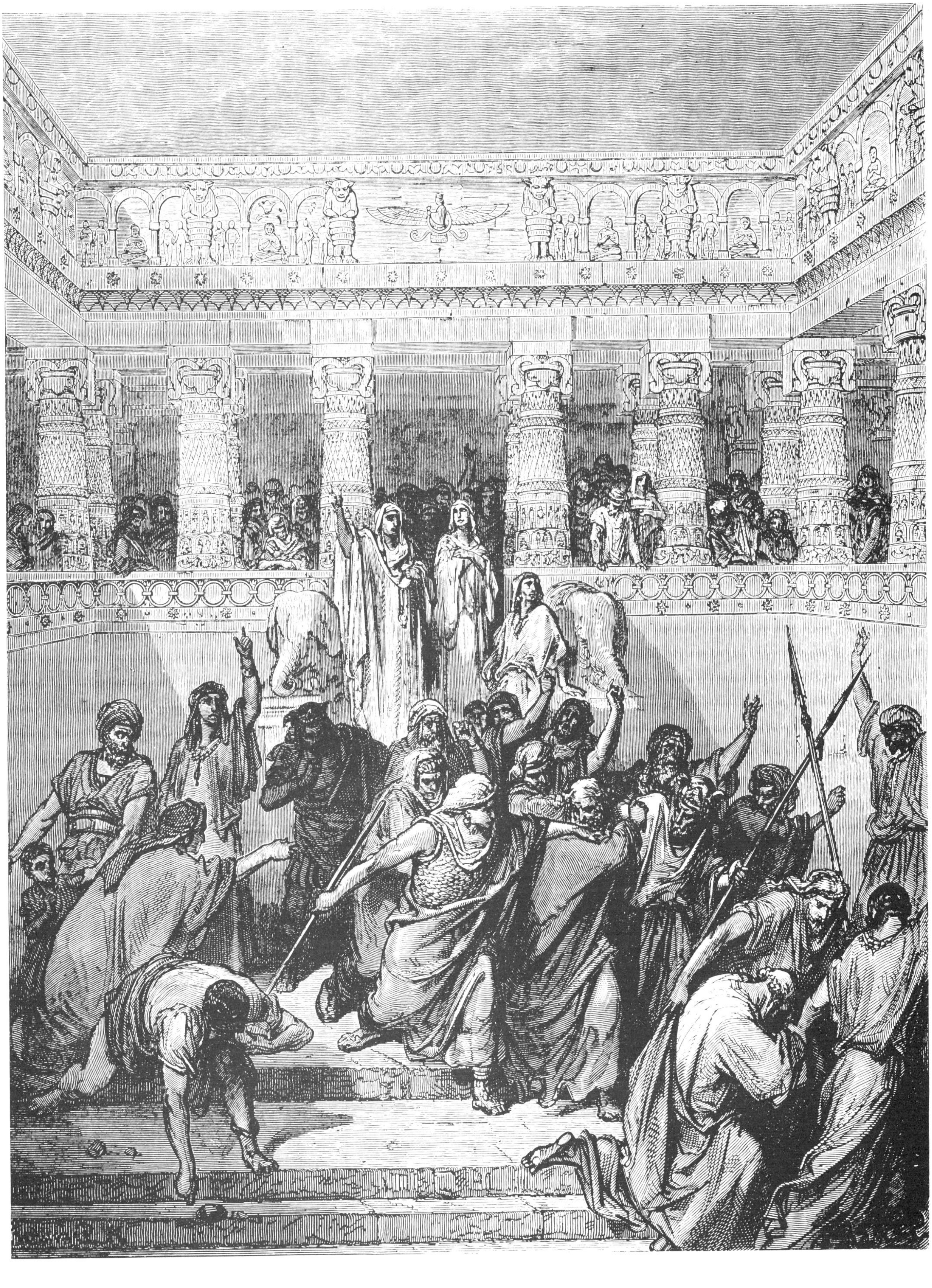